祝陵村志

建步

祝陵村志编纂委员会 编

方志出版社

图书在版编目（CIP）数据

祝陵村志 / 祝陵村志编纂委员会编. --北京：方志出版社，2019. 1

ISBN 978-7-5144-3579-5

I. ①祝… II. ①祝… III. ①村史—宜兴 IV. ① K295. 35

中国版本图书馆CIP数据核字（2019）第022768号

祝陵村志

编　　者：	祝陵村志编纂委员会
责任编辑：	李 静
出 版 人：	冀祥德
出 版 者：	方志出版社
	地址 北京市朝阳区潘家园东里9号（国家方志馆4层）
	邮编 100021
	网址 http://www.fzph.org
发　　行：	方志出版社图书经销中心
	电话（010）67110500
经　　销：	各地新华书店
印　　刷：	无锡市金手指彩印有限公司
开　　本：	889×1194　1/16
印　　张：	25
字　　数：	383千
版　　次：	2019年1月第1版　2019年1月第1次印刷
印　　数：	0001～2600册

ISBN 978-7-5144-3579-5　定价:120.00元

祝陵村志编纂委员会

主　　任:赵如法

副 主 任:芮国平

委　　员:(以姓氏笔划为序)

马伯军　卢　华　卢苏蓉　李洪法　陈有富　邵惠琴

姜旭东　谈　浩　谈　燕　龚丽君　彭志刚　舒洪根

路晓农

祝陵村志编纂组

主　　编:陈有富

副 主 编:路晓农

编纂人员:陈茆生　余中明　谈　燕　刘全忠

摄　　影:任润之

祝陵村志审稿人员

宜兴市文化广电新闻出版局村史村志办公室:

徐建亚　徐建新　王林海　邵惠君

特邀审稿:耿海华

祝陵村志审定单位

宜兴市史志办公室

宜兴市文化广电新闻出版局

宜兴市张渚镇人民政府

祝陵村貌

钱松岩《祝英台读书处》

江南第一碑——国山碑

梁祝故里标志墙

祝陵村名石

王芾桥

景区入口
SCENIC AREA ENTRANCE
向前 500m
(停车场、售票处)
洞天奇观
梁祝故里
倡导文明新风
共赏善卷美景

善卷风景区

黄墅水库

序　一

祝陵村古老而神奇,这里佳话连篇,传说永续。

4000多年前有一段佳话,唐尧的老师善卷不受虞舜禅让,千里迢迢到此隐居,山以斯称,洞以斯名,成就了善卷洞不老的传说。

1700多年前,善卷山两次地震,山头大石自立,山腹空现龙宫,吴帝孙皓以为天降祥瑞,封此山为国山,立碑以纪。而今,有着"江南第一碑"之称的国山碑作为国宝级文物依然矗立在祝陵村西。

1600多年前,宜兴祝家庄民女祝英台为表达对梁山伯的真爱而殉情,被封为义妇,祝英台墓遂尊为祝陵。村以墓而名,祝陵村名沿袭至今。

1000多年前,北宋大学士苏轼羡慕此处山水,买田于祝陵黄土。其瞻仰国山古碑,写下"离墨山上,望烟寺,茫茫悄然神物……周郎应叹,枉煞江东豪杰"的浩然佳句。

500多年前,祝陵才子邵贤获殿试二甲第一名,受天子恩宠,金殿传胪,为祝陵村增光添彩。

90多年前,宜兴名士储南强舍尽家财、殚精竭虑开发善(卷)庚(桑)两洞,1934年善卷洞对外开放。寓居祝陵的储南强被尊为现代旅游开发之先驱。

70多年前,新四军苏浙军区政治部在祝陵茶馆张贴"保护善卷、张公两洞通告",此通告现为国家一级文物。

2003年,祝陵村被授予江苏省卫生村称号。

2006年,宜兴市被授予"中国梁山伯祝英台之乡",祝陵村被誉为驰名中外的梁祝传说发源地之一。同年,"梁祝传说"列入首批国家级非物质文化遗产名录。

2013年，山青水美的祝陵村被授予江苏省生态村。

2017年，祝陵村被江苏省文明办、省农村综合改革领导小组办公室、省住房和城乡建设厅等6个部门(单位)联合推选为“江苏省美丽乡村”，并进入江苏省传统村落保护名录。

祝陵的山，满目葱翠；祝陵的水，蜿蜒妩媚；祝陵的人，勤奋聪慧。在社会主义新农村建设中，祝陵村勇立改革潮头，跻身先进行列。

《祝陵村志》正是这样一部记述地方文化、留住历史记忆、寄托游子乡愁的新型志书。她彰显的不仅仅是乡情、乡思，更是精神凝聚力和文化的根源。

《祝陵村志》的付梓出版，可喜可贺！

中共宜兴市张渚镇委员会　书记

宜兴市张渚镇人民政府　镇长　王赛军

2018年6月1日

序　二

祝陵村有着丰厚的历史文化积淀。生于斯、长于斯的村民在开发祝陵的历史进程中耕种着文明,传承着文化。而从河南等地迁徙到此的村民将其老家的优秀地方文化带到祝陵,融入当地的生产生活、乡土民情,孕育出一代又一代勤劳朴实、勇于进取、扬良除莠、创造生活的祝陵人。而今,祝陵村在改革开放的大潮中争先创优,在社会主义乡村振兴的伟大事业中一马当先。

"欲知大道,必先为史"。2016年,祝陵村党总支、村委会作出决定:编写一部集聚历史人文景观、荟萃独特自然风光、展示辉煌时代风采的村志。留住家乡的记忆,让人们感受祝陵村悠久历史的底蕴和深厚文化的气息,感受祝陵村日新月异的变化,借以呼唤乡思、乡情。

编纂一部有质量的村志并非易事。既要符合志书的体例,又要彰显祝陵的"名""特""重";既要传承丰厚的历史文化,又要展现祝陵村宜游宜业宜居的美好环境;既要全面记述祝陵村各个方面的发展脉络,又要凸现当地独特的梁祝文化、溶洞文化、茶文化和红色文化。历经两年半的组稿、初审、改稿、复审、再修改、终审,祝陵村志编委会一着不让、不懈努力,完成了《祝陵村志》的编纂任务。

"修志问道,以启未来"。《祝陵村志》为广大读者提供了真实可信的祝陵故事,为深入研究梁祝文化、善卷洞风景区、阳羡茶文化提供了有价值的资料,为社会主义新农村建设提供了有益的借鉴。它激励我们记住乡愁、传承文明、不忘初心、砥砺前行。我们相信，乘着《祝陵村志》出版发行的春风，全体祝陵村民充满自豪感、倍增自信心，必将在建设美丽家乡、创造美好生活的伟大事业中奋发图强，为实现乡村振兴宏伟蓝图而努力奋斗。

中共张渚镇祝陵村总支部委员会　书记

张渚镇祝陵村村民委员会　主任

2018年6月6日

凡 例

一、本志坚持马克思列宁主义、毛泽东思想、邓小平理论、“三个代表”重要思想、科学发展观、习近平新时代中国特色社会主义思想为指导，坚持辩证唯物主义和历史唯物主义的立场、观点和方法，坚持实事求是的原则，客观、系统地反映祝陵村自然、经济、文化、生态、社会的历史与现状，突出时代特点，彰显地方特色。

二、本志上限追溯至事物发端，下限2016年，少数重大事项延至搁笔。

三、以现行张渚镇祝陵村行政区划为记述范围。原祝陵、国山（双桥）、黄墅、合兴村在相关章节中单独分述。区域范围内的有关地名以客观存在已久的名称（习惯名称）记述。

四、采用记、志、传、图、表、录等体裁编纂，以志为主。大事记采用编年体辅以记事本末体的方法记述。各章均设无题概述（章下序），节下无题概述（节下序）视情而定，不求统一。版面图文并茂，增强直观感和可读性。

五、行文采用语体文、记述体，力求严谨朴实，简洁流畅。除引用原文外，均用第三人称记述。体裁运用适当创新，概述尝试散文体。

六、遵循“以类系事，事以类从”“横排竖写”的传统志书体。本志设章、节、目、子目等层次，力求分类恰当，统领得体。

七、中华民国以前的纪年用帝王年号，使用汉字，并括注公元纪年；民国纪年用阿拉伯数字并括注公元纪年，或直接用公元纪年；1949年10月1日中华人民共和国成立前（后）统称新中国成立前（后）。

八、考虑到社会使用习惯，度量衡单位及币制按历史时期的计量单位及币值表述，必要时按国家标准和法定计量单位换算或注释。

九、标点符号用法、数字用法按中华人民共和国国家标准《标点符号用法》（GB/T15834-2011）和《出版物上数字用法》（GB/T15835-2011）的规定使用。

十、本志资料主要来自文书档案、各类志书、报刊、家谱，以及通过实地调查走访获得并经审核的口碑资料。

目　　录

第二章　村级组织

第三章　乡村建设

第四章　梁祝文化

第五章 名胜古迹

第六章　农　业

第七章 工矿业

第八章　商贸服务业

第九章 交通运输

第十章　教　育

第十一章　医疗卫生

第十二章 旅 游

第十三章　群众文化

第十四章　民俗风情

第十五章　村民生活

第十六章　人　物

概　述

祝陵古村，村名源于名动天下的梁祝传说，村落历史绵延至今1600多年。遥想当年，梁山伯与祝英台在这里相识、相知、相许，生死相依，化蝶双飞，缱绻缠绵，镂骨铭心。

祝陵村隶属宜兴市张渚镇，地处江苏、浙江、安徽交界的宜南山区，位于宜兴市主城区西南25千米。村落紧靠虞宜（常熟—宜兴）省道，行程20千米可达长深（长春—深圳）高速公路宁杭（南京—杭州）段，距离宁杭高铁宜兴站约18千米。全村呈狭长形，东西最长约5.5千米，南北最宽约2.5千米，村域面积13.95平方千米，分布着祝陵、国山、黄墅、合兴4个片区的33个村民小组。2016年全村人口4193人。

这里不仅是梁祝文化的发源地、溶洞开发的先行区、阳羡贡茶的引领处，而且造就出心旌摇荡的神奇。旖旎风光、天然禀赋，挽住了曾从这里打马而过的文人雅士，留下了许多千古流传的诗文画卷。在这片古老而神奇的土地上漫步，每触碰一块山石，便会翻动一页历史；每凝眸一抹风景，便会展现一幅画图；每吟诵一首古诗，便有一篇人文传奇。

山水天成　宜游宜居

祝陵村东有山陵相依，南有群峰作屏，西有溪河贯流，北有奇洞揽胜，山、水、洞、林、茶、竹集聚其间。这里山岭绵延，植被繁茂，古木葱绿，竹影婆娑，全村森林覆盖率达71%。

放眼望去，三国东吴时封为国山的离墨山区，竹树横斜，松岭卷翠，薄霭轻笼，古刹掩隐。宜兴著名十景之一“国山烟寺”坐落其间，梵呗声声，不绝于耳；号称“江南第一碑”的国山碑矗立在离墨山巅，饱经风霜，历久弥新。逶迤曲折的祝陵河潺潺地从村中流过，这里李蟥捐玉带建造玉带桥、苏东坡捐玉带助修玉带桥、刘伯温捐锦袍募建锦袍桥的故事传为佳话。玉带桥边当年新四军留下的19字墙头标语依然可见。

在灵山秀水中镶嵌着含水的梯田、带露的果园、披翠的茶洲、挂瀑的清潭、依山的庙宇、枕河的民居。这里步移景换，可以看到你想看的所有山水景观，偌大一幅大自然馈赠的泼墨山水画映入眼帘，让你目不暇接。在这里可以真正体会到地绿天蓝、天然氧吧的无穷魅力，令人神清气爽、恍若仙人。

“买田阳羡吾将老，从初只为溪山好。”当年踏遍千山万水的苏东坡在祝陵驻足停留、买田卜居，只因为这方乐土让他心旷神怡、流连忘返。

祝陵村资源丰饶，物华天宝。三国孙吴时代，祝陵的国山荈茶名播江东。唐代茶圣陆羽称赞阳羡紫笋茶“品质冠绝他境”，唐代诗人、茶界亚圣卢仝发出“天子须尝阳羡茶，百草不敢先开花”的感慨，宜兴唐贡山、离墨山等地出产的阳羡紫笋茶被奉为贡茶。清末，离墨红筋茶被视为“阳羡真种”，再次入贡朝廷。进入21世纪，祝陵出产的“善卷春月”“阳羡雪芽”茶多次荣获部、省级名特茶评比特等奖。这里汉代开始采石，“山人业采石，斧凿声铿铿”。五代时开始烧制石灰，明清趋于鼎盛，延及民国，祝陵“南山灰”在上海享有“头号灰”美誉，畅销大江南北，至今祝陵村仍保留着宜兴唯一的石灰生产基地。山地种植除茶叶外，以林木、果树见多，刺槐、马尾松、杉木形成规模林区。桃、李、杏、柿、樱桃、杨梅、板栗、银杏等果树2016年种植面积达7000亩，年产干果125吨、水果120吨。尤其是银杏、水杉、银缕梅三大活化石树种均在此扎根，令人叹为观止。黄墅水库为宜兴第三大水库，水质清洌，养殖其中的鱼、虾、蟹品质上乘。

“居民阛阓颇稠密”，祝陵自古市场繁荣，经济发达。一条几百年前青石铺设的街道两旁店铺林立，菜市鱼行、米店肉铺、酒肆茶楼、浴室饭店，以及石灰行、山货行、竹器店、铁匠铺、独轮车修理作坊等临街而设，错落有致。曾几何时，“祝陵酒”香飘千里，引得名人贤达闻香而至。唐代李郢、宋代苏轼、清代陈维崧等大文豪来此买醉，留下“祝陵有酒清若空”等赞美诗句。山民利用当地食材烹制的地衣菜、雁来蕈、咸肉煨笋、土鸡板栗、野葱炒蛋等佳肴让人垂涎三尺。现今，善卷路和涌金街交汇出祝陵的生机，250多家商店、门市以及特色陶瓷街区热热闹闹、熙熙攘攘，诉说着祝陵特别的风情和活力。

祝陵的农家乐，大大小小有20多家，或藏在山林里，或倚在绿水边，不经意间推开门，便走进了一个世外桃源。徜徉在山水自然中，住农家院、吃农家饭、观农家景、享农家乐，已成为祝陵的旅游特色。

这里既有绿水青山，也有金山银山。全村近50家工业企业，涉及多个行业领域，保障了村民的就业，也成为支撑祝陵日新月异发展的脊梁。

梁祝传说 千古流芳

祝陵村是举世瞩目的梁祝文化发源地之一。一个传说，讲述着梁祝荡气回肠的爱情故事；一曲小提琴协奏曲，演绎着梁祝爱情的千古绝唱，让世界知道了“东方的罗密欧与朱丽叶”。当年的百转千回，在似水流年里积淀成了今天祝陵独特的爱情文化。2006年6月，宜兴“梁祝传说”列入首批国家级非物质文化遗产名录。

梁祝故事在祝陵世代相传，留存有20多个民间版本。梁祝史籍记载自南北朝开始，历唐宋元明清从未间断。梁祝诗词计有100余首，已发掘整理70多首。还有数十首梁祝歌谣，在民间广为传唱。梁祝传说历史遗存数量众多、保存完好，有以祝英台旧宅改建的善卷寺、晋义妇祝英台之冢、晋祝英台琴剑之冢、梁祝读书处、唐大司空李蠙手书的碧鲜庵碑、摩崖石刻、英台竹、蝴蝶园等古迹遗址。梁祝故事中的祝家庄、梁家庄、马家庄、山伯墓、英台阁、草桥、胡桥、观音堂、土地庙、七里亭、十八相送路等都有清晰遗存。

“蝶舞凝山魄，花开想玉颜”，宋代诗人薛季宣的著名诗句是梁祝化蝶最早的文字记载，凄婉悱恻、悲壮感人的化蝶情节，为宜兴梁祝故事首创。相传每年农历三月廿八祝英台殉情之日，祝陵村民纷纷前往英台墓地观蝶，后约定俗成，祭祀活动逐渐演变为观蝶节巡游，这一民俗活动延续到新中国成立初期。进入21世纪，沉寂多年的观蝶节活动逐渐恢复。2003年农历三月廿八，由宜兴市人民政府举办的“观蝶节”在善卷洞风景区隆重开幕，梁祝戏曲演唱、蝶舞、扇舞、腰鼓舞、调龙灯、调青狮、调花船、十番锣鼓、男欢女喜等民俗活动精彩纷呈。此后，观蝶节活动每年举办。2013年后，省非物质文化遗产项目“观蝶节”与“梁祝文化旅游月”活动紧密结合，增加了年轻情侣和新婚夫妇“悬挂爱情锁”“邮寄爱情信”“放飞爱情蝶”“同游十八相送爱情路”等特色项目。

善卷溶洞　万古灵迹

祝陵村北螺岩山中有一奇异溶洞，周朝时称龙岩，三国时俗称石室，南梁时别称九斗洞，乡人习惯称其为仙人洞，这就是1600多年前记入《吴书》的善卷洞。南朝道教先师陶弘景题予善卷洞“欲界仙都”赞语，唐大司空李蠙疏奏善卷洞为“万古灵迹”。

民国年间，宜兴名士储南强离任南通知事返回桑梓后，倾尽家财、殚精竭虑，用十多年时间开发善卷、张公两洞。1934年11月11日，善卷洞正式对外开放。

善卷洞风景区以拥有世界三大奇洞之一的善卷洞闻名，以梁祝化蝶故事传世，以吴帝封禅国山称雄，以恐龙时代珍稀植物银缕梅称奇，以中国第一实验陶吧称绝，以华东第一滑道称险。2001年，善卷洞风景区被批准为国家AAAA级风景区。2007年，又被命名为中国旅游文化示范地。

善卷洞风景区面积1.25平方千米，主要包括洞前万古灵迹、洞中欲界仙都、洞后梁祝文化、洞外国山古碑等景观带，精华部分在善卷溶洞。善卷洞由上、中、下、后四洞组成，雄伟壮观，奇异天成。上洞云雾弥漫，钟乳林立。中洞有高达7米的钟乳石笋兀立洞口，称砥柱峰。下洞狭长，有飞瀑流水。步阶而下，先闻细水潺潺，渐听风雷隐作，继则金鼓齐鸣，终如万马奔腾。后洞即水洞，有一条长120米、深4—6米的山腹暗河，水道弯曲，清凉幽深。船行其中，听曲水流响，观彩灯倒影，如入人间仙境。舟经三弯，忽见天光清明，豁然开朗。舍舟登岸便见唐代遗存的碧鲜庵碑。进入重建的英台书院，但见怪石耸立，竹影摇曳，粉墙黛瓦，相映成辉。洞中观瀑堪称一绝，1935年，国民政府军事委员会委员长蒋介石与夫人在善卷下洞观瀑亭凝视洞中飞瀑白练倾泻、地下涌泉喷玉溅银，赞叹不已。不日题字三幅，一为“江南第一瀑”，一为“江南明珠”，一为“龙口碧玉”。储南强选取蒋中正手书“龙口碧玉”条幅。

善卷溶洞是千百年来名人游历的最佳地点之一，历代官宦文士留下众多墨宝。唐大中四年(850)，常州刺史姚勖聚集钟离权等十大名士同游善卷洞，在中洞石壁留下“唐代十仙题名”。明天启四年(1624)，刚卸任的万历、天启两朝首辅叶向高，由其门生、宜兴籍状元、后任崇祯朝首辅的周延儒陪同游览善卷洞，写下《游善卷洞》诗4首。同年，39岁的地理学家、旅行家徐霞客侍奉80岁老母畅游善卷洞，留下垂史篇章。中国民族工业巨擘荣德生为开发善卷洞购地、捐款。1986年10月，荣德生之子、时任全国人大常委会副委员长的荣毅仁题书“百病消除”四个大字，恢复其父亲原题的铭刻，父子联袂，遗爱善卷。新中国成立后，这里接待了李鹏、万里、习仲勋等20多位党和国家领导人。中央电视台在这里拍摄《蝴蝶翩跹 梁祝传奇》专题片，《智取威虎山》《西游记》等10多部电影、电视剧在这里取景拍片。

2010年，宜兴市投入2.5亿元对善卷景区实施整体改造，以古老溶洞为基础、爱情文化为内核，通过挖掘传统文化与山水资源，突破了纯观光型旅游模式，满足游客观光、休闲、度假、体验、娱乐、健身、购物、宗教活动等多种需求。这里陶洞茶竹自然禀赋、梁祝文化标志品牌以及灵山秀水、人文景观的和谐共生，使善卷洞风景区成为独具风情的旅游胜地。2016年，善卷洞风景区接待中外游客135万人次。

天生丽质难自弃。祝陵村闪耀着山水灵气、依傍着旅游胜地、深烙着文化印记、隐藏着斑斓故事。改革开放后，祝陵村着力打造布局形态美、绿色产业美、富民生活美、宜居生态美、乡风和谐美的“五美”乡村。2003年，祝陵村被评为江苏省卫生村。2009年，被命名为无锡市社会主义现代化新农村建设示范村。2016年，祝陵村在全市213个行政村中经济综合实力排名第25位。2017年，祝陵村荣获“江苏省美丽乡村”称号。

祝陵村的绚丽，早在千百年前就写下了开篇，穿山越水，一路游走，直抵今日，在新时代越发灿烂辉煌。岁月如歌，前程似锦，热切期待在青色更青处，再见美祝陵。

大 事 记

三国—清

三国东吴五凤元年(254) 地震,离墨山大石自立,史称"吴自立大石",俗称"飞来石"。

三国东吴天册元年(275) 地震,善卷山山体坍塌,露出善卷下洞。吴主孙皓因此"祥瑞之兆",立碑封禅,改善卷山为国山,碑名国山碑(一名囤碑)。

西晋永嘉四年(310) 置国山县,隶义兴郡,祝陵属国山县。

南齐建元二年(480) 在善卷后洞建善卷寺。499年,因避东昏侯萧宝卷讳,改"卷"为"权",是为善权寺(洞),清代复称善卷寺(洞)。

唐咸通八年(867) 李蠙自出俸钱收赎善权寺,并于咸通八至十三年(867-872)修缮善权洞,建造玉带桥。

北宋元丰七年(1084) 苏轼捐皇赐玉带,助祝陵重修玉带桥,并在祝陵黄土村买田。

北宋元丰八年(1085) 苏轼凭吊国山碑,留下《念奴娇·国山碑怀古》词二首。

南宋咸淳四年(1268)十二月 观文殿学士李曾伯卒,葬于白虎山麓善权寺旁。

明正统十四年(1449) 修建宜兴至广德驿道。设上干铺(距祝陵1.5千米)。

明成化四年(1468) 合兴村邵贤中举人。

明成化八年(1472) 邵贤中进士,获殿试二甲第一名。

明万历二十九年(1601) 改市乡制为区图制,祝陵属永丰区第十三图比字号;国山属永丰区第九图分字号。

明天启四年(1624) 刚卸任的万历、天启两朝首辅叶向高,在宜兴籍状元周延儒陪同下游览善卷洞。

明天启四年(1624) 著名地理学家、旅行家徐霞客陪同80岁老母游善权洞。

清康熙十三年(1674) 善卷寺遭焚毁。

清雍正四年(1726) 分宜兴县为宜兴、荆溪两县,祝陵、国山分属荆溪县永丰区十三图比字号、九图分字号。

清同治元年(1862) 善卷寺遭兵燹。

清同治初 张氏医室在祝陵村开设。

清光绪二十三年(1897) 首家独轮车修造店铺在祝陵街区开张。

清光绪三十四年(1908) 改区为乡,祝陵属永丰乡。

清宣统三年九月十六日(1911年11月6日) 宜兴县军政府成立,寓居祝陵的储南强被推选为宜兴县首任民政长。

中华民国

1912年

1月 宜兴、荆溪两县合并为宜兴县。改区图制为市乡制。祝陵隶属于张渚市。

1921年

是年 宜兴名士储南强自南通卸官告归,开始规划、筹资开发善卷洞。

1929年

2月 市乡制改为区乡闾邻制。设善卷乡，属第八区(张渚区)，治所祝陵。

1932年

是年 祝陵地区瘟疫流行。

1933年

是年 无锡鼎成公司在祝陵铺筑小铁轨，用无动力铁车运输石灰石。

1934年

11月11日 川(川埠)善(善卷洞)公路举行通车典礼，善卷洞正式对外开放。

11月 改闾邻制为保甲制。善卷乡治所祝陵，国山乡治所双桥，均属第七区(张渚区)。

是年 无锡玉带公司铺筑南山至双桥码头小铁轨，运输石灰石。

1935年

是年 县政府建设局铺筑善(善卷)广(广德)公路，未达通车标准。

是年 村民崔隆祺在祝陵河南的干茅墩开设酒坊，恢复制作失传多年的“祝陵酒”。

是年 无锡永发公司铺筑南山至飞里码头小铁轨。祝陵、蒲墅村民合资铺筑南山至南埠码头小铁轨。

1936年

2月14日 县政府征集民工，铺筑善(善卷)张(张渚)县道路基，全线长5千米，宽7.5米。未通车。

8月15日 祝陵、五洞等地20个石灰商和300多个石灰窑户组建南山石灰联合产销所。

1937年

12月3日 日军侵占张渚。

是年 创办祝陵小学,校址在东岳庙。

1938年

7月 国民党宜兴县党部机关报《战斗报》在祝陵大王庙创办。

1939年

夏 中共战斗报社党支部在祝陵成立,利用《战斗报》宣传抗日救亡。

10月 陆军第59师、第76师、独立第33旅等部在善卷洞旁建造抗日阵亡将士纪念碑。

1940年

是年 祝陵丝弦班成立,有队员35人。1960年解散。

1943年

春 善卷中学在蒲墅创办。1958年8月善卷中学在祝陵村恢复办校,1963年撤并。

10月 宜溧县抗日民主政府县长张之宜,秘密居住在国山土地庙养伤,并去张氏医室治疗。

是年 创办善卷乡第四保国民学校,校址在黄墅白庙。1946年更名为黄墅小学。2003年,黄墅小学撤销,并入善卷小学。

1944年

是年 善卷乡农民抗日救国会成立,黄墅水坞岕村民唐振农任会长,领导农民开展减租减息斗争。

1945年

9月18日晚 新四军小分队在村民宗炳康房屋西墙书写“要求国民政府

取消特务机关,释放爱国政治犯!”红色标语。1982年该标语被列为江苏省文物保护单位。

9月24日 新四军苏浙军区颁布、张贴由政治部主任钟期光签署的保护善卷、张公两洞通告。1993年此通告被列为国家一级文物。

1946年

3月 分设善卷、离墨两乡。祝陵、国山、黄墅属善卷乡,隶属张渚区。

是年 国山农民协会成立,领导乡民开展“三七减租”“二五减息”运动。

1947年

是年 新四军留守武装烧毁善卷乡公所。

1948年

是年 祝陵青狮队成立。2002年更名为祝陵梁祝青狮队。

1949年

4月24日 张渚镇解放。

5月7日 宜兴县军事管制委员会通令设立善卷乡,隶属张渚区,乡政府驻祝陵。

9月 废止保甲制,改为村组制。祝陵、双桥、黄墅、刘家干设行政村,属张渚区善卷乡。

中华人民共和国

1950年

5月12日 宜兴县设立11个区,祝陵、双桥、黄墅、刘家干村属张渚区善卷乡。

12月 实施土地改革,地方政府为祝陵、双桥、黄墅、刘家干村村民颁发土地证。

是年 公兴灰行在国山村成立。

1951年

8月 区乡调整，分设善卷、芙蓉两乡。祝陵、双桥村属善卷乡，刘家干、黄墅村属芙蓉乡。

是年 村级民兵、共青团、妇委会组织相继成立。

是年 祝陵邮政代办所开张。

1952年

7月 善卷联合诊所在祝陵村组建。1983年更名为善卷卫生院。2009年更名为宜兴市善卷骨科医院。

是年 当地私人窑主合伙成立祝陵石灰联营公司。

是年 祝陵、双桥、刘家干、黄墅村分别成立互助组。

1953年

春 县血吸虫病治疗小组进驻国山村，收治第一批血吸虫病患者。

11月 祝陵、双桥、合兴（刘家干村更名）、黄墅村成立初级农业合作社。1955年转为高级农业合作社。

是年 张渚石灰生产合作社成立，祝陵村南山窑6户窑主被吸收入社。

是年 双祝剧团成立，有演员、琴师50余人。1956年解散。

1954年

6月7日 设善卷区，祝陵、双桥村属善卷区善卷乡，合兴、黄墅村属善卷区芙蓉乡。

1955年

8月1日 实行粮食“三定”（定产、定购、定销）政策。

是年 善卷洞中洞塌方，下洞被泥石淤塞。国务院总理周恩来指示拨专款修葺。

1956年

2月 芙蓉乡并入善卷乡，祝陵、双桥、合兴、黄墅村均属善卷区善卷乡，乡政府驻双桥。

10月18日 江苏省人民委员会印发《全省第一批文物保护单位的通知》，宜兴善卷洞被列为名胜古迹类一级文物保护单位。

11月10日 经善卷的川（川埠）张（张渚）公路段正式通车，全长20千米。

是年 祝陵村、双桥村、黄墅村党支部先后成立。

是年 祝陵文工团成立。1980年停办。

是年 各村成立青石社，管理山农自行上山采石事宜。

1957年

3月7日 中央血吸虫病防治办公室检查组到祝陵开展血防调研。

7月1—4日 累计降雨472毫米。黄墅村塌房达八成。

10月 黄墅水库开工修筑。1985年10月竣工。

秋 双人脚踏式脱粒滚筒机开始使用。1958年改用柴油机拖带。

是年 善卷洞管委会购置首台发电机用于洞内照明，结束了游善卷洞仅靠火把、蜡烛、油灯照明的历史。

是年 10门磁石式电话交换机首次在祝陵合作商店设立。

1958年

4月 创办善卷农业中学，校址设在祝陵村大集庵。

9月9日 宜兴县竹海人民公社成立，祝陵、双桥隶属竹海公社善卷大队，合兴、黄墅隶属竹海公社芙蓉大队。

9月 开办农村公共食堂。1961年5月解散。

是年 有线广播进入农户家庭及生产队场头、田头。

1959年

1月12日 竹海人民公社撤销，分立善卷公社，辖善卷、芙蓉两个大队。

5月27日 由何占豪、陈钢作曲、俞丽拿演奏的小提琴协奏曲《梁祝》在上海兰心大戏院首演，让世界开始了解东方的“罗密欧与朱丽叶”。

9月28日 善卷洞开拓者储南强病逝。12月，国务院副总理兼轻工业部部长、储南强同窗好友黄炎培到祝陵吊唁，并题诗纪念。

是年 祝陵、双桥、黄墅、合兴大队均成立民兵营。

1960年

秋 祝陵、双桥、合兴、黄墅大队疟疾流行，县、社卫生部门积极组织诊治。

1961年

5月 解散公共食堂，允许社员垦种“十边”隙地、发展家庭副业。

8月 连续75天未降透雨，造成严重旱情，出现虫灾。

是年 合兴村成立党支部。

是年 祝陵、双桥、黄墅、合兴大队建立共青团支部。

是年 人民日报社原社长兼总编辑邓拓游览善卷洞，赋诗《游宜兴善卷洞题水洞》《题祝英台琴剑冢》。

1964年

是年 由善卷洞管委会架设张渚至善卷输电线路，祝陵、国山村通电。

1965年

春 双祝农业中学创办，校舍设在祝陵小学大门口的两间祠堂屋。

4月 镇江地区以祝陵村为试点开展新一轮血吸虫病防治工作。

1966年

6月下旬 “文化大革命”运动波及祝陵。

是年 张渚供销社善卷购销点在祝陵、双桥、黄墅、合兴村设立代购代销点（俗称双代店、下伸店）。

1968年

6月15日 善卷人民公社革命委员会成立，祝陵、双桥、合兴、黄墅大队隶属善卷公社革委会领导。

秋 祝陵、双桥、合兴、黄墅大队创办合作医疗室，配备、培训赤脚医生。1984年，合作医疗室改为卫生室。

是年 黄墅水库首台水轮发电机组运行，解决了水库附近4个生产队的用电。

是年 在黄墅村知青点建立宜兴县黄墅林场。1970年8月改名黄墅茶场。2000年茶场改制为私营。2009年更名碧绿春茶场。2015年更名碧海龙潭茶场。

1969年

是年 为保护善卷洞及景区文物古迹，对善卷洞实施军事管制，禁止参观游览。1970年年底恢复对外开放。

1971年

7月 善卷公社党委成立，祝陵、双桥、合兴、黄墅大队党支部恢复活动。

12月 各大队组织大批劳动力，疏浚钟张运河桃溪河段。

1974年

是年 罗马尼亚、瑞典、新西兰等国参观考察团相继游览善卷洞。

1975年

是年 各大队组织大批劳动力集中开展绿化造林大会战。

1976年

12月8日 宜兴县委在善卷洞饭店召开毛主席纪念堂大理石开采工作会议。翌年1月，采石技工完成特别定制的大理石开采任务。

是年 国山村创办善卷乡第一个村办企业——国山建材厂。主营轧石，兼营水磨石子开发利用。

1977年

是年 创办黄墅小学。校址在黄墅葛宝山。

是年 合兴、黄墅大队创办幼儿班。

1978年

是年 近300天未下透雨，逢百年未遇大旱。

1979年

是年 各村“地主分子”“富农分子”“反革命分子”和“坏分子”(俗称“四类分子”)全部摘帽。

1981年

5月1日 善卷洞风景区国山饭店开张营业。

7月 以合兴大队为试点推行家庭联产承包。1982年，合兴、祝陵、双桥、黄墅大队全面实行家庭联产承包责任制。

12月25日 双桥大队更名为国山大队。

1982年

10月 75个国家98名驻华使节，在外交部副部长韩念龙陪同下游览善卷洞。

12月4日 县委办公室下发紧急通报，责成善卷公社党委对祝陵大队乱砍滥伐林木的严重毁林事件严肃处理。

是年 历经8年的善卷河开挖工程告竣。

是年 分(分路口)善(善卷)公路善卷段建成通车。

1983年

12月 善卷公社管理委员会更名为善卷乡人民政府。祝陵、国山、合兴、黄墅生产大队改为村。

是年 宜兴市善卷洞旅游公司在祝陵村创办。1986年歇业。

是年 老字号张氏医室在国山村重新开张，专治疥疮、瘤疽等。

1984年

8月18日 祝陵采石矿发掘出50多万年前的古猿、猎狗等动物化石。

1985年

是年 村民开始使用液化气。

1986年

6月2日 佛得角共和国总理佩德罗·波雷斯一行16人游览善卷洞。

1987年

10月3日 多国驻沪领事馆官员70余人参观游览善卷洞。

10月 善卷乡政府办公大楼竣工。2009年改为祝陵村委办公楼和村民服务中心。

是年 善卷综合市场（农贸市场）开工建设，历时两年竣工投运。

1988年

4月9日 善卷（祝陵）石灰石矿发生塌窑事故，死亡2人。

8月21日 宜兴市第四届运动会象棋、围棋比赛在国山饭店举行。

9月25日 善卷洞景区发现珍稀植物小叶银缕梅。1999年8月，被列入国家首批重点保护野生植物名录。

是年 祝陵村中心街区首批安装手控路灯20只。

1989年

是年 开始使用小型割晒机和联合收割机。1992年，开始使用机动插秧机和联合收割机。

是年 域内首家个体经营饭店——迎宾饭店开张。

1991年

8月16日 合兴村蝙蝠山采石矿突发山体滑坡，造成14人死亡、3人重伤、2人轻伤及6辆手扶拖拉机压废的特大事故。

12月25—27日 祝陵地区连降大雪，雪厚20多厘米，突发低温湿冻，为历史罕见。

1992年

是年 宜兴市锅炉辅机仪表厂成功研制双色石英玻璃水位表，产品荣获江苏省轻工厅颁发的优秀新产品奖。

是年 祝陵村、国山村、黄墅村、合兴村首次进入宜兴市工业百强村行列。

是年 祝陵、国山、黄墅、合兴四村成立老年协会。

是年 善（善卷）林（林场）公路建成通车。2005年，完成沥青混凝土路面改造。

1993年

5月 善卷撤乡建镇，祝陵、国山、合兴、黄墅村隶属善卷镇。

1994年

3月 黄墅茶场出产的"善卷春月"茶被选定参展意大利维罗纳第96届国际农业博览会。

是年 黄墅村创办善卷矿山机械厂，生产凿岩机。

是年 在黄墅村建造的自来水厂竣工投产，日供水量3000吨。

是年 国山、祝陵村家家户户安装电话，在善卷镇率先建成电话村。

是年 国山村成为善卷镇第一个有线电视村。

1995年

10月 黄墅茶场生产的"阳羡雪芽"茶获第二届中国农业博览会金奖和江苏省第三届"陆羽杯"一等奖。

是年 拆除祝陵中心区违章棚户50户，环境面貌大有改观。

是年 域内农业生产基本实现机械化。

是年 祝陵村民丁来娣购买全村第一辆私人轿车。

是年 祝陵、国山、黄墅、合兴四个村有石灰厂15家、立窑26座，年产石灰215万吨，产值2.62亿元。

1996年

7月 域内村办企业全面实施产权制度改革，由村办企业改制为私有民营企业。

1998年

是年 移动电话基站在祝陵建立，村民开始使用移动电话（俗称“大哥大”）。

是年 域内首个农家乐——孟大饭店开业。

2000年

2月28日 黄墅、合兴村合并为墅兴村。

6月15日 善卷镇并入张渚镇，祝陵、国山、墅兴村改隶张渚镇。

2001年

2月8日 祝陵、国山村合并为祝陵村。

6月25日 国山碑被国务院列为全国第五批重点文物保护单位。

10月25日 善卷洞风景区被评为国家AAAA级风景区。

2002年

4月13日 宜兴市华夏梁祝文化研究会在善卷洞风景区成立。2014年，祝陵村成为华夏梁祝文化研究会团体会员，祝陵村党总支书记赵如法当选常务理事。

11月20日 无锡市未成年人综合社会实践教育基地在祝陵建成启用，

这是无锡市教育事业改革和发展的重点建设项目。2005年12月，更名为江苏省无锡未成年人社会实践基地。

2003年

4月29日 由政府推动、民间组织，善卷景区恢复一年一度的梁祝观蝶节活动。

10月18日 梁祝邮票首发式在善卷景区举行。同日，恢复使用祝陵邮戳。

2004年

4月 成立祝陵村团总支部。

8月14日 墅兴瑶头岕1号宕口发生爆炸事故，死亡4人。

12月 村级行政区域调整，祝陵、墅兴合并为祝陵村。翌年，祝陵村党总支部成立，下辖国山、祝陵、合兴、黄墅片区及退休干部5个支部，有党员197人。

2006年

3月30日 中国民间文艺家协会授予宜兴市“中国梁山伯祝英台之乡”称号。5月25日，授牌仪式在善卷洞风景区举行。

6月 经国务院批准，宜兴“梁祝传说”列入第一批国家级非物质文化遗产名录。

是年 祝陵村女子梁祝十番锣鼓队成立。

2007年

7月6日 观蝶节列入宜兴市第一批非物质文化遗产名录。2009年6月列入江苏省非物质文化遗产名录。

是年 东兴饭店在黄墅小雷山开办。2011年，转型为观光农家乐。

2008年

1月26日 晨起降大雪，至2月2日，积雪深38厘米。此为祝陵村50年未遇的特大雪灾。

8月20日　宜兴市气象局会同省有关部门在祝陵地区实施人工降雨，以缓解旱情。

4月　祝陵村被评为宜兴市关心下一代工作先进村。

8月　祝陵村被评为宜兴市慈善先进集体。

12月　祝陵村被评为宜兴市巾帼文明村。

是年　祝陵村被宜兴市委、市人民政府授予宜兴市文明村。

2009年

2月　祝陵村被宜兴市委、市人民政府授予宜兴市社会主义现代化新农村建设示范村。

是月　祝陵村被无锡市委、无锡市人民政府授予无锡市社会主义现代化新农村建设示范村。

3月　江苏精诚山钙业有限公司成立，注册资本8200万元，为祝陵村规模最大的民营企业。

8月　受"英拉克"台风影响，连降暴雨，黄墅水库大坝出现渗漏，祝陵村组织200多人抢险。

是年　祝陵村最偏僻的黄墅水坞岕接通枫林岕水库自来水，自此祝陵村农户全部用上自来水。

是年　筹资100万元改建村办公楼、村民服务中心。

2010年

6月　祝陵村党总支被评为宜兴市五好党(总)支部。

是年　宜兴市政府投资2.5亿元对善卷洞风景区实施整体改造。2012年9月28日，善卷洞风景区综合改造工程竣工。

是年　投资120万元，对村域河、涧沿线实施全面整治。投资600多万元在南山河沿线拆除废旧厂房5000多平方米，营造绿化景观。

是年　开展"好媳妇""好婆婆"评选活动。2016年实现一年一评常态化。

2011年

是年 投资100万元建设黄墅中心广场，总面积5000平方米。此为祝陵村首个大型活动广场。

2012年

10月19日 世界三大奇洞所在国中国、法国、比利时的选手在善卷洞举行地下河舢板对抗赛。

是年 投资300万元，在水坞岕、黄墅村建设两个三星级康居村示范点。

是年 祝陵村被授予宜兴市文明村。

2013年

1月 祝陵村被评为宜兴市安全生产达标村(社区)。

3月8日 村民燃放爆竹引发离墨山山林火灾，过火面积近千亩。

3月 祝陵村老年活动室被评为宜兴市十佳老年活动室。

12月 祝陵村工会被无锡市总工会授予模范村(社区)工会。

是月 祝陵村被江苏省环境保护委员会授予江苏省生态村。

是月 祝陵村被江苏省爱国卫生运动委员会授予江苏省卫生村。

是年 投资900万元建设蕴德广场(祝陵文化广场)，总面积7000平方米。这是全村面积最大、功能最全的村民休闲娱乐场所。

是年 祝陵村被宜兴市委、市人民政府授予村庄环境整治先进村和宜兴市幸福村称号。

2014年

3月 祝陵村被评为宜兴市“三八”红旗集体。

是年 祝陵村被评为宜兴市社会治安安全村。

是年 祝陵村党总支部被张渚镇委评为先进党(总)支部。

是年 投入100万元，在祝陵、国山片区主干道安装路灯300只。

是年 由宜兴市东运建材有限公司、江苏精诚山钙业有限公司等企业捐资250万元，对善卷河部分航段构筑混凝土驳岸800米。

2015年

4月18—19日 由光明日报社、国际亚细亚民俗学会和宜兴市人民政府等部门共同举办的中国梁祝文化论坛在善卷洞风景区举行。

7月 祝陵村开始实施优秀学生奖励和困难学生定期补助制度。

11月11日 市人民政府举办善卷洞开发旅游81周年纪念活动暨储南强铜像落成典礼。

是年 投入50万元在黄墅、合兴片区主干道安装路灯150只。

是年 投资100万元建设尚德广场(国山文化广场),总面积5000平方米。

是年 祝陵村被张渚镇委、镇人民政府授予环境建设先进村、工业经济先进村。

是年 祝陵村被宜兴市委、市人民政府授予村庄环境长效管理先进村。

2016年

5月29日 善卷洞风景区“爱情邮局”揭牌。

6月1日 《祝陵村志》编纂工作启动。

6月 制定《祝陵村民文明公约》,成为祝陵村民一致认同、共同遵守的道德准则和行为规范。

6月 祝陵村党总支被中共宜兴市委授予五好村党(总)支部称号。

12月 善卷洞石刻(唐至民国)公布为宜兴市第六批文物保护单位。

是年 祝陵一枝花梁祝舞蹈队获江苏省有线杯宜兴首届“我爱广场舞”大赛季军。

是年 投资250万元的祝陵老集镇改造工程开工建设。

是年 按照宜兴市旅游发展总体规划,启动善卷洞景区与龙池山景区合并创建AAAAA级风景区工程。开工建设善卷洞至龙池山景观公路(善龙路)。

是年 在宜兴市村级综合经济实力排名中,祝陵村位列213个行政村的第25名。

是年 祝陵村域面积13.95平方千米,户籍人口4193人。

2017年

4月5日 中央军委原副主席迟浩田游览善卷洞,题字“风景这边独好”。

6月 祝陵老集镇改造工程竣工并通过工程验收。

是年 祝陵村再次被张渚镇委、镇人民政府授予工业经济先进村。

是年 祝陵村再次被宜兴市委、市人民政府授予村庄环境长效管理先进村。

是年 祝陵村被江苏省文明办、省委农工办、省农村综合改革领导小组办公室、省住房和城乡建设厅等6个部门(单位)联合推选为“江苏省美丽乡村”,并被列入“江苏省传统村落保护名录”。

祝陵村在宜兴市的位置图

祝陵村在张渚镇的位置图

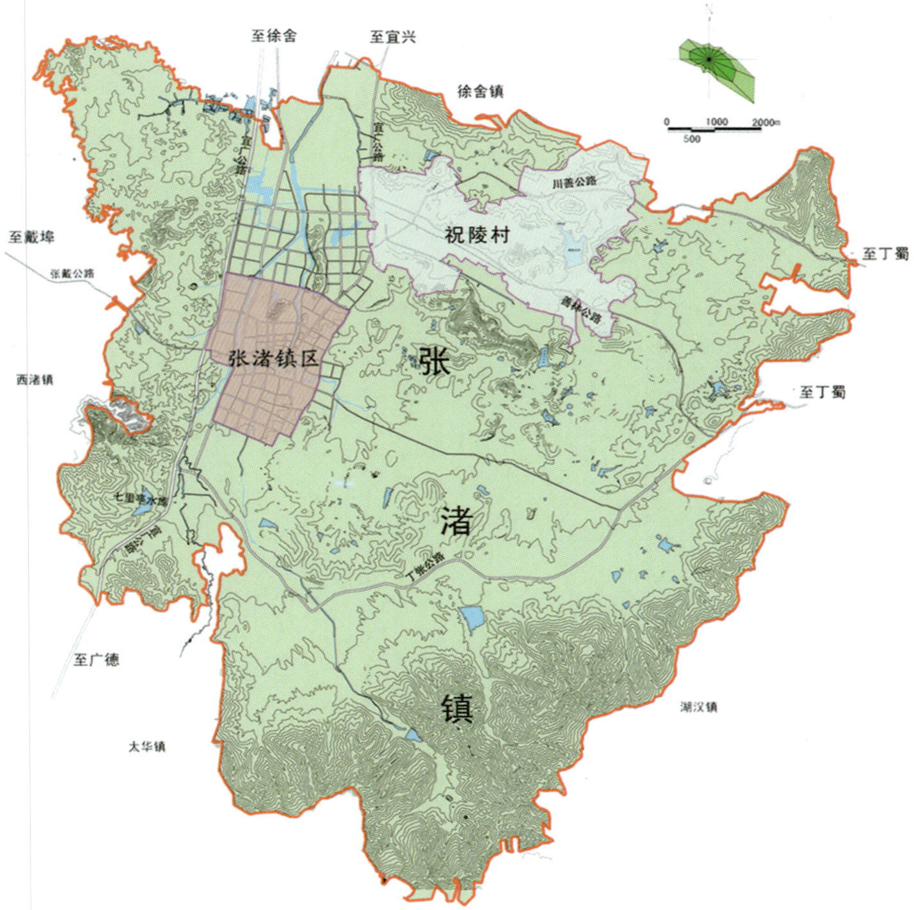

祝陵村平面示意图

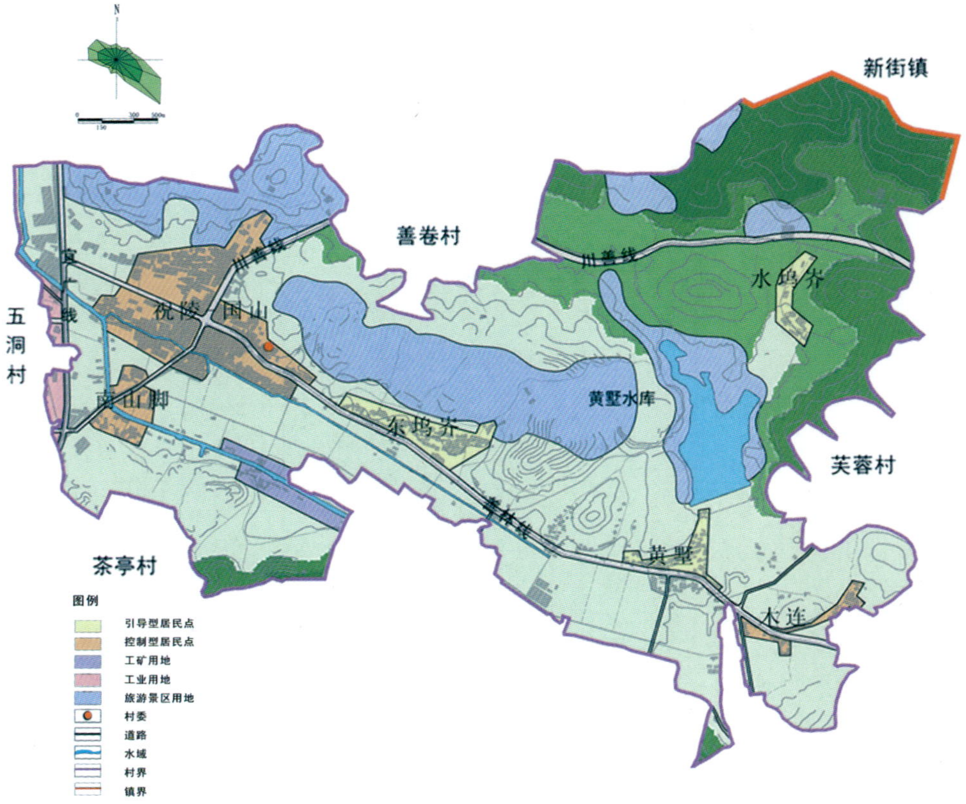
N
新街镇
善卷村
五
洞
村
祝陵
黄墅水库
芙蓉村
茶亭村
图例
引导型居民点
控制型居民点
工矿用地
工业用地
旅游景区用地
村委
道路
水域
村界
镇界

第一章　村情概览

相传在晋代，宜兴祝家庄民女祝英台为爱殉情，惊天动地，宰相谢安请封祝英台为义妇。皇恩浩荡，义妇祝英台墓遂称祝陵。墓以人而著，村以墓而名，从此祝陵村名历经1600多年一直未变。祝陵村是英台故里，是传说中梁祝读书之处和祝英台墓葬之地，成为著名的梁祝文化发源地之一。祝陵螺岩山中的善卷洞，以琼瑶美景甲誉天下，而今古老的溶洞以灵秀山水、文化底蕴和梁祝品牌跻身国家AAAA级风景区，成为独具风情的旅游胜地。这里交通便利、经济发达、商业繁荣、旅游兴旺、物阜民丰，祝陵村是中国美丽乡村的一个缩影。

第一节　历史沿革

今张渚镇祝陵村，自2000年开始由原祝陵、国山（双桥）、黄墅、合兴四个行政村先后合并而成。

晋永嘉四年（310），置义兴郡国山县，祝陵隶属国山县。唐武德二年（619）废国山县，祝陵改属义兴县。南唐时祝陵属义兴县张溪行政镇。北宋太平兴国元年（976），因避讳改义兴县为宜兴县，祝陵属宜兴县张溪镇，南宋时属张渚市。元、明袭宋建置，宜兴县设市乡制，祝陵、黄墅属张渚市永丰乡五十四都，国山属永丰乡五十七都。明万历二十九年（1601），改市乡制为区图制，祝陵、国山分属永丰区第十三图比字号、第九图分字号。清雍正四年（1726），析宜兴县置宜兴、荆溪两县，祝陵、国山两村分属荆溪县永丰区十三图比字号、九图分字号。光绪三十四年（1908），改区为乡，祝陵、国山均属荆溪县永丰乡。

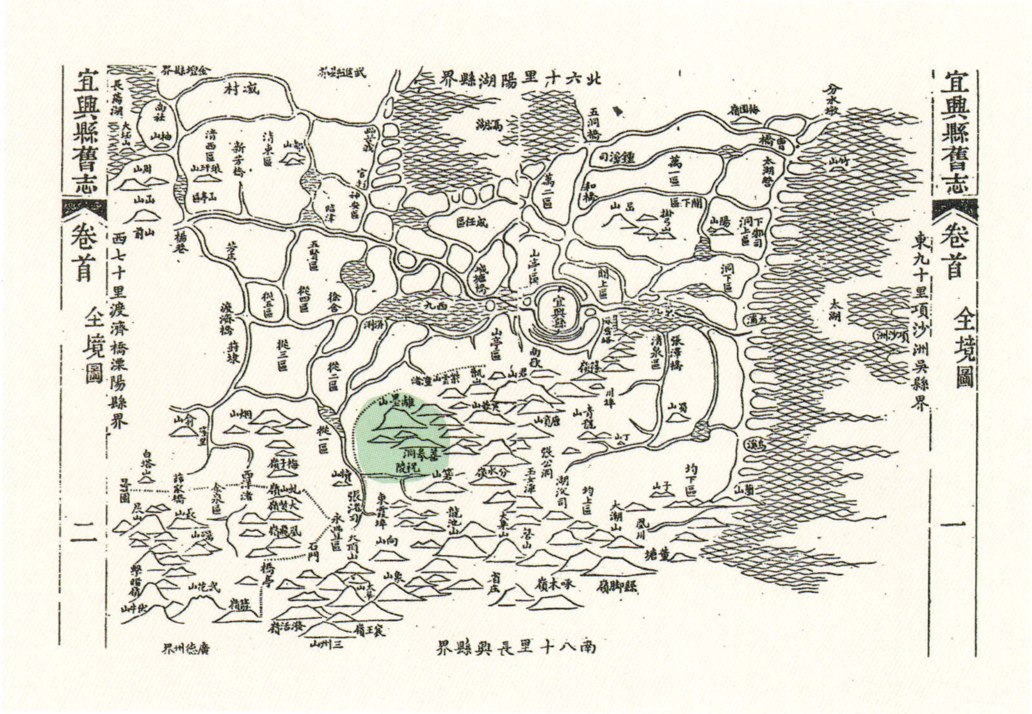

图1-1　清嘉庆《增修宜兴县旧志》载图

民国元年(1912),荆溪县并入宜兴县,设祝陵乡,隶属张渚市。民国18年2月,改为区乡闾邻制(25户为闾、5户为邻),张渚区(第八区)设善卷乡,治所设于祝陵。民国23年11月,改闾邻制为保甲制(10户为甲、10甲为保),张渚区(第七区)善卷乡治所祝陵、国山乡治所双桥。民国27年5月,改设善卷、离墨乡,祝陵、双桥、黄墅属善卷乡。1949年4月,宜兴解放,祝陵、双桥、黄墅均属宜兴县张渚区善卷乡。

1949年5月7日,设立宜兴县张渚区善卷乡人民政府,乡政府驻祝陵。9月,废保甲制为村组制,祝陵、双桥、黄墅设立行政村,属张渚区善卷乡。1951年3月,分设善卷、芙蓉两乡,祝陵、双桥属善卷乡,黄墅、刘家干属芙蓉乡。1956年2月,芙蓉乡并入善卷乡,祝陵、双桥、黄墅、合兴(由刘家干更名)属善卷区善卷乡,治所双桥。1958年9月,取消区、乡、村制,实行人民公社化,祝陵、双桥属竹海公社善卷生产大队,黄墅、合兴属竹海公社芙蓉生产大队。1959年1月,竹海公社撤销,设善卷公社,辖善卷大队、芙蓉大队。祝陵、双桥、黄墅、合兴均属善卷公社善卷大队。1981年,双桥大队改名为国山大队。

1983年12月，撤销善卷公社，改设善卷乡，祝陵、国山、黄墅、合兴隶属于善卷乡。1983年，大队改为村，生产队改为组，祝陵、国山、黄墅、合兴均改为村，仍隶属善卷乡。1993年5月，善卷乡撤乡建镇，祝陵、国山、黄墅、合兴四村改隶善卷镇。2000年2月，黄墅村与合兴村合并，村名改为墅兴村，隶属于善卷镇。同年6月撤销善卷镇，并入张渚镇，祝陵、国山和墅兴村改属张渚镇。2001年2月，祝陵与国山两村合并为祝陵村。2004年12月，祝陵与墅兴两村合并为祝陵村，分设祝陵、国山、黄墅、合兴4个片区，33个村民小组。

图1-2　祝陵村国山片区风貌

第二节　自然村落

祝陵村有15个自然村。其中祝陵片区有祝陵、桃园2个自然村；国山片区有双桥头、荷花墩、南山、双桥4个自然村；黄墅片区有木连、双桥、黄墅、小湾里、羊子岗、水坞岕6个自然村；合兴片区有牌楼、刘家干、张公嘴3个自然村。

双桥头

位于2座始建于明代的古桥结合处，故名。北靠董碑山，南为善卷河，西接张渚镇五洞村，东临宜（兴）广（德）公路。国山片区1组在该村，村中土地全部被征用。2000年善卷镇撤并前，在此建立开发区。明达土畜产公司、恒运通轮胎公司、南方石材厂等9家企业坐落村内。2016年底，全村有19户48人。陶姓最多，为8人；何姓、余姓各为6人。

图1-3　双桥头

荷花墩

建在一荷叶状大土墩上，故名。国山片区9组(小部分)在该村，村中无大块耕地。村落掩映在绿树、翠竹中，西、北、南三面环水，与双桥村隔河相望。2016年底，全村有4户9人，其中王姓2户6人，史姓1户2人，吴姓1户1人。

图1-4　荷花墩

南山

图1-5 南山

位于南山(白石山)脚下,故名,也称南山脚下。国山片区7组在该村,村中土地全部被征用。南山蕴藏着质量上乘的石灰石矿,南山村成为著名的“南山灰”原产地。国山塑料填充材料厂、鲁虹石灰厂等企业坐落村内。2016年底,全村有25户68人。有23个姓氏,其中雷姓最多,为16人;叶姓次之,10人;徐姓7人,居第三。

双桥

图1-6 双桥

因拥有南北双桥而名,明代即有此村。村落建在坡下,又名下埠头。国山片区2—6组、8组以及9组(大部分)在该村,村中385亩土地全部被征用。东与祝陵自然村相连,西与张渚镇五洞村飞里自然村为邻,南至南山,北以董碑山分水线与张渚镇善卷村为界。村内有国山碑、吴自立大石、玉带桥、战斗报社遗址、新四军墙头标语等重要文物和遗迹。村中办过小学、初中，办有江苏省无锡未成年人社会实践基地。兴湖耐火厂、宏达纺织厂、恒什炉业公司等10家企业坐落村内。2016年底，全村有300户1175人，其中90岁以上老人2人。主要姓氏有余、陈、张、鲁、王等，其中余姓最多，为148人；陈姓次之，59人；张姓58人，居第三。

祝陵

因祝英台陵墓所在，故名。村名历经1600多年沿袭至今。祝陵片区1—9组在该村，有水田345亩、旱地91亩，种植水稻、小麦及山芋、油菜等。祝陵村是梁祝文化发源地之一，有祝英台墓、祝英台琴剑冢、善卷寺等大批梁祝文化遗存。村中有AAAA级善卷洞风景区及碧鲜庵碑、祈雨坛、锦袍桥等众多文物古迹。该村曾是善卷乡(镇)政府住所、祝陵村(大队)村部所在地。全村有工业企业13家，商贸服务门店260多家。2016年底，全村有378户1208人，其中90岁以上老人9人。有姓氏119个，其中张、王、周三姓均为56人，其余大姓依次有谈、李、吴、刘、陈、蒋、单等。

桃园

因盛产鲜桃，故名。东邻芙蓉村葛坝自然村，南接张渚镇茶亭村，西为祝陵草山，北临南山河。祝陵片区桃园村民小组在此村，村中土地于2009年全部由精诚山钙业有限公司征用。村民异地购房居住，当地仅存户籍。桃园村曾是宜兴六大鲜桃产区之一。宜兴市唯一的氧化钙生产厂家精诚山钙业有限公司坐落村内。村中石砌驳岸、黑色路面、健康步道、休闲广场、公共厕所等公共设施齐全。2016年底，全村有18户76人。有姓氏26个，其中田姓16人，陶姓8人，钟姓6人。

牌楼下

著名乡贤、明成化进士邵贤的名应胪传坊立于此，故名。位于祝陵老村以东，邵家坟山之南，善林公路横贯东西。合兴片区第5、第6村民小组在此村。村民承包土地面积174.6亩，其中水田131.4亩、旱地43.2亩，主要种植水稻、小麦、山芋、油菜。村中先后开办石灰厂、塑料粒子厂、合鑫电子产品有限公司，建造颐生园生态度假酒店等。2016年底，全村有66户216人。有31个姓氏，其中杨姓最多，为29人；高姓次之，为26人；徐姓18人，居第三。

图1-7　牌楼下

刘家干

传说刘姓村民在此开了几爿小店，被称作刘家街。方言“街”“干”谐音，叫成了刘家干。位于牌楼下以东、邵家坟山之南，善林公路横贯东西。合兴片区2、3、4组及1组（小部分）在此村，村民承包土地面积227.99亩，其中水田183.59亩、旱地44.4亩，主要种植水稻、小麦、山芋、油菜。村中办过小学、幼儿班，开办过轧石厂、耐火厂。村内有黑色路面村道、文化广场、老年活动室、社区卫生室、公共厕所等公共设施。2016年底，全村有96户134人。有27个姓氏，其中王姓最多，为45人；徐姓次之，为37人；龚姓31人，居第三。有90岁以上老人2位。

图1-8　刘家干

张公嘴

传说张姓公主葬身玉龙山脚的尖嘴处，取名张(葬)公主。因方言“嘴”和“主”同音，叫成了张公嘴。东接黄墅羊子岗，西临刘家干，北靠玉龙山，南至

图1-9　张公嘴

善林公路。合兴片区1组(大部分)在此村。村民承包土地36.74亩，其中水田26.94亩、旱地9.8亩，主要种植水稻、小麦。2016年底，全村有13户49人。有9个姓氏，其中吴姓最多，为12人。

羊子岗

图1-10　羊子岗

村边原有一条羊肠小道，故名羊子埂，因方言“埂”与“岗”同音，便叫成了羊子岗。位于张公嘴之东、馒头山之南、善林公路之北。黄墅片区羊子岗组在该村，村民承包水田130亩、竹林20亩。2016年底，全村有62户185人。有36个姓氏，其中方姓最多，为40人；何姓次之，为35人；陈姓25人，列第三。

小湾里

因通往村中的小路弯弯曲曲，故名。农业合作化运动中改名永兴。位于羊子岗以东，南临善林公路，北至黄墅水库溢洪道。黄墅片区永兴组在此村，

图1-11 小湾里

村落沿馒头山而建,村民承包土地150亩,均为水田。村道两侧建有江南园林式围墙,实施绿化、亮化工程,建成三星级康居村。2016年底,全村有28户135人。有25个姓氏,其中程姓最多,为18人;冯姓次之,为10人。

黄墅

图1-12 黄墅

此地原有一座白庙,村以庙名。传说一位皇帝在庙里住过,改称皇住,因方言“黄住”与“黄墅”同音,且村落沿黄立山南麓而建,便称作“黄墅”。位于永兴之东,南至善林公路,北至小雷山,黄墅水库大部在其村域。黄墅片区东中组、西下组在此村,村民承包土地335亩,均为水田。民国年间村中创办小学,也办过庙会。鸿祥不锈钢厂、宜能耐火厂、调速机厂等5家企业坐落该村,村内还有孟大饭店、昊远生态农业观光园等农家乐。2016年底,全村有122户390人。有35个姓氏,其中黄姓最多,为78人;吕姓次之,为57人;古姓25人,居第三。有90岁以上老人4位。

黄墅双桥

因村边涧河上并列2座桥梁，故名。位于后山南麓，西邻黄墅自然村，东连芙蓉村玉山自然村，南与芙蓉村南坝自然村接壤，善林公路横贯东西。黄墅片区双桥1组、2组在此村，村民承包土地190亩，均为水田。村中有明代土地庙，庙中存放明万历壬寅年（1602）记事碑1块。村中东蒋山开采过大理石。2016年底，全村有84户211人，多为河南逃荒移民的后代。有25个姓氏，其中冯姓最多，为56人；张姓次之，为38人；余姓16人，居第三。

图1-13　黄墅双桥

木连

上游洪流将木料冲下，堆积于此，故名。西邻双桥，东与芙蓉村玉山自然村相接，南为善林公路。黄墅片区木连组在此村，村落沿山而建，村民承包水田134亩、竹林20亩。2016年底，全村有48户

图1-14　木连

138人。有25个姓氏，其中胡姓最多，为31人；陈姓次之，为22人；程姓14人，居第三。有90岁以上老人2位。

水坞岕

图1-15　水坞岕

地处临近水库的山坳间，故名。位于黄墅水库之北、丫枝岭浴锅塘之南，东接芙蓉茶场，西连张渚镇善卷村，北临川张公路，是祝陵村最为偏远的自然村。黄墅片区水坞组在此村，村民承包土地65亩，均为水田。村落周边有茶园500多亩，其出产的“阳羡雪芽”茶、“善卷春月”茶、“竹海金芽”茶多次在国家级、省部级评比中获特等奖和金奖。建有水坞岕村民广场、无公害厕所、公共照明设施和水泥村道，建成公园式的三星级康居村。2016年底，全村有51户151人。有26个姓氏，其中李姓最多，为35人；龚姓次之，为23人；冯姓10人，居第三。有90岁以上老人2位。

第三节　区位交通

一、区位

祝陵村位于宜兴市西南、张渚镇东北，北纬31°17′，东经119°39′。其东、南、西、北分别与张渚镇芙蓉村、茶亭村、五洞村、善卷村为邻。东南面到黄墅东蒋山，东北面到川分公路丫枝岭桥，西南面到国山蛇弹地，西北面到国山董山咀。全境东西最长处5.5千米，南北最宽处2.5千米，总面积13.95平方千米。祝陵村部（中心街区）距宜兴市主城区25千米，距张渚镇区3千米，距善卷洞中心景区1千米。

二、交通

祝陵境内公路四通八达。市(县)道善林(善卷—林场)公路横穿东西、川张(川埠—张渚)公路纵贯南北,省道虞宜(常熟—宜兴)公路穿境而过。行程20千米可达长深(长春—深圳)高速公路宁杭段、18千米到达宁杭(南京—杭州)高铁宜兴站。村道主要有善卷路、涌金路、桃园路、祝陵路、国山路、玉带路、双桥路7条,1995年村道公路全线铺设水泥路面。境内有祝陵河、善卷河、上干河(荆溪河)与宜兴的黄金水道钟张(钟溪—张渚)运河贯通,河沿有机械化作业码头泊位17座。

祝陵村地处经济繁荣的长三角中心地带,与南京、杭州、苏州、无锡、常州、镇江等主要城市形成1.5~2小时车程交通圈,到达上海市区的车程在3小时之内。

第四节　自然环境

一、地形地貌

祝陵地势东、南、北高,西低。可划分低山、丘陵、平原三大地貌类型。境内有董碑山(高150米)、南山(高150米)、东蒋山(高140米)、西蒋山(高140米)、座背山(高130米)、长山(高121米)、西山(高115米)、豆腐山(高115米)等低山以及南山、青龙山等丘陵连亘延绵,局部起伏较大,山坡多直线形,下部凸形坡。祝陵平原为二级基座阶地、一级堆积阶地等地貌,地势低平。善卷河(长5800米)、上干河(长2400米)、祝陵河(长1200米)及善卷南涧(长3000米)、善卷北涧(长3000米)等河涧交叉纵横,平原圩区农田成片。善卷洞景区为典型的喀斯特地貌(岩溶地貌),其山体岩石构成主要为石灰石,因长时期被水侵蚀和溶蚀,加上溶洞多次塌陷等机械侵蚀作用,逐渐形成地上溶洞、石笋、石峰以及地下河等景观。

二、土壤植被

在自然和人为因素的作用下，祝陵境内形成多种土壤类型。山地形成以红棕色为主的风化壳，一般为红壤；平原土壤多为黄沙土、小粉土；谷地上冲一般为黄马肝土，中冲为马肝土。

低山及丘陵地区热量与光照充足，自然植被为常绿阔叶与常绿针叶树林混合，自然植被及人工植被有60多种，覆盖率95%。平原圩区的自然植被主要有田头、埂边生长的各种野生植被，以及水稻、三麦和蔬菜等人工种植作物。

三、气候水文

祝陵境内系北亚热带与暖湿带过渡区，属海洋性季风气候，秋、冬两季多西北风，春、夏两季多东南风。特点是四季分明，温和湿润、雨水充沛、日光照足、无霜期长。历年日均气温15.7摄氏度。1月最冷，日均气温2.7摄氏度；7月最热，日均气温28.3摄氏度。农作物可能生长期337天。

全村历年平均降水量为1246.3毫米，89%的年份降水量达1000毫米。全年有相对多雨期5个：4月下旬至5月上旬的春雨（俗称"桃花水"），6月中旬至7月上旬的"莳梅水"（俗称"梅雨"），8月下旬至9月上旬的"台风雨"，9月下旬前后的"白露水"，10月下旬至次年2月上旬的"腊雪水"。

四、自然资源

1.土地资源

2016年，全村土地总面积13.95平方千米。其中耕地面积3414.6亩，人均耕地面积约0.68亩。全村有水域面积10725亩，未利用土地1890亩。

2010—2016年祝陵村耕地状况

表1

年　份	耕地数（亩）	人均耕地数（亩）
2010年	3721.05	0.956
2011年	3721.05	0.955
2012年	3318.50	0.848

续表1

年　份	耕地数(亩)	人均耕地数(亩)
2013年	3318.50	0.812
2014年	3332.49	0.811
2015年	3421.72	0.824
2016年	3414.60	0.676

2.水资源

境内地下水属空隙岩层地下水的潜水含水层，富水性较弱，东部丘陵山地单井日均涌水量约为10吨。境内天然水质较好，矿化度每升水含矿物质100~200毫克，属低化度水；总矿化度每升约1.5毫克，属软水；酸碱度6.5—7，属中性水。黄墅水库蓄水由多条山岕水汇集而成，总库容425万立方米，蓄水量308万立方米；木瓜坞水库，库容约16万立方米，蓄水面积7.31平方千米，水质优良。

3.矿产资源

祝陵地区诸山蕴藏着丰富的石灰石、大理石、青石、白云石、石英石、黏土等矿产资源，尤以石灰石资源最为丰富，主要分布在东蒋山、西蒋山和南山。大理石主要分布在祝陵后山和合兴豆腐山。青石、白云石分布在后山、国山、东坞岕等地。1958年，黄墅村曾开采煤矿，因储量不多、质量不佳，迅即停止开采。

4.动物资源

境内自古有飞禽、走兽和鱼鳖类野生动物100多种。随着人口不断增加、工农业生产迅速发展，生态环境及其平衡遭到破坏，大批珍稀动物因难以繁衍、觅食，品种和数量迅速减少甚至灭绝。20世纪90年代后，生态环境逐步恢复和改善，野猪、獐子、松鼠、刺猬、竹鸡、画眉、山雀、蝴蝶、青蛙、泥鳅、鲫鱼等多种动物逐渐增多。

5.林木资源

主要用材林有毛竹、松树、杉树。其他树种有马尾松、樟树、紫楠、红楠、青枫、麻栎、锥栗、苦槠、泡桐、榆树、榉树等。

图1-16 竹林

五、自然灾害

祝陵村境内自然灾害主要有干旱、洪涝、台风、冰雹、龙卷风、雷击、地震和暴雪等。常年自然灾害以干旱、洪涝为主。

1.干旱

偏旱年份占17.1%,平均6年一遇。主要季节性干旱有春旱、夏旱、秋旱。1934年8月25日,祝陵周边河道干涸,河中可推车、行人。1967年7—10月120天未降透雨。1978年,春、夏、秋三季近300天未下透雨,遭百年未遇大旱。8月,村民饮水困难,只能去蒲墅荡取水。

2.洪涝

祝陵村涝年比旱年略多,涝年几率占25.7%,偏涝年22.9%。20世纪50年代、70年代出现涝年较多。1954年为百年大涝。涝年多为梅雨季节暴雨及夏、秋两季台风暴雨所致。1991年6月13日,从凌晨起,突降特大暴雨,一次降雨量达87毫米,至19日总降雨205.8毫米。7月1—9日总降雨量再度达到

263.9毫米，形成60年未遇的特大洪涝灾害。

3.台风

夏末秋初，是境内受台风影响较多时期，但受台风正面侵袭的机率较小，多数是受台风倒槽影响。1969年9月28日，11号强台风袭击，突降暴雨250—300毫米，山洪暴发，祝陵街区淹水。2009年8月10日，遭台风“莫拉克”袭击，中午起连降特大暴雨，山洪肆虐。12日，黄墅水库大坝出现渗漏险情。张渚镇政府组织力量抢险，经过10多个小时连续奋战，大坝渗漏险情得到有效控制。

4.冰雹

1948年4月3日15时40分，祝陵地区突降冰雹，长达半小时，大的如百合。1987年8月11日17时许，祝陵地区遭冰雹袭击，损毁板栗树275株、其他树木200多株。

5.龙卷风

俗称挂龙，出现机会很少，但危害很大。1979年6月10日晚、1987年8月11日17时许、2003年7月17日17时许，祝陵地区遭龙卷风袭击，造成电杆、树木被毁，部分民房倒塌。

6.雷击

2004年5月19日下午，善卷织布厂遭雷击，损坏电动机、织布机等设备多台。

7.地震

东吴五凤元年（254），地震，离墨山头大石自动竖立。天册元年（275），地震，善卷山山体塌陷，露出善卷下洞。清乾隆五十八年（1793）正月初一清晨地震，善卷后洞坍塌。新中国成立后，南黄海、溧阳、常熟地区先后发生6.2级以下地震，祝陵村有强烈震感。

8.暴雪

1971年3月13日夜，突降大雪，祝陵村域水泥通信电杆折断严重，电话通讯全部中断。1991年12月25—27日，连降3日大雪，雪厚20多厘米，造成低温冻害，为多年罕见。2008年1月26日，晨起即降大雪；至2月2日，积雪深38厘米，为祝陵村50年未遇的特大雪灾。

第五节 人口状况

一、人口变动

明代，祝陵地区的邵姓、周姓人丁兴旺。清咸丰年间，太平天国运动引发战事连连，邵姓、周姓及其他大姓人丁或遇难，或外逃，人口锐减。清同治后期至光绪年间，乡人陆续返回，重建家园。有张、余、闵、鲁、赵、谈等姓人氏落脚祝陵，从事采石、烧窑、经商、农桑等业。民国时期，从河南、湖南和苏北逃难来的毛、王、李、陈、黄、刘、朱等姓人口在祝陵地区黄墅、合兴定居。原有乡民多数居住在玉带桥附近。

新中国成立后，村民生活安定。1954—1955年，祝陵、双桥、黄墅、合兴四村迎来第一个生育高峰，人口大幅增长。1959—1961年，村民生活困难，人口出现负增长。1963—1970年，祝陵、双桥、黄墅、合兴四村迎来第二个生育高峰，人口再次增长。1974年，政府提倡生育"晚、稀、少"。1979年，国家实行计划生育，提倡一对夫妻生育一胎，祝陵地区总人口基本稳定在4100人左右。2016年，祝陵村户籍总人口4193人，其中男性2039人、女性2154人，人口密度为每平方千米300.6人。

2009—2016年祝陵村户籍人口变动情况

表2 单位：户、人

年份	上年末户数	上年末人数	年内人口变动情况				本年末户数	本年末人数
			出生	死亡	迁入	迁出		
2009	1448	4012	25	21	69	25	1441	4032
2010	1452	4032	27	23	76	27	1454	4085
2011	1454	4085	18	38	41	38	1443	4068
2012	1443	4068	20	20	37	22	1439	4083

续表2

年份	上年末户数	上年末人数	年内人口变动情况				本年末户数	本年末人数
			出生	死亡	迁入	迁出		
2013	1439	4083	42	32	25	23	1436	4095
2014	1436	4095	27	33	34	24	1430	4099
2015	1430	4099	29	27	78	28	1436	4151
2016	1436	4151	42	39	52	13	1427	4193

二、人口构成

20世纪90年代以前，祝陵村民民族都是汉族。2000年以后，先后有布依族、壮族、水族、畲族等女子嫁到祝陵的水坞岕、木连、合兴等自然村。至2016年底，祝陵村有少数民族村民10名。

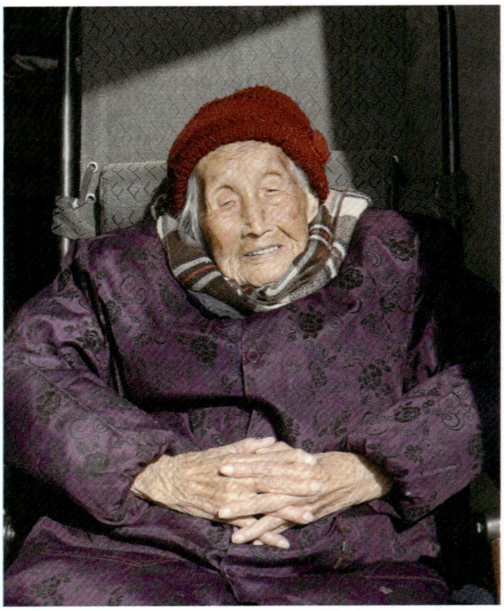

图1-17　百岁老人熊乃英

民国时期，祝陵地区村民十之四五患有血吸虫病，加之生活艰苦，光棍汉多，全村男性多于女性。新中国成立后，随着村民生活水平提高，男婚女嫁，两性人口差距逐渐缩小。1965—2016年，性别结构基本平衡。祝陵村人均寿命由民国时期的47岁提高至2016年的79岁。

2009—2016年祝陵村户籍人口性别统计表

表3

年份	总人数（人）	其中			
		男	占比（%）	女	占比（%）
2009	4032	1960	48.6	2072	51.4
2010	4085	1993	48.8	2092	51.2
2011	4068	1980	48.7	2088	51.3
2012	4083	1988	48.7	2095	51.3
2013	4095	1998	48.8	2097	51.2
2014	4099	2000	48.8	2099	51.2
2015	4151	2025	48.8	2126	51.2
2016	4193	2039	48.6	2154	51.4

2016年祝陵村90岁及以上老人名录

表4

序号	姓　名	性别	出生日期	年龄（虚岁）	住　　址
1	熊乃英	女	1915.12.19	102	黄墅木连
2	王五大	男	1920.05.15	97	国山九组
3	陈治荷	女	1921.10.10	96	黄墅双桥
4	王招娣	女	1922.07.03	95	祝陵六组
5	庄二妹	女	1922.07.15	95	祝陵三组
6	胡家仁	男	1922.12.16	95	黄墅木连
7	谈根元	男	1922.12.27	95	祝陵二组
8	黄玲娣	女	1923.08.29	94	祝陵五组

续表4

序号	姓　名	性别	出生日期	年龄（虚岁）	住　　址
9	毛洪英	女	1923.09.16	94	黄墅水坞岕
10	孟森林	男	1923.10.20	94	黄墅水坞岕
11	刘美仙	女	1924.09.06	93	合兴六组
12	吴相成	男	1925.01.16	92	黄墅木连
13	秦余才	男	1925.01.25	92	国山五组
14	陶梅英	女	1925.10.18	92	祝陵二组
15	田寿龙	男	1925.10.26	92	黄墅羊子岗
16	孙根宝	女	1925.12.17	92	合兴四组
17	甘玉珍	女	1925.10.05	92	祝陵九组
18	邵志清	男	1926.01.20	91	合兴四组
19	陈坤林	女	1927.06.07	90	祝陵西路80号
20	吴土生	男	1927.07.29	90	国山273号
21	袁哑巴	男	1927.12.24	90	合兴牌楼下

第二章　村级组织

1949年9月，设立祝陵、双桥、黄墅、刘家干4个行政村，各村成立农民协会，领导村民开展土地改革。1955年，农村高级合作社行使村一级行政职能。1958年人民公社化，设立祝陵、双桥、黄墅、合兴4个生产大队。“文化大革命”中，生产大队成立革命委员会，行使行政职能。1981年，撤销大队革命委员会，成立大队管理委员会。1983年，生产大队改为村，设立村民委员会，生产队改为村民小组。2000年2月，黄墅、合兴村合并为墅兴村。2001年3月，祝陵、国山村合并为祝陵村。2004年12月，祝陵村、墅兴村合并为祝陵村，隶属宜兴市张渚镇。

第一节　中共村级组织

民国27年（1938），新四军一支队派张之宜、陆平东到张渚山区开展党建工作。民国28年7月，在祝陵大王庙创办《战斗报》，办报人员大部分是共产党员，成立抗日战争时期宜兴地区最早的中共地下党支部——战斗报社支部。

民国32年，中共宜兴县委派俞志杰到宜南山区工作。民国33年，成立中共善卷支部，俞志杰为书记，龙池区民兵中队长唐振农（黄墅水坞岕人）为组织委员。

1956年，祝陵、双桥（国山）、黄墅村成立党支部。1961年，合兴村成立党支部。2000年，黄墅村与合兴村合并，成立墅兴村党支部。2001年，祝陵村与国山村合并，成立新的祝陵村党支部。2004年，祝陵村与墅兴村合并为祝陵村，2005年成立祝陵村党总支部。至2016年，祝陵村党总支部发展成为有5个分支部、15个党小组、197名党员的中共基层组织。

一、祝陵村党支部(1956—2001年)

1956年,祝陵村党支部成立,首任支部书记许顺保。

1956—2001年,祝陵村(大队)历任党支部书记:许顺保、钱小元、陶义孝、刘挺根、庄正明、卞金云、黄春根、鲁志元、夏志军、芮国平。

首任党支部书记许顺保于1957年当选为中共善卷乡第一届委员会委员。党员汤家骏于1966年当选为中共善卷公社第四届委员会委员。

2001年并村前,祝陵村党支部有党员34人。

二、国山(双桥)村党支部(1956—2001年)

1956年,双桥村党支部成立,首任支部书记鲁林生。

1956—2001年,国山(双桥)村历任党支部书记:鲁林生、徐信奎、钱小元、吴孝斌、鲁林生、余盘初、金文才、陈锦坤、陈锦生、秦洪春、鲁志元、赵如法。其中:余盘初当选为中共善卷公社第七、八、九届委员会委员;1982年当选为善卷公社党委副书记;1987年任善卷公社党委书记;1988年当选为中共宜兴市第七次代表大会代表。党员丁来娣于1991年当选为中共宜兴市第八次代表大会代表。

2001年并村前,国山(双桥)村党支部有党员28人。

三、黄墅村党支部(1956—2000年)

1956年,黄墅村党支部成立,首任支部书记金家楼。

1956—2000年,黄墅村(大队)历任党支部书记:金家楼、丁顺法、张世宽。其中:金家楼1960年当选为中共善卷公社第二届委员会委员,1963年当选为中共善卷公社监察委员,1971年当选为中共善卷公社第五届委员会委员,1975年当选为中共善卷公社第六届委员会委员。

2000年并村前,黄墅村党支部有党员32人。

四、合兴村党支部(1961—2000年)

1961年,合兴村党支部成立,首任支部书记徐信奎。

1961—2000年,合兴村(大队)历任党支部书记:徐信奎、吴锡生、张达元、龚良根、王金元、马洪生、龚瑞滨、蓬福云、宋建明、朱荣南。

2000年并村前,合兴村党支部有党员25人。

五、墅兴村党支部(2000—2004年)

2000年2月,黄墅村与合兴村合并为墅兴村,成立墅兴村党支部,下辖2个党小组,张世宽、龚丽君任党支部书记、副书记。

2004年并村前,墅兴村党支部有党员60人。

六、祝陵村党支部(2001—2004年)

2001年3月,祝陵村与国山村合并,成立新的祝陵村党支部,下辖2个党小组,赵如法、芮国平任党支部书记、副书记。

2004年并村前,祝陵村党支部有党员75人。

七、祝陵村党总支部(2005—2016年)

2004年12月,祝陵村与墅兴村合并为祝陵村,2005年成立祝陵村党总支部,下辖一分支(国山片区)、二分支(祝陵片区)、三分支(合兴片区)、四分支(黄墅片区)、五分支(退休干部)5个分支部,时有党员135名。赵如法任总支部书记,芮国平、龚丽君任总支部副书记。

2009年,祝陵村党总支部换届,赵如法、龚丽君分任党总支部书记、副书记。时有党员152名。

图2-1　2016年祝陵村部

2013年，祝陵村党总支部换届，赵如法、龚丽君分任党总支部书记、副书记。时有党员175名，

2016年，祝陵村党总支部换届，赵如法、龚丽君分任党总支部书记、副书记。时有党员197名。

图2-2　2016年祝陵村党总支、村委会领导成员合影

前排左起：彭志刚　芮国平　赵如法　龚丽君　舒洪根

后排左起：邵惠琴　谈　燕　李洪法　马伯军　谈　浩　姜旭东　卢苏蓉　卢　华

2005—2016年祝陵村党总支部、党支部委员名单

表5

任职年限	党组织名称	书　记	副书记	委　员
2005—2008年	总支部	赵如法	芮国平、龚丽君	赵如法、芮国平、龚丽君、舒洪根
	一分支部	马伯军		马伯军、彭志刚、邵惠琴
	二分支部	芮国平		芮国平、宗志明、李国珍
	三分支部	龚丽君		龚丽君、卢华、徐逸良
	四分支部	李洪发		李洪发、朱永军、丁顺法
	五分支部	赵如法		赵如法、窦伯君、庄正明

续表5

任职年限	党组织名称	书记	副书记	委员
2009—2012年	总支部	赵如法	龚丽君	赵如法、芮国平、龚丽君、舒洪根、庄正明
	一分支部	马伯军		马伯军、彭志刚、邵惠琴
	二分支部	芮国平		芮国平、宗志明、李国珍
	三分支部	龚丽君		龚丽君、卢华、徐逸良
	四分支部	李洪发		李洪发、朱永军、丁顺法
	五分支部	赵如法		赵如法、庄正明、丁顺法、龚瑞滨、鲁顺招
2013—2015年	总支部	赵如法	龚丽君	赵如法、芮国平、龚丽君、舒洪根
	一分支部	马伯军		马伯军、彭志刚、邵惠琴
	二分支部	芮国平		芮国平、谈燕、谈浩
	三分支部	龚丽君		龚丽君、卢华、徐逸良
	四分支部	李洪发		李洪发、朱永军、丁顺法
	五分支部	赵如法		赵如法、庄正明、丁顺法、龚瑞滨、鲁顺招
2016年	总支部	赵如法	龚丽君	赵如法、龚丽君、卢苏蓉、彭志刚、李洪发
	一分支部	彭志刚		彭志刚、马伯君、邵惠琴
	二分支部	芮国平		芮国平、谈燕、谈浩
	三分支部	龚丽君		龚丽君、卢华、徐逸良
	四分支部	李洪发		李洪发、朱永军、丁顺法
	五分支部	赵如法		赵如法、庄正明、丁顺法、龚瑞滨、鲁顺招

2004—2016年祝陵村党总支分支部、党小组、党员统计

表6

年份	分支部（个）	党小组（个）	党员人数(人)	
			总数	其中:女党员
2004	5	13	135	11
2005	5	13	138	12
2006	5	13	142	12
2007	5	14	145	12
2008	5	15	150	13
2009	5	15	152	15
2010	5	16	160	18
2011	5	16	162	18
2012	5	18	166	20
2013	5	18	175	26
2014	5	18	186	30
2015	5	18	195	35
2016	5	15	197	37

2016年祝陵村中共党员名单

表7

分支部名称	党小组名称	党员人数	党员名单	党小组长
一分支部（国山片区）	一组	15	鲁顺招、余正初、张军才、余永明、马伯军、吴国伟、卢苏蓉、杨小兰、安明玉、叶焕新、高　亚、刘顺妹、鲁伯平、余柏林、闵洪培	鲁顺招
	二组	16	丁志芳、赵如法、余晓华、周小盘、陈浩盘、陈　勇、刘永康、陈盘祥、朱翠香、吴国全、姜益明、曹富春、赵　洁、雷道云、余雯涵、翟顺仙	丁志芳
	三组	15	张晓荷、于国民、彭志刚、吴顺福、余汝林、徐　燕、卞家荣、余夕良、赵如军、余　妍、安江梅、崔中钦、杨静、彭德君、秦洪庆	张晓荷
	四组	16	谈培芳、秦洪春、黄菊萍、邵惠琴、张建中、余　刚、陶笑雯、吴应生、赵　辉、鲁　逸、费炳华、舒洪根、余　俊、谈　浩、谈桂君、高志新	谈培芳
二分支部（祝陵片区）	一组	9	卞金云、殷志辉、王国顺、周华君、何洪培、曹夕君、孙　建、芮国平、蔡小良	卞金云
	二组	11	鲁志元、万双付、宗志明、王　俊、王庆祥、谢箱元、王东林、史元培、单君荣、卢小兵、姚华南	鲁志元
	三组	12	庄正明、余柏生、张清德、王　涛、刘听大、夏志君、陈华新、周福川、陈瑞康、邵建初、邵　平、周祥庆	庄正明
	四组	9	王龙川、陈建军、万永飞、程　旭、庄烨臻、黄　丹、王丽群、周灵欢、马　军	王龙川
	五组	7	黄伯康、周祥华、余菊华、谈　燕、李国珍、闵智君、陈国华	黄伯康
三分支部（合兴片区）	一组	15	陆荣华、龚丽君、熊名军、吴凌云、龚栗葳、孙林峰、徐　波、徐信渭、刘六六、孙信华、谈　操、龚瑞齐、邵盘林、谢咏明、谢　渊	陆荣华
	二组	19	徐逸良、杨　帆、徐金荣、吴欣烨、龚瑞新、吴永祥、张　东、施小宝、任　云、徐水荣、周建平、陆龙大、高古强、程生友、龚瑞滨、李友根、蒋　川、管啸昀、卢　华	徐逸良

续表7

分支部名称	党小组名称	党员人数	党员名单	党小组长
四分支部（黄墅片区）	一组	9	李连林、徐龙云、徐　旭、庞化仙、庞化娟、余顺金、李称新、冯锦政、龚辉良	李连林
	二组	14	陈小相、祝傲齐、汪忠和、王德贵、方解勋、何　敏、金正华、程小兵、程卫星、何国华、袁瑜婷、叶建洪、金中清、李洪法	陈小相
	三组	17	丁顺法、张夕华、凌永军、凌建荣、李建华、古建强、陈雪香、朱竹青、朱永祥、朱永军、梅永芝、李保海、张世宽、古　琴、雷　蕾、王开明、凌　莉	丁顺法
	四组	13	余法根、余其国、徐玉萍、冯忠一、陈梅祥、冯炳元、冯和平、冯慧君、程福根、陈东明、陈连华、施婧超、梁子颖	余法根
说明	五分支部由退休定员干部组成，党员分布在其他4个分支部中，除平时参加各分支部、党小组活动外，还单独组织退休支部活动			

第二节　村民自治组织

新中国成立初期，祝陵地区设祝陵、双桥、黄墅、刘家干4个行政村。各村建立农民协会，组织生产，开展土地改革。

1952年，各村成立互助组。祝陵村许顺保成立第一个互助组，后有吕洪坤、马招大、蒋盘德等相继成立互助组；双桥村（国山）黄海坤成立第一个互助组，后有张顺大等人先后成立10多个互助组；黄墅村成立水坞（唐顺龙）、黄墅（曹保余）、小弯里（程树禄）、羊子岗（田寿金）4个互助组（当时木连自然村属芙蓉西塘互助组，双桥2个自然村属南坝互助组）；刘家干（合兴）村龚根清等6个农户率先成立互助组，后徐信奎、高学元、杨锡大等也相继成立3个互助组，4个互助组共有56个农户参加。

1953年，各村成立初级农业合作社。祝陵初级社社长许顺保，副社长周祥庆，会计由周祥庆兼任；双桥（国山）初级社社长余道生，会计贾金顺；黄墅初级社社长金家楼，会计窦伯均。刘家干（合兴）初级社社长邵小坤，会计叶春生；木连和双桥的2个自然村合并成立南坝第二初级社。

1955年，初级农业合作社转为高级农业合作社。祝陵高级社社长许顺保，副社长杜中丰，会计周祥庆；双桥高级社社长余道生，会计余富仙；黄墅初级社、南坝第二初级社、合兴（刘家干）初级社合并为黄墅高级社，社长金家楼，会计窦伯均。

1958年，撤销区乡建置，宜兴县7个区的高级社合并成为7个人民公社，实行政社合一体制。张渚镇及善卷区成立竹海人民公社。祝陵、双桥（国山）属竹海人民公社善卷生产大队，大队部设在飞里，大队长宋再彬；合兴、黄墅属竹海人民公社芙蓉生产大队，大队部设在玉山五家墩，大队长朱志高。

1959年区划调整，全县设7个区47个公社。成立善卷人民公社，隶属于张渚区，祝陵、双桥（国山）、黄墅、合兴4个大队划归善卷公社。祝陵大队大队长卢发元，双桥（国山）大队大队长鲁林生，黄墅大队大队长程汝清，合兴大队大队长邵小坤。

图2-3　1959年的双桥大队部

图2-4　1983年前的祝陵大队部

1967年，善卷公社成立“抓革命、促生产”小组，生产大队改由民兵营长统一抓。祝陵大队由盛高才负责，双桥（国山）大队由鲁东生负责，黄墅大队由朱竹清负责，合兴大队由徐信渭负责。

1968年成立大队革委会。祝陵、双桥、黄墅、合兴4个大队的革委会主任分别由许顺保、吴顺福、朱竹清、李根保担任。

1981年，双桥大队改名为国山大队。

1983年，公社改为乡，生产大队改为村民委员会，生产队改为村民小组。

鲁志元担任祝陵村主任,秦洪春担任国山村主任,程汝彬担任黄墅村主任,刘兴福担任合兴村主任。

1993年,善卷撤乡建镇,祝陵村、国山村、黄墅村、合兴村改属善卷镇。祝陵、国山、黄墅、合兴4个村的村委主任分别为史元培、赵如法、冯仕明、朱荣南。

2000年,黄墅村与合兴村合并为墅兴村,主任龚东生。

2001年,祝陵村与国山村合并为祝陵村,主任芮国平。

2004年,祝陵村与墅兴村合并为祝陵村,主任张世宽。

2009年,芮国平任祝陵村主任。

2016年,芮国平任祝陵村主任。

1956—2016年域内各村历任村长(大队长、村主任)名单

表8

村(大队)名称	存续时间	历任村主任(大队长)
黄墅村/大队	1956—2000.01	金家楼、程汝彬、朱竹清、陈小相、张世宽、冯仕明
国山村/大队(原双桥)	1956—2001.02	张顺大、闵正新、鲁林生、余道生、陈根大、王芳林、秦洪春、赵如法、鲁顺招
祝陵村/大队	1956—2001.02	许顺保、沈洪才、余七根、盛高才、卢发元、周祥庆、王龙川、鲁志元、史元培、夏志军、王祥庆
合兴村/大队	1961—2000.01	余公法、龚根清、吴锡生、邵小坤、王金元、龚瑞滨、刘兴福、朱荣南、李友根
墅兴村(黄墅村与合兴村两村合并)	2000.02—2004.12	龚东生
祝陵村(祝陵村与国山村两村合并)	2001.03—2004.12	芮国平
祝陵村(祝陵村与墅兴村两村合并)	2005.01—2016.12	张世宽、芮国平

1956～2016年域内各村（大队）历任会计名单

表9

村（大队）名称	存续时间	历任村（大队）会计
黄墅村/大队	1956—2000.01	窦伯均、丁顺法、张运生、杨再齐、陈焕新、张世宽、李洪法、冯和平
国山村/大队（原双桥）	1956—2001.02	鲁泽民、陈根大、陈盘祥、丁志芳、何菊良
祝陵村/大队	1956—2001.02	周祥庆、陈瑞康、刘挺根、卞金云、谈林生、稽海余、林祝英
合兴村/大队	1961—2000.01	叶春生、马洪生、徐逸良、宋建明、龚东生
墅兴村（黄墅村与合兴村两村合并）	2000.02—2004.12	鲁宜君
祝陵村（祝陵村与国山村两村合并）	2001.03—2004.12	何菊良
祝陵村（祝陵村与墅兴村两村合并）	2005.01—2016.12	舒洪根

第三节　　社会团体

抗日战争时期，善卷乡成立农抗会，黄墅水坞岕村民唐振农任会长，领导村民开展“二五减租”，支援抗日武装。1951年起，祝陵村、双桥（国山）、黄墅、刘家干（合兴）各村先后成立民兵、共青团、妇委会等组织。这些组织根据各自特点，配合中心工作开展活动，在经济建设、社会主义精神文明建设等方面发挥各自作用。2016年，祝陵村有共青团总支部、妇女联合会等群团组织，以及民兵营、治保委员会、老年协会等组织。

一、农会和贫协组织

1944年，善卷乡成立农民抗日救国会，黄墅村民唐振农、彭代义先后任会长，领导乡民开展减租减息，发动乡民支援抗日武装。1946年，在国山东弯雷少彬家成立农协会，选出委员7人，推选陶仕元为会长，领导当地乡民开展“三七减租”“二五减息”运动。

新中国成立后，祝陵、双桥（国山）、黄墅、刘家干（合兴）各村成立农民协会，在乡农会领导下，开展土地改革，发动群众斗地主、分田地；在互助合作初期，组织生产劳动。沈洪才、陈怡大、曹保余、叶志礼分别担任祝陵、双桥（国山）、黄墅、刘家干（合兴）农会会长。高级社成立后，农会组织撤销。

“文化大革命”中，公社、大队分别成立贫下中农协会（以下简称贫协），大队设贫协主任，生产队设贫协组长。当时，祝陵、双桥（国山）、黄墅、合兴的贫协主任分别由蒋盘德、陈法大、倪根荣、李根保担任。1981年，贫协撤销。

二、共青团组织

1950年，双桥（国山）村率先成立青年团小组，余幼大任组长。1961年，祝陵、双桥（国山）、黄墅、合兴均建立共青团支部，祝陵、双桥（国山）、黄墅、合兴团支部书记分别由李坤荣、余如兰、祝敖齐、王金根担任。

1967—1972年，受“文化大革命”影响，共青团组织停止活动。1973年，团组织实施整顿，恢复活动。

2000年，黄墅村与合兴村合并为墅兴村，朱永军任墅兴村团支部书记。

2001年，祝陵村与国山村合并为祝陵村，宗志明任祝陵村团支部书记。

2004年12月，祝陵村与墅兴村合并为祝陵村，2005年成立团总支部，宗志明担任祝陵村团总支部书记。

2008年，卢苏蓉任祝陵村团总支部书记。

2016年，祝陵村有共青团员34人，卢苏蓉任团总支部书记。

三、妇女组织

1951年，双桥（国山）村成立妇女会，徐锡妹为会长，不脱产。1956年，善卷乡成立妇女联合会（以下简称妇联），祝陵、黄墅、合兴村均成立妇联。1961年，祝陵、双桥（国山）、黄墅、合兴村妇女会长分别为贾秀群、余水桃、张圣新、吴凤娣。

2000年，徐玉萍任墅兴村妇联主任。2001年，邵惠琴任祝陵村妇联主任。2004年12月，祝陵村与墅兴村合并为祝陵村，妇联主任由卢华担任。村妇联下设妇女小组长（信息员）：祝陵片区吴华成、金凤英、扶菊芳、姚红珍，国山片区朱红娣、史美娟、邵惠琴，黄墅片区曹洪君、徐玉萍、余玉仙、冯招娣，合兴片区马玉芳、周春萍。2016年，祝陵村妇联主任仍由卢华担任，信息员不变。

村妇联的主要职责是：宣传贯彻《中华人民共和国婚姻法》，动员广大妇女从繁琐的家务劳动中解放出来，投身于经济建设和精神文明建设；配合做好计划生育、扫盲、妇女病普查等工作；反对家暴，调解夫妻纠纷，维护妇女合法权益；开展"五好家庭"和"好婆媳"等创建活动，建设和谐家庭、和谐社会。

四、民兵组织

1951年，善卷乡成立民兵中队，祝陵、双桥（国山）、黄墅、合兴村组建民兵小队，小队长分别为盛高才、鲁小盘、祝敖齐、马洪生。

1958年，实行全民皆兵，16～50周岁的男女村民有七成参加民兵组织，村设立民兵营。1959年，祝陵、双桥（国山）、黄墅、合兴4个大队成立民兵营，分别由盛高才、鲁小盘、朱竹清担任民兵营长。

1971—1975年，各大队成立武装民兵排。

1981年，民兵组织划分为基干民兵和普通民兵两类，大队设基干民兵排，祝陵、双桥（国山）、黄墅、合兴大队的民兵排长分别为宗志明、谈明华、黄锁林、徐信渭。

2000年，朱永军任墅兴村民兵营长。2001年，彭志刚任祝陵村民兵营长。2004年12月，祝陵村与墅兴村合并为祝陵村，民兵营营长由彭志刚担任。2011—2016年，谈浩任祝陵村民兵营长。

民兵在土改、农业合作化、兴修水利、抗洪救灾、绿化造林运动中发挥了骨干作用。抗美援朝期间，祝陵村民兵刘荣根、黄墅村民兵田寿友、合兴村民兵吴志保参加了中国人民志愿军。

五、治安保卫组织

1951年，祝陵、双桥（国山）、黄墅、刘家干村分别组建治安保卫组织。村治保会的主要任务是：宣传社会主义法制；发动群众制订、遵守治安公约和安全制度；做好防特、防盗、防火、防治安灾害事故工作，参与社会综合治理，稳定社会治安。

1993年，祝陵、国山、黄墅、合兴村精选青年民兵成立社会治安联防中队，联防队长分别为鲁志良、余锡良、汪友新、蒋川。

2000年，朱永军任墅兴村治保主任。2001年，姜旭东任祝陵村治保主任。2004年12月，祝陵村与墅兴村合并为祝陵村，治保主任由姜旭东担任。2016年，祝陵村治保主任仍由姜旭东担任。

六、老年组织

1992年，善卷镇成立老龄委员会，国山、祝陵、合兴、黄墅村由退休干部、村企退休职工成立老年协会。国山、祝陵、合兴、黄墅村分别由陈锦生、鲁志元、吴锡生、窦伯均担任老年协会会长。2000年后，墅兴村老年协会由窦伯均任会长，祝陵村由庄正明任会长。四村合并后的祝陵村由庄正明任会长。老年协会主要是关心老年人生活，每年重阳节对60岁以上的村民进行慰问，为85岁以上的老人祝寿，向90岁以上的寿星赠送慰问品。老年村民逝世，送花圈表示哀悼，并送慰问金1000元。

图2-5　老年协会学习会

图2-6　老年活动

老年协会还组织老年腰鼓队、老年舞蹈队、老年广场舞队，坚持经常性活动，并多次参加纪念活动演出，丰富了老年人生活。

2016年，祝陵村老年协会有会员1065人，庄正明任会长，祝陵王龙川、国山鲁顺招、黄墅丁顺法、合兴徐逸良任副会长，龚丽君兼任秘书长。

1956—2016年域内各村共青团、妇联、民兵、治保委员会历任负责人

表10

单位名称	存续时间	历任负责人			
		共青团	妇委会	民兵	治保委员会
黄墅村（大队）	1956 | 2000	祝敖齐、李德金、张世宽、程卫星、徐龙云、杨小忠、朱永军	张圣新、钟赛娣、庞化娟、汪发娣、徐玉萍	朱竹清、李德金、朱永军	朱竹清、李德金、叶建洪、汪友兵
祝陵村（大队）	1956 | 2001	李坤荣、周祥庆、吴洪海、吴小坤、陈卫清、夏志军、鲁志良、李汝林、宗志明、徐　和	贾秀群、蒋雪妹、殷来娣、谈听兰、丁菊华、周祥华、陈国华、李国珍	盛高才、庄正明、李汝根、卢小彬、鲁志元、鲁志良、李汝林、宗志明	余其生、鲁志元、鲁志良、李汝林、宗志明
双桥/国山村（大队）	1956 | 2001	余如兰、陈新根、余瑞明、蒋夕其、苍立新、陈连元	余水桃、徐夕妹、沈杏仙、马顺华、仲桂芬、余菊初、邵惠琴	鲁小盘、鲁东生、丁来娣、金文才、王金生、谈明华、赵如法、彭志刚	余夕良、姜旭东
合兴村（大队）	1961 | 2000	王金根、徐明成、吴凤娣、陈全库	邵菊英、余顺娣、成凤珍、张盘娣、谈菊芳	马洪生、徐信渭、施新大、蒋　川	徐信渭、蒋　川
墅兴村（两村合并）	2000.02 | 2004.12	朱永军	徐玉萍	朱永军	朱永军
祝陵村（两村合并）	2001.03 | 2004.12	宗志明	邵惠琴	彭志刚	姜旭东
祝陵村（四村合并）	2004.12 | 2016.12	宗志明、卢苏蓉	卢　华	彭志刚、谈　浩	姜旭东

第四节　村民小组

1958年实行人民公社化后，公社下设生产大队，生产大队下设生产队。1962年，正式施行“三级所有、队为基础”的体制，各生产队设队长1名、会计1

名。1983年，撤销人民公社，实行乡村制，生产队更名为村民小组，各村民小组设组长1名。2000年，黄墅村与合兴村合并为墅兴村，辖木连、双桥一、双桥二三、中东、西黄墅、下黄墅、永兴、羊子岗、水坞以及合兴一、二、三、四、五、六组共15个村民小组。2001年，国山村与祝陵村合并为祝陵村，辖国山一至九组、祝陵一至九组以及桃园组共19个村民小组。2004年，祝陵村与墅兴村合并为祝陵村，辖原墅兴村、祝陵村的34个村民小组。祝陵村设祝陵、国山、黄墅、合兴4个片区。各片区设立为农服务队，不再设村民组长。2006年，西黄墅与下黄墅合并为西下组，祝陵村村民小组总数减为33个。至2016年，祝陵村村民小组仍为33个。

1953—1983年双桥、祝陵、合兴、黄墅大队历任生产队队长名单

表11

所属大队	生产队名称	生　产　队　长
双桥	一队	陈六虎、何顺福、蒋文华
双桥（1981年双桥大队更名为国山大队）	二队	翟法根、陈根大、赵如璧、陈盘祥、刘永康、陈小春
	三队	鲁桂生、谈明祥、丁洪成、毛敖齐、谈明华
	四队	闵正新、鲁顺招
	五队	黄海坤、秦余才、秦洪春、季福平、杨尧君
	六队	马小伦、戴林明
	七队	邓福林、叶小元、王方林、余章林、叶洪金
	八队	吴燮根、余友良、刘金保
	九队	余法义、秦乔东、余夕林、闵红培、余国庆

续表11

所属大队	生产队名称	生　产　队　长
祝陵	一队	马招大、殷洪春、谈法奎
	二队	周祥庆、周尔康、吴通海、谈洪生、谈洪平
	三队	庄允阳、何新培、周销兵
	四队	刘春山、王龙川、史生林、吴永根、张仁良
	五队	周锁斌、陈听大、李金芳、卞金云、李金芳
	六队	蒋盘德、张炳康、王龙川、宗和元
	七队	谢顺余、蒋雪妹、单岳君
	八队	谈洪元、王祥庆、王小明
	九队	朱孟大、周东奇、周南奇、周祖根
	桃园队	田寿贵、田思启、田寿全、田寿余
合兴	一队	徐留保、李光和、李宣志
	二队	钱和海、徐信渭
	三队	刘乔贵、王金根、刘兴福、梅伯生
	四队	吴土根、宋怀宝、龚德英、周德才、吴再亮
	五队	邵小坤、刘金付、徐金荣
	六队	陈小洪、马洪生、杨夕林、张金荣、夏云生

续表11

所属大队	生产队名称	生　产　队　长
黄墅	木连队	马富荣、程家炳、陈东明、余凤英、胡国齐
	双桥一队	冯长清、冯炳元、宋正六
	双桥二队	余尚清、余福根、余法根、梅德坤
	东黄墅队	丁海清、唐光金、罗兆根、古和林
	中黄墅队	王保根、冯士明、王招明、杨洪略
	西黄墅队	曹法余、黄全林、李来富、吕福云
	下黄墅队	曹保余、凌金林、蒋如祥
	永兴队	冯士清、朱根林、程生才、何应富、袁可仁、陈小相、唐连生、窦利平、余忠清
	羊子岗队	田寿金、祝敖齐、吴生林、方林根、方火生
	水坞队	唐云龙、李德荣、李光成、唐顺生、徐云龙

1983—2004年国山、祝陵、合兴、黄墅村历任村民小组长名单

表12

所属村	村民小组	村民小组长
国山	一组	蒋文华、周顺西、蒋文华
	二组	刘永康、陈小春、夏柏松、翟　清、成瑞珍

续表12

所属村	村民小组	村民小组长
国山	三组	鲁顺西、朱金龙、李杏娣
	四组	李桂法、陈祥娟
	五组	杨尧君、闵东奇
	六组	戴林明、朱红娣
	七组	彭小金、雷友福、叶红金
	八组	刘金保、潘福生、于敖齐、吴小全、刘金保
	九组	余国庆、史美娟
祝陵	一组	谈法奎、范梅仙、吴华成
	二组	谈洪平、张夕妹
	三组	何新培、蒋林娣、朱杏娣、蒋红仙
	四组	张仁良、陈顺珍、扶菊芬
	五组	李金芳、吕梅仙
	六组	宗和元、张挺芳、凌健康
	七组	单岳君、邵梅芳、金凤英
	八组	王祥庆、陈梅芳、李志君
	九组	周南奇、陈祥仙、尹玉梅
	桃园组	田思启、周抱娣、姚凤珍

续表12

所属村	村民小组	村民小组长
合兴	一组	李宣志、徐九斤
	二组	徐信渭、季小荣、宗华珍、徐九斤
	三组	梅伯生、梁小海
	四组	吴再亮、吴土根、张小兰、张岳年
	五组	程生友、蒋小海、钱美娟、顾梅芳、张岳年
	六组	顾火金、顾梅芳、张岳年
	木连组	余凤英、胡国齐、胡盘东
黄墅	双桥一组	宋正六、周洪明、冯炳元、冯均义
	双桥二三组	梅德坤
	东中组	朱竹清
	西黄墅组	吕福云
	下黄墅组	曹保余、凌金林、蒋如祥、曹志福
	永兴组	余忠清
	羊子岗组	方火生、何小庆、陈小牛
	水坞组	龚国根

2005—2016年祝陵村历任为农服务队队员名单

表13

片区名称	为农服务队队员	说　明
祝陵	吴华成、凌健康、姚凤英、尹玉梅、张夕妹、李志军	2004年祝陵村与墅兴村合并后，以片区为单位设置为农服务队，各村民小组不再设组长
国山	成瑞珍、刘金保、史美娟、闵红培、叶红金、闵东奇、李桂法、崔中全	
合兴	徐九斤、梁小海、张岳年、程生友	
黄墅	胡盘东、胡国齐、冯均义、金建忠、郭顺才、古向阳、吕福云、曹志福、黄锁林、余忠清、窦利平、何小庆、曹春福、龚国根、李称新	

第三章　乡村建设

早在唐宋时，祝陵村初具规模，显现繁华，清代，祝陵村“阛阓颇稠密”，民居聚集，街市规整。民国期间，集镇沿河而设，自然村形成格局。新中国成立后，先后有3次民居建设高潮。1964年，首批农户家中通电。1987年，自来水开始进入村民家庭。20世纪80年代开始，祝陵村制定乡村建设规划，不断加大投资力度，鼓励和引导民营资本回馈家乡建设，交通、水利、电力、信息等基础设施不断完善。2000年后，在加快推进新农村建设的同时，加强生态文明建设，净化山水天地，改善人居环境。各自然村之间，村村通公路，路面硬质化、黑色化，公路两旁绿化，主要道路亮化。2016年，全村建有民营工厂48个，商品房住宅区1处，二星级、三星级康居村各2个，独立别墅100多套；建有文化广场5个、商贸集中区5处，其中十字街区商贸区聚集250家门市、店铺。

图3-1　祝陵村域主干线

第一节 集镇建设

祝陵原有前后两条街，均为东西走向，南北相距百米，明代乡宦邵贤荣归故里，捐资疏通了善卷十八湾与祝陵河，故而后街比前街更为兴旺。清同治元年(1862)，太平天国军队进驻善卷，引发一场战火，后街被毁，河道被瓦砾填塞，商铺纷纷向前街转移。民国期间，祝陵的商铺集市主要集中在祝陵河北侧东起锦袍桥、西到玉带桥长约700米的街道上，街道路面用青石铺设，宽约3米。河南侧建有多家石灰窑，散落着民居。

1949年，祝陵集镇区域只有0.2平方千米。1987年，善卷乡制定首轮集镇建设规划，在善卷路、涌金路两旁实行50米“红线控制”。同年，祝陵集镇新建房屋5.6万平方米，改建街道450米，铺设下水道1000米，集镇区域发展到2平方千米。1993年，善卷撤乡建镇后，对涌金北路、善卷东路的街区建设制定新规划。翌年底，善卷东路、善卷西路、涌金北路、涌金南路两侧形成“十”字形街区格局。

2004年，祝陵、墅兴两村合并为祝陵村。按照“因地制宜、合理布局、统筹兼顾、配套设施、有利生产、方便生活”的原则，分别于2007年、2009年、2012年、2016年对祝陵村总体建设、善卷西路街道景观改造和祝陵河景观提升等重新进行规划，分步组织实施。至2016年底，形成东西长1.2千米、南北长0.8千米的十字街区，聚集商家店铺250多家，全村村道全部铺浇水泥路、道路两侧全绿化、污水排放全处理和公共厕所标准化，主干道路全亮化，村容村貌明显改善。

第二节 基础设施

一、电力设施

民国时期祝陵地区不通电，晚上用油盏、煤油灯照明。1964年，善卷洞架设一条张渚—善卷的6.6千伏输电主干线，祝陵增设100千伏配电变压器，祝陵、国山片区村民家中开始通电。1965年，善卷公社用电管理小组成立，负责安装电灯、收取电费，最初由集体安装总电表，每户按灯头数量、功率计费，农户照明用电1盏15瓦灯泡每月收费0.5元。1968年，黄墅水库东涵洞建成18千瓦的水轮发电机组1台，解决水库和黄墅4个生产队用电。1977年，为开采供毛主席纪念堂选用的大理石，架设6.6千伏安的东矿线，解决了黄墅、合兴上片用电。翌年，各户安装电表，农户照明用电每度0.18元，按实际使用数收费。1979年、1984年，先后在羊子岗、黄墅水库西涵洞增建水轮发电机组，架设黄墅到最偏僻的水坞岕低压线路，实现全村户户通电。1987年，接入张渚供电站110千伏变电所，1988年张渚—善卷6.6千伏线路改为10千伏线路。1993年、2008年，35千伏善卷变电所和110千伏玉山变电所先后投入运行，祝陵村用电全部接入国家电网。

二、供水设施

20世纪70年代以前，农户生活用水取自河涧沟塘。为预防血吸虫，一些农户在家中打井。1975年，随着社队工业的崛起，水污染日益严重，各个生产队均开凿大口井，供村民使用，但井水含钙量较高。1987年，由张渚引进自来水，接通国山、祝陵村部分农户。1999年，日供水量3000吨的黄墅水库水厂投产，除水坞岕外，其余村组都通了自来水。2000年，横山水库Ⅰ～Ⅱ级水质的自来水经祝陵通达宜兴城区，祝陵、国山、合兴、黄墅（除水坞岕外）都用上了优质的横山水库水。2008年，投资200万元，重新改造自来水管网。2010年，最偏僻的黄墅水坞岕接通枫林岕水库的自来水，祝陵村村民全部用上自来水。

三、照明设施

1988年，祝陵村集镇中心的低压电杆上安装路灯20盏，手动控制，夏秋

图3-2　广场灯

图3-3　路灯

图3-4　主干道亮化工程

每晚7—12时照明。1993年，架设路灯专线，安装自动定时控制路灯100盏。1995年，善卷西路更换新电缆，每晚7时至午夜1时实行自控照明。1998年，架设善卷西路路灯30盏。2014年，投资100万元，安装祝陵、国山片区主干道路路灯300盏。2015年，投资50万元，安装黄墅、合兴片区主干道路灯150盏，全村主干道路至此全部实现亮化。

四、乡村道路

民国时期，祝陵街用青石板铺设。除有数条用碎石料铺设的通往张渚和矿山运输道路外，其余均为土路。1956年，修筑川张（川埠—张渚）公路，祝陵涌金路段铺设碎石。1989年，祝陵、国山两村出资，将祝陵路（沿祝陵河北侧）浇筑水泥路。1991年，善卷乡投资建设自祝陵至宜兴林场的善林公路，全长8.3千米，路基宽20米，1992年3月竣工。1993年，祝陵西环路（今宜广公路祝陵段）拓至20米宽。1995年，拆除善林路、川张路边违章棚户50户，改善了路容路貌。1998—1999年，铺设涌金北路、善卷东路慢车道1360米，面积5700平方米，铺筑彩砖和水泥路面人行道2200米、面积1万平方米。2008—2015年，祝陵村投资500多万元（其中2013年黄墅永兴村道黑色路面改造，程文涛、袁新南捐助6万元），浇筑混凝土村道3.15万平方米，村主干道和善林路沿线主要道路铺设沥青路面2万平方米，浇筑健身步道1500平方米。2016年，

图3-5　善林路祝陵段

图3-6　水坞岕村道

投资150万元，新建善卷小学—国山碑的健身步道1500米，建造国山碑、吴自立大石观景平台，国山碑道路与景观同步提升；善林公路、川善公路祝陵段铺浇沥青混凝土路面。至2016年底，村内有3条县、省道，还有善卷路、涌金路、桃园路、祝陵路、国山路、玉带路和双桥路7条村道，实现水泥路面、沥青路面全覆盖，各自然村之间村村相通、户户相连。

1.善卷路

东起二矿路，向西经祝陵村委会、综合市场、医院到宜广公路，全长1500米，宽18米，其中二矿路—涌金路段为善卷东路，涌金路—宜广公路段为善卷西路，均为沥青路面。

2.涌金路

北起善卷洞北侧路口，向南经善卷洞风景区、涌金街、邮电局、陶瓷城到南山桥，全长1300米，宽22米，其中善卷洞北侧—善卷路段为涌金北路，善卷路—南山桥段为涌金南路，均为沥青路面。

3.桃园路

北起善卷东路，向南经石灰石矿到桃园自然村，全长440米，宽7米，为水泥路面。

4.祝陵路

位于祝陵河北，东起桃园路，向西经锦袍桥、涌金南路、平桥到国山建材厂，全长1200余米，宽4米，其中桃园路—涌金路段为祝陵东路，涌金路—国山建材厂段为祝陵西路，均为水泥路面。

5.国山路

位于祝陵河南。东起锦袍桥，向西经涌金南路、国山居民住宅区到善卷河，全长950米，宽4米，为水泥路面。

6.玉带路

北起白虎山麓，向南沿涌金涧、玉带桥，到加工厂西侧，全长700米，宽4米，为水泥路面。

7.双桥路

北起董碑山麓，向南经善卷西路、国南桥到南山桥，全长1000米，宽6米，为水泥路面。

五、村道桥梁

民国年间，村民崔隆祺集资在祝陵河玉带桥西150米处建了一座木桥，宽约2米，人称小木桥，桥上行人来往频繁。1961年，小木桥被特大洪水冲毁。2016年，祝陵村境内有大小桥梁40余座，其中公路桥4座、涧河桥36座。

1.玉带桥

位于祝陵河中段（国山7组），始建于唐，是祝陵村现存最古老的桥梁（详见本志《名胜古迹》）。

2.太平桥

位于玉带桥东（国山5组），在祝陵河北侧，跨涌金涧，始建于明代，为花岗岩平板桥。

3.锦袍桥

位于祝陵河东端（祝陵6组），始建于明代（详见本志《名胜古迹》）。

图3-7 太平桥

4.涌金桥

位于善卷洞风景区，跨涌金涧，始建于明代。1956年在英台阁西南重建，为花岗岩平桥。2000年改建为石拱桥。2010年向南移动50米重建，改为水泥平桥。

5.南双桥

位于国山1组，原由南双桥、北双桥组成，始建于明代（参见本志《名胜古迹》），原桥均已拆除，2000年移位重建双桥。

6.渡家桥

位于善卷北涧（祝陵3组），建于清代，为花岗岩平板桥。

7.王家桥

位于善卷北涧，建于清代，为花岗岩平板桥。

8.祝陵洋桥

位于祝陵9组，为川张公路桥，建于1940年左右，原为木桥，1957年重修，2008年改建为水泥桥。

9.黄墅双桥

位于黄墅双桥2组，跨善卷北涧（涧沿河），民国年间建，为花岗岩平桥。1977年重建为水泥平桥，2008年重修。

新中国成立后祝陵村新建桥梁统计

表14

桥　名	所在位置	所跨河道	桥型	建造年份	说　明
下坝潭桥	国山6组	涧沿河	水泥平桥	1967	
五家桥	祝陵1组	泄洪河	水泥平桥	1968	前身是马家坝桥，为5户村民合建
七号桥	合兴4组	善卷北涧	水泥平桥	1970	
滚水坝桥	祝陵5组	善卷北涧	水泥平桥	1973	又名陈家坝桥，2012年重建
五号桥	合兴6组	善卷北涧	水泥平桥	1973	
南山桥	国山7组、5组	善卷河	水泥平桥	1977	川张线公路桥，2008年重建

续表14

桥　名	所在位置	所跨河道	桥型	建造年份	说　明
八号桥	合兴1组	善卷北涧	水泥平桥	1977	
永兴桥	黄墅永兴组	善卷北涧	水泥平桥	1977	2008年重修
水坞村中道桥	黄墅水坞组	山间河涧	水泥平桥	1978	
黄塘淹大桥	黄墅西下组	防溢洪大河	水泥平桥	1978	
下黄墅桥	黄墅西下组	防溢洪大河	水泥平桥	1978	
田中大道桥	黄墅永兴组	防溢洪大河	水泥平桥	1978	
轧石路桥	国山2组	祝陵河	水泥桁架桥	1978	又名国南桥，2008年改造
二矿桥	祝陵桃园组	善卷河	水泥拱桥	1979	
合兴桥	合兴6组	善卷河	水泥拱桥	1979	1995年改建为水泥平桥
十二号桥	黄墅东中组	善卷北涧（防溢洪大河）	水泥平桥	1979	又名葛宝山大桥
羊子岗桥	黄墅羊子岗组	防溢洪大河	水泥平桥	1979	
善卷大桥	国山2组、1组	善卷河	水泥板梁桥	1980	俗称公路桥，宜广线公路桥，1996年重建
十三号桥	黄墅羊子岗组	善卷北涧	水泥平桥	1980	
十四号桥	黄墅羊子岗组	善卷北涧	水泥平桥	1980	
小双桥	国山6组	善卷洞涧	水泥平桥	1981	善卷西路公路桥
六号桥	合兴5组	善卷北涧	水泥平桥	1982	
白龙桥	国山7组	善卷河	水泥拱桥	1982	2003年重修
国西桥	国山8组、9组	善卷河	水泥拱桥	1985	又名双桥
一号桥	祝陵1组	善卷北涧	平板桥	1987	原为双曲拱桥，2003年改建
通道桥	黄墅木连组	村前河涧	水泥平桥	1988	
涧沿河小桥	国山6组	涧沿河	水泥平桥	1990	

续表14

桥　名	所在位置	所跨河道	桥型	建造年份	说　明
善公桥	黄墅双桥1组	芙蓉涧	水泥平桥	1992	
涧沿河小桥	国山6组	涧沿河	水泥平桥	2000	
南环河大桥	黄墅双桥2组	防溢洪大河	水泥平桥	2009	
东蒋山桥	黄墅双桥1组	防溢洪大河	水泥平桥	2015	

六、信息通信

1950年,设在祝陵的善卷乡政府安装第一部磁石电话机。翌年,祝陵开办邮政代办所。1957年,善卷乡在祝陵合作商店设10门磁石交换机,电话线杆为竹竿,一线一地,且与广播合用,每天10:30—11:30、18:00—19:30的有线广播时间不能通话。1958年,在川张公路西侧、祝陵河北岸开办邮政代办所,安装20门磁石交换机,1965年发展到50门。1989年,通往各村的电话线由铁线改为护套电缆,祝陵村、国山村村委会安装了电话小交换机。1993年,在川张公路东侧建造邮电大楼,接入中继光缆,安装120门SLC程控交换机,1994年程控电话发展到1000门。1994年—1995年,祝陵、国山两村家家户户安装电话,在善卷镇率先建成电话村,被省政府授予“电话小康村”铜牌。1995年,祝陵邮电所更名善卷邮电支局,善卷镇程控交换机扩容至4000门。1998年,邮政与电信分营。同年,祝陵建立移动电话基站,少数村民开始使用移动电话(俗称大哥大)。2003年,经江苏省邮政局批准,恢复祝陵邮政所,专设祝陵邮政日

图3-8　移动电话基站

戳。2010年，祝陵村开通铜缆宽带；2012年，开通光缆宽带。2016年底，祝陵村有固定电话490户、手机2834部，户均移动电话2部，成人移动电话普及率达90%；电脑644台，户均0.47台；全村通过移动、电信、广电、铁通接入宽带2900多条，平均每户接入宽带2条（含医院、学校等单位）。全村有1114人会使用电脑，有1087人会使用微信。2016年起，实施光缆到户工程。（2017年，实现光缆全部到户，并利用软交换新技术，撤销当地程控交换机，电话用户全部接入省内电话交换网）

七、广播电视

1958年，宜兴开通有线广播，利用电话线路通广播到祝陵大队部，各大队架设竹杆单线通至生产队，再通到各农户家中以及场头、田头。有线广播每天中午与晚上各播一次，10点半准时播放开始曲——《社会主义好》，广播一响，便是吃饭时间到了，下田的村民纷纷收工。大队部设有广播室，配备广播员，经常利用广播播发通知。

电视机于七八十年代进入乡村企业、单位，后逐步进入家庭，最初要架设电视天线，利用馈线接收。1994年，开始建设有线电视网，国山村建成善卷镇第一个有线电视村。2016年，祝陵村能接收宜兴有线电视网的100多个频道，网络电视能接收数十个频道，能任意选收最新的电视剧，全村电视机拥有量达3000台，平均每户两台多。

八、液化气与太阳能

1985年，祝陵村民开始使用液化气。2000年以后，新建的住房大部分安装太阳能热水器。2016年，祝陵村民烧茶煮饭炒菜大多用上电器和液化气，使用太阳能热水器洗澡的农户达八成。部分村民家中

图3-9　太阳能光伏发电

仍保留柴灶，仅有15户仍在使用。使用液化气、电器、沼气烧茶煮饭炒菜的有942户；使用太阳能热水器洗澡的农户1270户，占93%。

第三节　民居建设

新中国成立初期，祝陵村老街集居区民居中瓦房较多，其余居住区多为茅草房，到1959年，村民人均居住面积不足5平方米。1980年，祝陵村出现第一次建房热，村民纷纷因地制宜上山采石砌筑石墙住房。1986年，祝陵村建房又现热潮，大多数村民翻建、改建砖墙瓦房。1990年起，不少富裕起来的村民建起别墅式小洋房，到1995年底，国山、黄墅建有别墅12幢。2007年，全村规划保留祝陵、合兴、黄墅3个居民聚居点，其余全部拆并。善卷西路两侧建设安置小区，其中南侧为多层住宅区，北侧为低层住宅区，配套公用设施和商业网点。2016年，祝陵村实行拆旧建新、翻建楼房的奖励措施，全村已没有茅草房，民居主要有传统民居、临街门面房、独立别墅、商品房、康居房5种。

一、传统民居

传统民居是村民翻建房中最为普遍的自建民居，砖木或砖混结构，多为二层朝南向，各户的山墙间距很小，有的是联排砌建。前檐基本平齐，屋前有较大的场地，邻居间可以借用。住房进深较深，中有院落，后檐则参差不齐，村民间保留着和睦的亲邻关系。2016年，全村有这类传统民居1200多户，占总户数的85%。

二、临街门面房

临街门面房多在祝陵村集镇区，于川张公路涌金路段、善林公路善卷路段两侧形成商业街，除邮电所、银行、学校、供销社等单位建造的外，多数为村民自建。楼下一般开商店、饭店等，楼上多为居民住宅。2016年，全村有门面房近百户。

三、独立别墅

独立别墅是1990年后出现的新型民居。一般占地面积300多平方米，有单独的场院，生活设施较为完善。家庭经济状况较好且符合住宅翻建条件的即可报批建设。2016年底，全村有独立别墅100多户，总建筑面积4万多平方米。

图3-10 独立别墅

四、商品房

是开发商统一开发、配套设施齐全的公寓住宅。2016年底，祝陵村有商品房住宅区1处120户，除用于学校拆迁安置村民外，也作为商品房出售，住宅区居住有祝陵村民41户。

图3-11 商品房

五、康居房

康居房按照规划地段和统一的设计图纸，由村民自建。这类民居式样整齐，设施齐全，面积较大，比开发商统一开发的小区民居更适合村民的需求。2016年，全村有康居房10余户，总建筑面积3000多平方米。

图3-12 康居房

第四节　重点工程

2008—2016年，祝陵村先后投资3000多万元，用于绿化工程、文化广场、集镇改造等重大工程建设项目。迄2016年底，老集镇改造工程基本告竣，祝陵河改造工程、国山碑景点改造工程仍在实施中。

一、绿化工程

2008年，在国山沿河植树4000株、黄墅泄洪道两旁植树500株。2009—2010年，在善林、川善线两侧植树5000株、南环路植树2500株，祝陵主干线两侧的绿化全部到位。2011年，继续清理沿河村道周围杂草、杂树，河道沿岸绿化3千米。2013—2015年，投资55万元，对祝陵河两侧祝陵南路两侧、黄墅水库—村前塘河两侧进行绿化。2016年，投资100万元，对村道两侧路肩路面进行加宽和绿化。同年，祝陵村委对村民家前屋后、庭院绿化(包括栽种名贵树木、花木、铺设草坪)总价超过1万元的，奖励2000元。年末，全村公共绿化面积1430亩，人均235平方米，实现“四季常绿，全年有花”的目标。

二、文化广场建设工程

2008年，重建老年活动室100平方米、社区医疗中心100平方米、妇女之家20平方米，在祝陵河南侧、闵家祠堂西侧空地上安装健身器材20件，建成村民健身中心。2011—2016年，先后在黄墅、合兴、水坞岕、祝陵、国山建成5个文化广场。

1.黄墅中心广场

2011年，投资100万元，在黄墅片区建设黄墅中心广场，总面积5000平方米，有老年活动室、篮球场、健身器材等设施。

2.合兴文化广场

2012年，投资80万元，在合兴片区建设合兴文化广场，总面积2000平方米，有篮球场、健身器材等。

3.黄墅水坞岕村民广场

2012年，投资50万元，在黄墅水坞岕自然村建设水坞岕村民广场，总面积800平方米，有健身器材等，解决了边远地区的村民缺乏活动场地的困难。

4.祝陵蕴德广场

2013年，投资900万元，在祝陵片区建设文化广场（蕴德广场），总面积7000平方米，有绿化场地、健身器材和两个篮球场，建有休闲亭廊、文化长廊、池塘水榭、大型梁祝砖雕、宣传展板等设施。

5.国山尚德广场

2015年，投资150万元，在国山片区建设文化广场（尚德广场），总面积5000平方米，有大面积绿化、篮球场、健身器材、舞台、休闲亭廊、小桥流水、玉带桥大型砖雕、宣传画廊等设施。

图3-13 尚德广场雪景

三、康居村建设工程

2009年，鼓励企业业主回报家乡，吸收民营资金50万元用于新农村建设。2010—2015年，投资900万元，先后对南山河沿线和合兴、黄墅段环境进行综合整治，清理大量建筑垃圾和堆放物，拆除废旧厂房5000平方米，破旧住房2000平方米，根治南环路沿线和黄墅段的脏乱差现象。2012年，投资250万元，在黄墅水坞岕、黄墅永兴自然村建设两个三星级的康居村示范点，同时在基础较好的祝陵、国山片区建成二星级康居村。

1.黄墅水坞岕康居村

水坞岕地处偏远丘陵地区，为改变60余户村民的居住环境，2012年，祝陵村投资100万元，铺设水泥村道1.6万平方米，种植彩色绿篱带8000平方米，完善公共自来水、公共照明、公共健身场所、公共厕所等公用设施，民房全部出新，建成了公园式的三星级康居村。

图3-14　水坞斧康居村

2.黄墅永兴康居村

永兴自然村农户分散居住在善林线两侧。2012年，祝陵村投资150万元，拆除破旧民房，按照传统江南民居式样，统一改造和出新公路沿线民居，建造公路两侧的隔离围墙，实施环境绿化，建设文化广场、老年活动室和公共厕所，铺设水泥村道，建成依山傍水、设施齐全的三星级康居村。

四、老集镇改造工程

2016年起，投资250万元，其中上级财政资助100万元、张渚镇出资150万元，实施祝陵老集镇改造工程，主要项目有“十字街区”涌金北路、善卷西路的土建和绿化，涌金北路300米、善卷西路200米公路沥青路面及1万平方米硬路肩的浇筑，公路两侧人行道5000平方米花岗岩路面，重新铺设1000米押口，公路两侧商店统一更换招牌，道路两侧绿化及道路广告牌设置等。

五、国山碑景点改造工程

2016年下半年，张渚镇投资150万元，对国山碑院进行全面整修改造，包括碑亭、围墙、回廊与院落的修缮、出新以及新建观景平台等。观景平台在国山碑院南侧，呈钻石状五边形，防腐木材质，依山势分为上下两层，共200平方米，凭栏远眺，可见牛犊山、横山、云湖、烟山、蒲墅荡等。同时改造了吴自立大石至国山碑的道路，新建了吴自立大石观景平台。该段道路为休闲观光步道，用青石板铺设，可供步行、自行车通行。观光平台在吴自立大石东侧，防腐木材质，长方形，建筑面积180平方米，登台可望及宜兴市区。

自2016年起，投资470万元修筑自善林公路经白虎山通往董碑山的公路。其中：张渚镇投资320万元，用于公路建设；祝陵村投资150万元，用于公路绿化、亮化等配套工程。该公路全长1.3千米，翻越5个山坡，上下落差150米。由于山势陡峭，公路一侧须填壑，砌建数米高、百余米长的石墙围护，工程难度较大。（至2017年底，路面工程告竣）

第四章　梁祝文化

“梁山伯与祝英台”是中国古代四大民间传说之一，不仅在国内妇孺皆知，而且以“东方的罗密欧与朱丽叶”风靡全球。宜兴祝陵是祝英台的故里，是传说中梁祝读书之处和祝英台墓葬之地，是梁山伯与祝英台爱情传说的发源地之一。以祝陵地区梁祝传说为主体的“宜兴梁祝传说”，史籍记述丰富、遗存古迹众多。2006年3月，宜兴市被中国民间文艺家协会授予“中国梁山伯祝英台之乡”称号。6月，“梁祝传说”经国务院批准进入首批国家级非物质文化遗产名录。2009年6月，“宜兴观蝶节”入选首批江苏省非物质文化遗产名录。

图4-1　国家级首批非物质文化遗产铜牌

图4-2　梁山伯祝英台之乡铜牌

第一节　梁祝传说

图4-3　梁祝图案

梁祝传说在祝陵地区代代相传，传承至今，并不断丰富、演绎，形成经典版本。祝陵地区已挖掘的梁祝传说有20余则，与现代梁祝电影、戏剧情节有同有异。祝陵村的梁祝传说中，仅英台殉情就有撞碑、跳楼、跳涧三种版本，地域与风物圈特色鲜明。

一、梁祝结拜观音堂

梁山伯是祝英台在碧鲜庵读书时的同学，聪颖勤奋，为人敦厚，是个谦谦君子。祝英台仰慕其品行才貌，觉得意气相投，便引为知己。

图4-4　梁祝结拜极限明信片

有一次，两人外出游玩，回来时经过胡桥。那胡桥仅用三块木板搁在木桩上搭成，人走上去颤巍巍的。天刚下雨，经雨水浸湿，桥面很滑，梁山伯"登登"几步就过去了，祝英台胆小，试了几次都不敢过，故意喊了声"哎哟"，假装崴了脚。山伯见了，马上折返回来，背着英台过了桥。英台心里十分感激，就对山伯讲，我们结拜为兄弟吧，山伯欣然同意。

梁祝二人挑了一个好日子，特地跑到离善卷山不远的观音堂，点上三支香，行磕头结拜之礼。梁山伯比祝英台大一岁，尊为哥哥。两人磕了头，端起酒碗，对着观音发誓："观音菩萨为证，我梁山伯（祝英台）与祝英台（梁山伯）义结金兰，患难与共，不求同年同月同日生，但求同年同月同日死。若有违背，天打雷劈！"末了，祝英台又加上一句："愿菩萨保佑我和梁兄白头偕老，永不分离！"梁山伯听了，以为祝英台用错了词，没当一回事。从此，梁祝二人便以兄弟相称，形影不离，感情日深，日后演绎了

梁祝风

遗址图

离墨山
九斗坛
善卷山
善卷洞
琴剑冢
水洞
摩崖造像
青龙山
祝英台墓
碧鲜庵碑
蝶亭
祝英台读书处
草桥
土地庙
玉带桥
观音堂
七里亭

一出惊天地、泣鬼神的爱情传奇。

二、梁祝马幼学碧鲜庵

相传居住在善卷山南面的祝英台、山北面的梁山伯和山西面的马文才，进碧鲜庵读书时都是十二三岁的小孩，但祝英台却是个假小子，是女扮男装的。

图4-5 梁祝同窗共读(年画)

祝英台才貌双全、聪明伶俐、勤奋好学。梁山伯一表人才、忠厚善良、为人正直。所以两人一见如故，引为知己，结拜成异姓兄弟。马文才头脑机灵，欢喜调皮捣蛋,他细看祝英台的举止，总觉得不像男孩。一次，马文才看四下无人，就油腔滑调地对英台讲："我看你蜜蜂屁股螳螂腰，走起路来袅啊袅；水泼荷花白笃笃，弯弯两道细眉毛；十根手指尖又尖，讲起话来女声调，是个女孩子吧！"说完，就要动手动脚，英台又气又羞，差点哭出来。正好梁山伯过来，立即上前呵斥，要马文才赔礼道歉。马文才却要起少爷脾气，说不要你管。山伯当然不依，两人扭作一团，打得鼻青眼肿，不分胜负。马文才没占到便宜，对梁山伯心生怨恨。

一天，马文才放在床上的30两银子不见了，便认定是梁山伯偷的，一把揪住梁山伯的胸脯，说："这里的学生，就数你穷，况且昨天我从柜子里拿银子时，看到你从窗外走过，不是你偷的还有谁?"山伯据理力争，马文才就是盯住不放。祝英台看在眼里，急在心里，立刻到房里拿了30两银子交给马文才，说："这30两银子，是我昨天有急用拿的，你当时不在，没跟你说，后来将这事忘了，现在还你，不好意思了。"马文才收起银子，只好作罢。到了年底，书童打扫房间，整理行李，在马文才床下的墙角里，发现一只沾满灰尘的包裹，打开一看，正是30两纹银。原来，马文才的银子，是他自己不小心掉下床的。祝英台的30两银子是自己的，是为了帮助梁山伯解围。梁山伯得知原委，十分感激祝英台。

梁山伯对祝英台的行为举止也产生过疑问，祝英台总是寻找理由搪塞。一次，山伯问英台为何从不赤膊，睡觉也是和衣而眠。英台说："我从小身体虚弱，一着凉就会生病，再讲，赤膊也不雅观呀。"梁山伯看到祝英台总是用马桶小便，外出时解手也要寻找偏僻之处，便笑祝英台像女人。祝英台正色道："你我都读圣贤之书，随地小便有辱斯文，只有山野村夫才会如此。"梁山伯听了，觉得祝英台人品与学识都在自己之上，对祝英台更加敬佩，再也不妄加猜测了。梁祝同窗3年，梁山伯一直不知道祝英台是个女孩。

三、英台竹

善卷山上生长着一种竹子，筷子粗细，高约丈余，在风中摇曳，婀娜多姿。一般的竹子每个节上只有两个分杈，而这种竹子每个节上有两大一小三个分杈，是这里特有的竹子。志书上称碧鲜竹，而祝陵乡民则称其为英台竹。

图4-6 英台竹

相传祝英台在碧鲜庵读书时，曾与梁山伯去过东吴。梁山伯的堂兄梁天伯家住苏州，山伯幼时曾寄养在他家，兄弟俩十分亲密。那年春天，梁祝二人相约到梁天伯家去玩，天伯陪同梁祝一起登灵岩山。

在灵岩山顶西施琴台遗址，三人举目远眺，万顷震泽（太湖）碧波荡漾，渔帆点点。天伯说："这里就是当年西施弹琴处，她常常在此远望故乡，抒发心中的思念。"山伯讲起了故事："传说范蠡在若耶溪边遇见西施，两人订下百年之约。但不久越国战败，西施被越王献给了吴王。吴国灭亡后，范蠡功成身退，与西施泛舟太湖，隐于阳羡，这对恋人终于结为秦晋之好。"英台感叹道："西施为国家牺牲了自己的幸福，真是个奇女子。我若是女子，也要以西施为榜样！"

琴台边有一丛竹子，青翠欲滴，湖风吹来，飒飒起舞。英台说："看这竹子，既婀娜轻盈，又柔中有刚，恰如西子，胸怀大志，能屈能展，且色如碧玉，晶莹剔透，显示出对爱情的忠贞，正对了'碧鲜'二字。"山伯说："既然贤弟喜欢，何不移植碧鲜庵旁，可以每日欣赏。"3人找来工具，连根带土挖了一丛竹子，高高兴兴地带回栽在碧鲜庵旁，久而久之这里长出了一大片竹子，人们都叫它碧鲜竹。英台殉情后，当地乡民称其为英台竹。英台竹一桠三杈，在两支大杈中间夹着一枝小杈，暗喻梁祝马三人的爱情纠葛。英台竹繁衍1600多年，越发茂盛，现今布满了整个山梁。

四、英台送兄十八里

图4-7　十八相送（剧照）

梁山伯和祝英台在碧鲜庵同窗共读三年，山伯要去余杭游学深造。此时祝英台长大成人，父亲不许她远行。梁山伯走时，祝英台恋恋不舍前去送行，从梁家庄出发，沿着古驿道经过张渚，一直送到十里亭。因梁家庄到张渚有八里，张渚到十里亭有十里，一共十八里，就是传说中的"十八相送"。

一路上，英台旁敲侧击，主动表白自己的心思，可是山伯浑然不觉，始终未能理解她的用意。

村前有口井，水很深也很清，上面并排放着两个青石井栏圈，看起来就像两口井一样。英台说："梁兄，这口井很神奇，从这个井口看下去，可以看到另一个井口的倒影。如果双方都看到了，就会时刻记住对方。我们不妨照上一照！"两人分别站在两个井口侧面往下看，正好看到对方的倒影。英台说："梁兄，你看这井里面，一男一女正相对而笑哩！"山伯笑道："分明是两个男人，哪有一男一女呀！"

村外大路边有座观音堂，里面供奉着送子观音，祝英台拉着梁山伯的手："三年前我们在此结拜为兄弟，现在再去拜一拜吧。"两人走进殿中，并排跪下，祝英台说："前世姻缘一线牵，观音娘娘为证，我同梁兄在此拜堂了。"梁山伯一听急了，立刻站起身来正色道："贤弟说话太荒唐了，得罪菩萨是要遭报应的。"书僮四九、银心听了也暗笑梁山伯太傻。

走了八里来到了桃溪，只见溪水潺潺，清澈见底，溪上游来一群白鹅，优哉游哉。两人走到溪边，英台捡起一块石片，向鹅群扔去，白鹅受了惊吓，纷纷扑着翅膀，嘎嘎嘎地叫着向远处狂奔。祝英台笑道："你看那群白鹅，雌的在后面叫哥哥呐。"山伯摸不着头脑，问："你如何知道哪公哪母?!"

离桃溪三里有个三里渡，这个渡口没有人摆渡，只在渡船两端系着缆绳，过河的人要自己拉动缆绳才能乘船过河。两人上了小船，山伯待英台坐稳后拉动缆绳，小船悠悠荡荡，一会儿到了河中央，英台忙说："别拉了，别拉了，让它飘一会吧！"小船晃呀晃呀，随风在河上飘着，英台又说："梁兄，牛郎织女相亲相爱，却被银河隔开，只得一年一度相会。这条河就像银河，我们就像牛郎织女，在银河中间相会了。"山伯笑着说："是相会了，不过不是牛郎织女。"

又走了四里，有一座凉亭叫七里亭，山伯叫四九放下行李，在凉亭里歇息。亭边有棵高大的苍松，一丛青藤缠绕树杆，扶摇直上，竟与苍松连成一体。英台指着松树说："你看这青藤缠树，形同一体，你中有我，我中有你。我与梁兄的情谊，就像青藤缠树，定会百年好合，永不分离。"梁山伯哈哈大笑："贤弟好呆呀，两个男子怎会百年好合呢?"英台问："你我要是一男一女呢?"山伯道："贤弟真会开玩笑，这怎么可能，除非你是女孩儿。"英台笑道："如果我是女孩呢?"山伯一愣，想了想说："那我就与你成亲，结为夫妻。"英台笑着说："梁兄可知君子一言，驷马难追?"山伯笑道："假如你是女子，我决不食言！"

到了十里亭就要分手了，二人手拉着手，依依不舍。这时，只见一黑一黄两只大蝴蝶紧紧相随，上下飞舞。祝英台触景生情，感慨地对梁山伯说："你看这两只蝴蝶翩翩起舞，一直不分开，世上的夫妻要象这对蝴蝶一般就好了。我有一诗，请梁兄赐教。"接着吟道："蝶翩跹兮双飞比翼，沐春风兮不弃不离；倩影随兮相守相依，人如斯兮情感天地。"梁山伯听了，连声叫好："妙呀妙呀，想你满腹经纶，一表人才，家境又好，何愁找不到漂亮贤惠的妻室呢！倒是愚兄家道贫寒，不知能否觅得一位称心如意的姑娘为妻。"英台指着凉亭边的一株雀梅树说："你啊，就像这株雀梅，雀梅雀梅就是缺个媒人呀。"山伯不解："此话怎讲?"英台说："小弟家中有个九妹，愿与梁兄作媒，不知意下如何?"山伯听了不好意思起来，说："虽是贤弟做媒，一面未谋，也不知其人呀。"英台说："她长得跟我一模一样，我俩是龙凤胎。""脾性如何?""聪慧温柔，与我如同一人。""既如此，我就娶她为妻，白头偕老!"英台听了，高兴地说："梁兄此番游学回来，早点到我家来提亲，小弟等着你啊!"

梁祝两人各自怀着自己的希冀与梦想，依依不舍地分了手。

五、祝英台抱琴剑玉殒香消

图4-8　晋祝英台琴剑之冢

梁山伯与祝英台在碧鲜庵同窗共读三年后，听说浙江余杭有名师讲学，二人相约同去游学深造。英台回家跟父亲说起游学的打算，父亲因她年近及笄，坚决不同意。英台拗不过父亲，就偷偷翻过善卷山去找梁山伯，想把这事告诉他。走到梁山伯家窗前，听见屋内传出琴声，祝英台驻足聆听，想到山伯与自己就要两地相隔，成为牛郎织女，不禁哭泣起来。梁山伯听到哭声，推窗见是英台，大吃一惊，忙问她为何事伤心。英台说了爹爹不让她去余杭游学的事，山伯说："你不去，那我也不去了。"祝英台急了："你一定要去，兄长的前程就是我的前程。"梁山伯点头应允，他从墙上摘下一把宝剑，连同刚才弹奏的古琴一起送给祝英台，说："这古琴和宝剑都是我家祖传之物，给你留下，想念我的时候弹弹琴、舞舞剑，就如同见我一般了。"祝英台也将随身携带的鎏金折扇回赠梁山伯，扇子上有她亲笔书写的"碧鲜"两个大字，意思是：我心碧如玉，我情鲜如竹，见扇如见我，轻风慰孤独。

十八相送后，英台天天在家看书、弹琴、舞剑，一心等待梁兄学成回来提亲。谁知梁山伯没等来，马文才之父马太守却来提亲了。

梁山伯游学回来，听说祝英台原是女子，而且许给了马文才，便抑郁成疾，一病身亡。英台听到噩耗，悲痛欲绝，要去给梁兄吊孝，怎奈父亲坚决不允："你现在已经聘字马家，生是马家人，死是马家鬼，给梁山伯吊孝，是万万不可的！"英台无奈，整日抱着琴剑，以泪洗面，痛不欲生。祝夫人也前来相劝，英台就是一声不响，茶饭不思，不出闺房一步。

马文才迎亲那天，花轿到了门外，祝英台自知已无退路，关起门来，推说在闺楼梳妆。她开箱找出一件素服穿上，准备拔剑自刎。她手握宝剑，猛然想到：梁兄赠我琴剑，本是一番好意。用剑自杀，岂非辜负了梁兄？往日看到琴剑就像看到梁兄，今日抱着琴剑去死，就好比和梁兄同生共死了。于是，祝英台怀抱琴剑，从闺楼一跃而下，顿时香消玉殒。

祝老爷知道这琴剑是梁家之物，狠狠地将它摔到一边。祝英台遗体安葬后，丫环银心悄悄收拾好琴剑，将它埋在碧鲜庵附近。后来，有人在这里竖起一块墓碑，上刻"晋祝英台琴剑之冢"。

六、梁祝化蝶

善卷山区的蝴蝶又多又大，其中一种以黑色为基调的彩蝶有手掌般大，尾巴长长的，当地人称其为英台蝶。还有一种黄色基调的彩蝶，体型略小，称山伯蝶。人们都说，黑、黄两蝶是祝英台与梁山伯的精魂所化。

图4-9　英台蝶

图4-10　山伯蝶

相传祝英台女扮男装与梁山伯在碧鲜庵读书,两人情投意合。梁山伯从余杭游学回来后,马上到祝家拜访。祝老爷以同学之谊,安排他们在客厅相见。祝英台红妆翠袖、罗扇遮面,由丫环银心陪同而出,梁山伯这才知道祝英台与银心都是女儿身。两人一见面,英台泪如雨下,说:"梁兄若晚来几天,就见不到我了!"山伯一听,大惊失色,忙问:"你说什么?""爹爹把我许配给了马文才,父命难违。"梁山伯喊了一声:"啊呀!"顿时口吐鲜血,跌倒在地。祝英台连忙扶起他:"梁兄呀,妹妹并非薄情女,你还记得扇子上的'碧鲜'二字吗?妹妹其实早就把心许给了哥哥。我英台一诺千金,绝不变卦,生为梁家人,死为梁家鬼,梁兄放心吧!"两人顿时肝肠寸断,悲痛至极。临别时,共同立下誓言:生若不能成婚,死后也要成双。

梁山伯回家后越想越痛心,吐血不止,病情越来越重。临死前他对父母说:"孩儿不孝,辜负了你们的养育之恩。我死后把我葬在村西胡桥头,我要在英台出嫁时再看她一眼。"原来,胡桥就在梁家庄村西,马家前去迎亲,不管是陆路还是水路,都必须经过胡桥。

到了第二年三月廿八日,马家花轿抬到祝府门口,祝英台提出经过胡桥要祭拜梁兄,否则宁死不上轿。为了赶吉时,马文才和祝老爷只好答应。花轿抬到胡桥,祝英台走下轿子,脱下凤冠霞帔,露出白衣孝服,哭着跪在梁山伯墓前,历数往日情分,趁众人不备,用力向墓碑撞去,这时天空突然一声霹雳,天昏地暗,飞沙走石,大地晃动,所有人都跌倒在地。只见地面撕开一条一丈多宽的裂缝,祝英台滚了进去。等到雨过天晴,地裂处已经合拢。只见一黑一黄两只大蝴蝶在坟头翩翩起舞,形影不离。大家都说,这是梁山伯、祝英台变的,黑蝶是祝英台,黄蝶是梁山伯。他们实现了自己"生前不能成婚,死后也要成双"的誓言。

图4-11 著名邮票设计师王虎鸣为宜兴设计的梁祝化蝶图案

善卷山从此出现黑、黄

两色凤尾大蝶，每到春天映山红盛开之际，就在一起翩翩起舞。特别是农历三月廿八祝英台忌日这天，善卷的蝴蝶就会漫山飞舞，仿佛聚会一般。中午时分，黑、黄两只特大蝴蝶会从天而降，在碧鲜庵碑亭绕飞三周，然后朝西北方向飞去。大家都说，这是梁山伯与祝英台又回来了。

七、祝陵的来历

善卷山南有个祝家庄，山北有个梁家庄。祝家庄的祝英台和梁家庄的梁山伯幼时曾在一起读书，从同学到朋友，从朋友到"兄弟"，日子久了，祝英台便对梁山伯产生了感情，并私订了婚约。但是，祝老爷坚决不同意，逼着她嫁给马太守之子马文才。祝英台竭力反抗，但父命难违。她得知梁山伯因求婚不允、回家忧郁而死的消息，更是悲愤交加，痛不欲生，思去想来，决定逃离家门。一天晚上，英台命丫环银心收拾行装，带好银两，悄悄从后门逃出，隐藏在碧鲜庵中。庵里的尼姑对祝英台的遭遇十分同情，便在后院僻静处收拾一间僧房让她暂住。祝英台想拜尼姑为师，步入空门，但师太说她尘缘未了，六根不净，还须静养反思，洗去尘心。

祝英台离家出走后，祝老爷和夫人心急如焚，派人四下打听，却如泥牛入海。祝夫人因女儿失踪常常责怪丈夫。一天，夫人前往碧鲜庵烧香，侍女想要小解，走到后院，正巧看见英台和银心走进僧房，连忙向夫人报告。祝夫人将英台、银心带回府中，严加看管。

第二年三月廿八，马家迎亲花轿到了祝英台家，英台提出要先到梁山伯坟上祭拜，再到马府成亲。到了山伯墓前，英台下轿祭拜，撞碑而死，喜事顿时变成丧事。祝老爷请人看了风水，选中村边青龙山顶给女儿殓葬，此处背靠群山，面临溪水，远眺可及山峦叠嶂，俯首可见河水蜿蜒，祝英台墓就建在那里。

祝英台女扮男装求学、为爱殉情之事传到京城，众官谈论祝英台奇人奇事，敬其贞烈。丞相谢安奏表说："祝英台专一不二，大义可嘉。"晋帝准奏，当即封祝英台为"义妇"。于是在英台墓的四周建起护垣，种植青松翠柏，墓碑上刻着"晋义妇祝英台之冢"八个大字。祝英台为"义妇"是皇帝御封，后人就把她的墓茔叫做祝陵，墓南边的村庄也就叫做祝陵村了。

八、映山红的传说

图4-12　映山红

每年春天，祝陵善卷山一带漫山遍野开着一丛丛野杜鹃花，把整座山都染红了，当地人称它为“映山红”。据说这与梁山伯、祝英台有关。

传说祝英台出嫁哭祭梁山伯墓，哭得死去活来。突然，一声巨响，坟墓裂开，祝英台顺势跳了进去。随行的亲朋连忙上前拉，但是墓已合拢。银心离得近，手又快，扯到一条红裙边，便悄悄将红裙边埋在坟墓旁。

第二年春暖花开时，人们发现银心埋红裙边的地方长出一片灌木，开出娇艳美丽的小红花，颜色与祝英台的红裙边一般，惹人喜爱。说也奇怪，这种鲜嫩艳丽的小红花很快就布满整个山岭，映红了一座山谷。有人说，此花是英台红裙边所化，映红了整个山野，就叫它“映山红”吧！从此，每到春天，不仅是善卷山，整个宜南山区漫山遍野开满映山红。

九、马文才与祝英台

在善卷祝家庄西十余里的鲸塘有个马家庄，村子很大，村民都姓马，就是梁祝传说中马文才幼时生活的地方。村里高大的墙门排列整齐，一进进雕花楼房组成古老的深宅大院，门楼上嵌着“清白遗风”的砖雕，大门前还残存着上马石和好几块旗杆石，村旁的河边还有一个码头，这些都是当年马太守上马、升旗和停靠官船用的。

马文才十二岁时，与祝英台、梁山伯一起在碧鲜庵读书，做了三年同窗。马文才虽喜欢调皮捣蛋，却也不像戏文里所说的那样仗势欺人。论学习诗文礼仪，在所有同学中祝英台排名第一，梁山伯次之，马文才第三。所以马文才对祝英台也很敬佩，他仔细观察祝英台的举止，觉得祝英台是乔装改扮的女儿身，便想探个究竟。后来，他发现祝英台跟梁山伯形影不离、情深谊长，超出了兄弟情分，也就猜到了几分。

三年学成，马文才得知父亲升任吴兴郡太守，就待在家里等父亲带他去吴兴。这天，他又想起碧鲜庵读书的事来，越想越觉得祝英台像女孩子，不由提起笔来，写下一首诗：“英台文武是全才，巾帼女子抑须眉？手足情深坦荡荡，鞍前马后作追随。”诗刚写好，墨迹未干，马太守到家了，看到马文才写的诗，就问怎么回事，马文才就把祝英台如何聪慧灵秀、才高八斗和怀疑她女扮男装的事说了一遍，马太守听了连连点头。到了吴兴任上，马太守修书一封给国山县令，托他了解实情。两个月后，国山县令回信，说祝英台果然是女子。马太守就托国山县令为儿子作媒，到祝家提亲。

国山县令接到马太守书札，立刻备轿赶到祝家庄，先对祝英台读书处碧鲜庵巡视一番，然后到了祝家。祝老爷见县太爷驾临，急忙出迎，引至中厅上座。县令把马太守的意思说了一遍，祝老爷求之不得，满口应允，他取出祝英台八字，交与县太爷回去合婚。

马文才在吴兴读书，得知父亲聘婚祝英台，便说祝英台爱的是梁山伯，自己对祝英台只是敬慕，不能横刀夺爱。马太守说自古儿女婚事都是父母之命、媒妁之言，况且已由国山县令为媒，岂容出尔反尔。马文才拗不过父亲，甩下一句狠话：“退不退由你，娶不娶由我！”躲进书房，闷闷不乐。梁山伯死后，马夫人前去做工作，说山伯已死，更无夺爱之嫌，又说此乃天意，不可违背。马文才原本对祝英台很敬慕，思前顾后，终于同意来年迎娶。

翌年三月廿八日，马文才身着大红婚服，骑着高头大马，吹吹打打来到祝家迎亲。到了祝家，听说英台提出要先到胡桥山伯墓前祭扫，不然不登花轿。马文才虽然觉得大婚之日祭墓不吉，但如能了却英台心愿，让她依附于我，倒也未尝不可，便答应了英台所请。

谁知祝英台祭墓时，乘人不备，撞碑而亡，马文才懊悔不及，悻悻而归。消息不胫而走，不一会就传遍马家庄，震惊整个国山县，很多人责骂马文才伤天害理，无端逼死两条人命。此言传到马文才耳朵里，觉得自己很是冤枉，便对天高呼：“还我清白，还我清白啊！”过了几天，马文才悄然离家出走，再也没有回来，据说是当了和尚。

马文才出走了，于是又有不少人认为冤枉了他，要还马文才一个清白。

许多年后，马氏宗亲仍不见马文才回乡，便为他建起了一座衣冠冢，名曰清白墓。清白墓的名声很快盖过了马家庄。后来马家庄更名为清白里。直至今日，仍将宜兴鲸塘村(原马家庄所在地)称为清白里。

第二节　历史遗存

祝陵地区的梁祝遗存很多，除存活于民间的传说、民谣、民俗、风物等文化遗存外，更有古迹、名胜、文物、遗址等历史遗存，包括祝陵村名、祝英台读书处—碧鲜庵、祝英台墓、碧鲜庵碑、祝英台琴剑冢、摩崖石刻等，虽岁月流逝，众多遗存仍保留至今。

一、祝陵

祝陵在善卷(权)山南，古村名。据宜兴县旧县志载，祝英台殉情后，被晋帝敕封为“义妇”，其坟茔尊为“陵”，英台墓称为“祝陵”，后来陵墓所在的村庄称为“祝陵”。

祝陵之名由来已久，历代文人慕名而来，留下了许多诗文。唐大中年间(847—860)，进士李郢《阳羡春歌》诗有“祝陵有酒清若空”句，可见祝陵的地名在唐代就存在。宋薛季宣曾有《游祝陵善权洞》的诗作。宋咸淳《重修毗陵志》将祝陵列入名胜，称“祝陵，在善权山，岩前有巨石刻，云‘祝英台读书处’”。明王稚登《荆溪疏》称“西汉(今西氿)五十里至祝陵，祝英台葬地”。清

图4-13　梁祝故里祝陵

初阳羡词派领袖陈维崧多次游善卷洞和祝陵，在诗中发出“空闻善权钟，不见祝陵酒”的感慨。据此，祝陵地名至少自唐代就有记载。

二、碧鲜庵

碧鲜庵位于善卷山南，相传为祝英台与梁山伯共读之处。

南朝齐高帝收赎祝英台故宅改建成善卷寺，寺内保留了“祝英台读书处”古迹，并在寺后山崖（今英台阁北侧）刻有“祝英台读书处”六个大字。唐梁载言撰《十道志》载：“善权山南，上有石刻，曰祝英台读书处。”此六字久经风化，清代已湮灭，仅存遗址。唐李蠙曾于善权寺内“祝英台读书处”借榻修读数年，后来收赎并重建善权寺时，将祝英台读书处改建成李丞相读书处（后人称李司空山房），而于西北石壁刻“碧鲜庵”三大字。明闻人诠修《南畿志》载“祝英台读书处，号碧鲜庵。昔有诗云‘蝴蝶满园飞不见，碧鲜空有读书坛’”。明礼部郎中都穆撰《善权记》记载了碧鲜庵的具体位置。

碧鲜庵又称碧鲜岩、碧鲜坛、碧鲜台、祝英台。祝英台故宅改建善卷寺后，曾刻“祝英台读书处”大字于山壁。后来，唐碧鲜庵碑亦镌刻在原祝英台读书处的石壁，故有“碧鲜岩”之称。梁武帝曾于善卷山建九斗坛祈雨，后人附会其坛为祝英台梳妆之处，故又有“碧鲜坛”“碧鲜台”“读书台”之说。

三、碧鲜庵碑 碑亭

清同治元年（1862），善卷寺遭兵燹。唐碧鲜庵碑从岩壁剥落，埋入瓦砾中。1921年，储南强开发善卷洞时，碧鲜庵碑从原善卷寺西北地下一米处出土，被移至飞来石南侧重立，建碑亭加以保护，并在“飞来石”上刻铭：“山南工程施工最早，结工最后。民国十年始出碧鲜庵碑于寺后土中，建碑亭。”碧鲜庵碑亭为四柱方亭，朝东向。亭高约6米，四角飞檐上翘，顶部中央为葫芦形，四周绿树掩映，亭后大树参天。亭柱为四方形，宽20厘米，柱高3.2米，漆成红色。后部和两侧砌有白色砖墙保护，墙高约2米，后墙与两根后柱持平，侧墙分别向南北分开，呈八字状。亭内立不规则形长碑一块，暗红色，高2.08米、宽1.18米、厚0.55米，正面镌“碧鲜庵”三个大字，描红，无款，每字约66厘米见方，笔势瑰玮，浑厚有力，传为唐李蠙书刻，是全国现存、最早反映梁祝文化的历史文物。原碑下部断裂，重立时用水泥加固，“庵”字底部已接近地面。

图4-14　20世纪30年代的碧鲜庵碑

图4-15　2016年的碧鲜庵碑

2003年，善卷洞风景区对碧鲜庵碑出新并加装栅栏保护。2010年，又对碧鲜庵碑及碑亭进行维修、出新，拆除了木栅。2016年，碑亭再次出新。

四、英台阁

位于善卷洞后洞。20世纪30年代储南强开发善卷洞时于南埝坡（今连理桥东侧蝶湖中）重建。英台阁顶高约8米，占地64平方米，外墙为黄色，四面均有两个方形镂空花窗，粉以白色。屋顶东西两面为三角形、南北两面为梯形，四角微翘；北墙与西墙的檐下，镶有砖框，上刻楷书“英台阁”三字。1992年，宜兴市风景园林管理处将英台阁移至碧鲜园重建。今英台阁位于碧鲜园西北角，朝南向，共4间，其中西部2间为2层建筑，翘角飞檐。英台阁进深6.5米、东西宽16米，二层有匾，楷书“英台阁”，每字约40

图4-16　20世纪30年代储南强重建的英台阁

厘米见方。一层西门匾“琴室”和东门匾“书斋”均为楷书，每字30厘米见方，三匾均为任政(字兰斋，浙江黄岩人，上海市文史研究馆馆员，书法家)所书。门联“落日倚湘竹，回风傍女萝”，为清杨丹桂诗句，宜兴查元康书。阁内匾曰“潜心书海”，由天津孙伯翔书。柱联“清阴寂寞云松路，蝴蝶双飞芝草间”，为清张起诗句，宜兴谭泉海书。2001年，在英台阁内增设梁祝读书塑像。2010年，修葺碧鲜园英台阁，梁祝读书塑像被拆除。2016年，英台阁保存完好，游客众多。

图4-17　2016年的英台阁

五、英台书院

即祝英台读书处，位于碧鲜庵碑亭西南，1992年移建于碧鲜园内。英台书院在英台阁西南，三间，东向。2010年维修，2016年出新。(2017年改作梁祝文化研究成果展馆)

六、蝴蝶轩

位于英台阁东南，与英台阁相对。1992年在碧鲜园内重建，三间北向。书匾篆体“蝴蝶轩”三字，由储南强之女储烟水于1992年所书。柱联行书“蝶舞凝山魄，花开想玉颜”，为宋薛季宣诗句，任政1991年书。蝴蝶轩于2010年维修，2016年出新后成为宜兴婚俗收藏馆。

图4-18　蝴蝶轩

七、祝英台墓

图4-19　晋祝英台墓

建于东晋，并衍生出祝陵地名。千百年来，许多文人墨客凭吊祝英台墓并留下诗词散文。明王稚登有“临歧一吊祝英台”句。清乾隆年间（1736—1795），杨丹桂《祝英台墓》诗云：“春草满岩阿，拖霞修帔多。花飞埋艳骨，月吐对新蛾。落日倚湘竹，回风傍女萝。空山无限恨，川上忆临波。”1948年，洛阳女(时《锡报》资深记者)在《祝陵吊古》中称：“所谓祝陵者，就是民间故事中脍炙人口的祝英台拱木处也。”祝英台墓为单人墓葬，在青龙山上，坐北朝南。墓的西、北两侧是悬崖与深谷，因人迹罕至，渐次荒芜。2003年夏，经善卷洞风景区管委会原主任、祝陵村人汤家骏指点，华夏梁祝文化研究会、善卷洞风景区管委会组织有关人员两次上山寻找，披荆斩棘，费尽周折，终于找到荒芜多年的祝英台墓。当时墓葬护垣已坍塌，墓碑倾倒在地，墓上长满树木，模糊看出一个方形覆斗墓葬。祝英台墓被发现后，张渚镇立即组织保护性修复。修缮后的祝英台墓，墓基为边长6米的正方形，墓顶高约1.9米；上部为覆斗式，四周垣高0.8米，长、宽均为8.8米；墙垣四边的正中均有豁口，墙垣与墓基间还留有通道，人可从墙垣豁口进入，沿墓基逡巡。墓基及墙垣均为青砖筑砌。墓前立一石碑，长方形，高2.12米，宽64厘米，厚32厘米，青石材质，碑头中央刻“晋”字，下面横刻“义妇”二字，其下竖刻“祝英台之冢”五字，字皆小篆。

2010年，在善卷洞后洞牌坊东侧，修建了一条通往青龙山的水泥道路，可以抵达祝英台墓东北侧。2016年，祝英台墓保护良好。

八、祝英台琴剑冢

位于善卷洞后洞口、碧鲜庵碑亭北30米处。相传梁山伯以祖传琴、剑赠予祝英台。祝英台殉情后，家人收拾琴剑另葬。（见本志《梁祝文化·梁祝传说》）

现存琴剑冢为20世纪20年代初储南强开发善卷洞时重修。冢为馒头形，高3.5米、直径8米。冢碑由两块方形青石横排组成，每块90厘米见方、厚30厘米，拼接后宽1.85米，上书篆书“晋祝英台琴剑之冢”八个字，以两字竖排，自右至左，为储烟水所书。冢后与山坡相连，坡上长满碧鲜竹(又名英台竹)。墓碑字描以红色，1992年、2001年、2010年分别重描。2016年，祝英台琴剑冢保存完好，繁茂的碧鲜竹覆盖整个墓体和山坡。

九、善卷洞后洞摩崖石刻

善卷洞后洞原有南朝摩崖石刻“祝英台读书处”、唐李蠙题壁及明谷兰宗题壁等，均已湮灭。2016年留存摩崖石刻4处。

1.飞来石摩崖石刻

位于善卷洞后洞出口处。飞来石高逾5米，宽达10米，是山体坍塌留存的巨石。清乾隆五十八年(1793)正月，善卷洞后洞山石坍塌，沙填石压，溪水为之不流，荆溪县令唐仲冕组织民伕用两年时间清理塌方，其中有一块巨石横卧溪侧，即是无法清运的百吨巨石飞来石。石上留有石刻四则，其中3则与梁祝有关。一是储南强于善卷寺后出土碧鲜庵碑、建碑亭的记录。二是1939年抗日驻军于休整时帮助拓展祝英台东潭的记录。三是民国年间(1940年后)岭东张奇廷《题祝英台读书处》七律一首：“青山黄卷拌倾城，赢得新词谱姓名。溪水一泓潆蝶梦，云窗三载误鸳盟。女萝风卷丝丝恨，烟树愁生脉脉情。仙籁忽从天外至，疑是洞里读书声。”。

图4-20　飞来石上关于碧鲜庵碑出土的刻石

2.螂嬛仙境石刻

位于后洞口高处石壁，“螂嬛仙境”四字为篆刻，储烟水书，镌于20世纪

图4-21　摩崖石刻嫏嬛仙境

30年代。嫏嬛原指天帝藏书之所，比喻洞景之美。当地传说称梁祝变成蝶仙，祝英台读书处当为仙境。现石刻字面有钟乳覆盖，仍清晰可辨。

3.蝶亭石刻

图4-22　蝶亭石刻

位于碧鲜庵碑亭对面石壁，1926年建。亭为依壁而建的半亭，两个飞檐高翘如蝴蝶双翅，故名蝶亭（又名碧鲜亭）。岩壁嵌有一石，高27厘米、宽1.44米，从右至左题“碧鲜”二字，行书，约高25厘米、宽20厘米。右侧注以小字：“此间为汉代奇女子祝英台读书处，仅有碧鲜庵石刻三大字存在。今储君南强就原有竹木，辟径筑亭、疏泉叠石，以供游洞归来之休憩，亦此山一胜境也。岁丙寅花朝后二日（1926年农历2月14日）由张公洞游至此留题。海陵百梅楼主凌文渊。”蝶亭石刻记载了储南强筑亭供游人欣赏碧鲜庵碑的缘由。2010年及2016年蝶亭石刻两次出新。

4.祝英台造像石刻

位于善卷洞后洞（蝶亭西南10米）石壁，原有1948年所镌祝英台造像一幅，“文化大革命”破“四旧”运动中被挖除，尚留落款“戊子中秋宜兴蒋晓云作"几个小字。现存石刻造像为1992年重建祝英台读书处时重刻,造像石刻先塑于碧鲜园中,2003年撤下,镶入原祝英台造像处的山崖。

第三节　诗词 歌谣

在梁祝传说发源地之一的宜兴祝陵地区,历代文人墨客留下了许多脍炙人口的诗词题咏。至2016年底,发现并整理宜兴梁祝诗词70余首,占全国历代梁祝诗词的四分之三。宜兴民间传唱的梁祝歌谣近50首,其中长篇吴歌道情《梁山伯与祝英台》,唱词有1130句。

一、古人题咏

宜兴祝陵的梁祝诗词,民国前见于方志典籍的共63首。其中:唐代2首,为李嫔的《题善权寺石壁》及李郢的《阳羡春歌》;宋代4首,其中薛季宣《游祝陵善权洞》为梁祝化蝶第一诗;元代1首,为赴日僧人明极楚俊所作;明代22首,其中有嘉靖年间宜兴县令谷兰宗作《祝英台近·题善权寺碧鲜岩》词;清代34首,其中吴骞1人就有10首。本志选录14首,其中宋代2首、元代1首、明代6首、清代5首。

1.云霁游善权寺(宋·僧仲殊)

千年名刹占云崖,一日清游踏雪苔。相国亲题离墨石,女郎谁筑读书台?洞疑水自琉璃出,岩想龙将霹雳开。为问庭前柏树子,古灵诸老几人来。

僧仲殊,俗姓张氏,名挥,字师利,宋安州进士,后弃官出家,与苏东坡交好。该诗原载元泰定《毗陵志》,原志已湮,今按洪武十年(1377)《常州府志》录。

2.题善权寺(宋·顾逢)

英台修读地,旧刻字犹存。一阁出霄汉,万松连寺门。洞深龙气冷,池浅鹿行浑。山下流来水,风雷日夜喧。

顾逢,字君际,宋末元初吴郡人。原诗在"旧刻字犹存"后注有"即碧鲜庵"四字。明《善权寺古今文录》注为"元诗",明清方志、古籍收录宋诗中。

3.祝英台读书堂(元·释明极)

三载同窗读古书,渠瞒汝也汝瞒渠。罗裙擘碎成飞蝶,依旧男儿不丈夫。

释明极，即明极楚俊(1262—1336)，俗姓黄氏，元代庆元府昌国县(今浙江嵊泗)人。于金陵奉圣寺出家，元天历二年(1329)赴日，创立大阪广岩寺，是日本建宗立派人之一。该诗作于元皇庆元年(1312)由金陵往婺州(今金华)经善卷寺时，载于日本《五山文学全书》卷三《明极楚俊遗稿》。

4.次韵天全公东济川上人二首(明·杨璇)

兰若迢遥信马行，浓花随处笑风情。英台仙去名犹在，清磬僧闲手自鸣。晓入千峰春有迹，月明万籁夜无声。石床细扣楞伽旨，怪底东方白易生。

香断炉烟冷博山，蒲团坐老不知还。万松遮寺青围屋，一水通桥绿转湾。喜雨亭高云作阵，读书庵古藓生斑。诗成欲倩题崖石，笔意谁探柳与颜。

杨璇(1416—1474)，字叔玑，明无锡人，官右副都御史。此诗见明弘治十七年(1504)《善权寺古今文录》。

5.碧鲜坛(明·郭铛)

善权山前有故坛，夕阳望断树团团。半生春思归韩重，千载芳名凝木兰。载酒客来狂蝶乱，读书人去野花残。至今风景谁收管，输与蒙岩倚醉看。

郭铛，字子声，山东恩县人，明成化二年(1466)进士，官辽东都御史。该诗见明《善权寺古今文录》。

6.游善权(明·邵贤)

十里松涛响若空，禅林深锁翠微中。碧鲜旧宅名犹在，玉柱灵根句亦工。山列九峰千古秀，水分双洞一溪通。三生宰相今何许？抚景长吟思不穷。

邵贤，宜兴祝陵人，该诗作于明成化间(1465—1487)，见明《善权寺古今文录》。

7.祝英台近·题善权寺碧鲜岩祝英台读书处(明·谷兰宗)

阳羡善权禅寺相传为祝英台宅基，而碧鲜岩者，乃与梁山伯读书之处也。予省郊两舍于此，见其岩势巍耸，壁立数丈，真是文娥仙境。但竹石陆离，花芝凄冷，有可伤耳。因题其崖，复作一词，阕亦取其旧名云。

草垂裳，花带靥，春笋细如箸。窈窕岩妃，苔印读书处。看他墨洒云烟，光流霞绮，更谁伴、儒妆容与？

无尘虑。恰有同学仙郎，窗前寄冰语。芝砌兰阶，便作洞房觑。只今音杳青鸾，穴空丹凤，但蝴蝶、满园飞去。

谷兰宗,一作继宗,山东临淄县人。明嘉靖五年(1526)进士,嘉靖十一至十三年(1532—1534)任宜兴县令。该词原题于山崖,后刻于碑。清康熙火爇后,寺内曾建一丈高台,刻其词于上。词见清康熙《重修宜兴县志》。

图 4-23　祝英台读书处

8.祝陵(明·许有穀)

故宅荒云感废兴,祝英台去锁空陵。年年洞口碧桃发,蝴蝶满园归未曾?

许有穀,字子仁,宜兴人,诸生。该诗作于明万历十八年(1590)前,见明万历四十六年(1618)《常州府志》,明万历《重修宜兴县志》亦有收录。

9.祝英台碧鲜庵(明·许岂凡)

女慕天下士,游学齐鲁间。结友去东吴,全身同木兰。伯也不可从,洁已殉古欢。信义苟不亏,生死如等闲。蛱蝶成化衣,双飞绕青山。舍宅为道院,祝陵至今传。当年梳妆台,即汉风雨坛。嵯峨石壁下,遗庵名碧鲜。春秋荐苹藻,灵响来珊珊。晴天披石发,恍惚见云鬟。

许大就,字岂凡,明末宜兴人,诸生。该诗见清嘉庆二年(1797)《增修宜兴县旧志》。

10.祝英台近·和谷兰宗(清·陈维崧)

善权寺相传为祝英台旧宅,寺后一台云其读书处也。壁间旧有谷令君一词,春日与云臣远公披藓读之,共和其韵。

傍东风,寻旧事,愁脸界红筋。任是年深,也有系人处。可怜黄土苔封,绿罗裙坏,只一缕、春魂抛与。

为他虑,还虑化蝶归来,应同鹤同语。赢得无聊,呆把短垣觑。那堪古寺莺啼,乱山花落,惆怅煞、台空人去。

陈维崧,字其年,号迦陵,宜兴人,阳羡词派领袖。清康熙十八年(1679)试博学鸿词,授翰林院检讨。该词为陈维崧和明嘉靖县令谷兰宗祝英台近词，作于清康熙十二年(1673)，见康熙二十八年《迦陵词全集》。

11.祝英台读书台(清·任映垣)

红紫秋花浥露开，读书台畔一徘徊。早逢木叶潇潇下，何处吟魂冉冉来。粉蝶双飞还似舞，罗裙五色未全灰。壁间剩有相思句，拂藓搜寻那忍回。

任映垣，宜兴人。该诗载入清嘉庆二年(1797)《新修荆溪县志》。

12.荆溪竹枝词(清·朱受)

丛筠秀木绿成围，零落妆楼委夕晖。生小祝英台下住，惯看蝴蝶作团飞。

朱受，字敬持，宜兴人，清乾隆四十五年(1780)进士，官户部福建司主事。此诗载于清嘉庆二年(1797)《新修荆溪县志》。

13.游国山龙岩憩善卷寺访碧鲜岩故址四首(清·张起)

古囤碑残半紫苔，翠岩幽秀国山隈。金泥玉简销沉尽，那得裙钗骨未灰。

四面峰回似玦环，仙都飘渺接禅关。清阴寂寂云松路，蝴蝶双飞芝草间。

几叠山桥薜荔寒，卷阿一曲水云宽。骖鸾仙子今何处？初月婵娟照影看。

祝陵遗址见荒台，玉虎无人汲井回。一树桃花萧寺外，夕阳深处磬声来。

张起，宜兴人。该诗见清道光《续纂宜兴荆溪县志》。原诗在第二首"仙都飘渺接禅关"后夹注"龙岩镌额'欲界仙都'"。

14.碧鲜庵(清·黄中理)

碧鲜岩似染，苔绿隐花枝。仙子读书处，残碑绝妙词。天寒谁倚竹？月上宛扬眉。窈窕园扉掩，空山叶落时。

黄中理，字奕清，清宜兴人。此诗载清道光《续纂宜兴荆溪县志》。

二、民间歌谣

本志选录梁祝歌谣4首，春调、四季歌、无锡景调、金铃塔调各1首。限于篇幅，1130句的长篇吴歌·道情《梁山伯与祝英台》未选录。

1.十二月花名唱梁祝(春调)

正月梅花雪里开，唱唱梁祝开开台。祝英台本是善卷人，晋代女子好人才。男子出门好读书，女子出门不应该。英台求读志在怀，女扮男装读书来。

二月杏花步步高，英台出门上大道。碧鲜庵里去求学，胜似飞出笼中鸟。有个同学梁山伯，聪明忠厚人一表。英台与他情意合，兄弟结拜在胡桥。

三月桃花满枝美，同窗共读三长载。情投意合相敬爱，亲如手足分不开。忽见英台耳环痕，山伯好奇问英台。曾扮观音留痕迹，叫声梁兄莫疑猜。

图 4-24　民间艺人吴小春唱梁祝(春调)

四月蔷薇朵朵开，三年学成要分开。山伯余杭去深造，英台不能与兄随。行前赠兄碧鲜扇，嘱咐山伯随身带。山伯回赠琴与剑，琴剑就是我山伯。

五月石榴红堂堂，英台送兄情意长。心里有话口难开，借景生情打比方。比作鸳鸯成双对，观音堂里来拜堂。无奈山伯难理会，对牛空把琴弹唱。

六月荷花池中栽，十里亭上要分开。英台有话问山伯，问他可有妻房配。梁兄如若亲未定，小弟愿意做大媒。托说家有小九妹，实是做媒自己配。

七月凤仙开得鲜，山伯学问大进展。低头看到碧鲜扇，心里想起碧鲜庵。一直等到第二年，满心欢喜回善卷。一看英台好兄弟，二看九妹求姻缘。

八月桂花中秋来，久别重逢楼台会。一个登门喜洋洋，一个见兄锁双眉。一怨山伯来太迟，二怨爹爹太贪财。逼配鲸塘马文才，美满姻缘已拆开。

九月菊花黄澄澄，山伯英台难成婚。爹爹之命不可违，马家势大亲难退。可怜梁兄害相思，英台托婚志坚定。宁死不进马家门，生死都是梁家人。

十月芙蓉朵朵红，山伯回家病沉重。良医难治相思病，丹方妙药都无用。英台剪来青丝发，做好药引放罐中。山伯临终念英台，死时双眼闭不拢。

十一月金藤向阳开，梁兄一死百念灰。家父逼婚声声催，马家迎亲花轿来。白衣孝服祭兄台，唤声梁兄哭哀哀。头撞石碑花玉陨，土崩地裂入坟台。

十二月腊梅迎春开，彩蝶翩翩花丛来。一前一后紧相随，双飞双宿不分开。历尽磨难真情在，家家盛传生死爱。蝶仙传奇传万代，梁山伯与祝英台。

2.祝英台四季歌

春季里唱祝英台，一对蜜蜂采花来。蜜蜂只为采花死，山伯只为祝英台。

夏季里唱祝英台，山伯死后胡桥埋。不能为兄烧张纸，英台整天哭哀哀。

秋季里唱祝英台，仗势欺人马文才。无情无意欲强娶，有情有意墓门开。

冬季里唱祝英台，孤坟拦路墓门开。英台同入痴情墓，一对蝴蝶飞出来。

3.祝英台思兄（无锡景调）

一思梁兄长呀，英台在闺房。我的呀梁兄长，游学在余杭呀。思兄长，牵肠挂肚不能放，饭不思呀，茶不想，满脑是兄长呀。

二思梁兄长呀，英台懒梳妆。不知呀梁兄长，身体可安康呀。愿兄长，三餐茶饭有营养，寒加衣呀，暑脱裳，体健力又强呀。

三思梁兄长呀，英台在琴房。手抚呀古瑶琴，思绪万千长呀。想当年，兄奏琴来妹歌唱，高山流水，心相印，知己千古扬呀。

四思梁兄长呀，英台在院堂。银剑呀握在手，挥舞生寒光呀。哥哥呀，兄赠宝剑情谊长，何时呀，再共舞，宝剑配成双呀。

五思梁兄长呀，扇子扇风凉。鎏金呀折扇上，碧鲜翰墨香呀。愿此扇，终身呀陪伴梁兄长，妹与兄呀，永不离，伺候兄暖凉呀。

六思梁兄长呀，花园牡丹香。碧鲜呀竹子，起舞映朝阳呀。小妹我，情如呀碧鲜青，纯如碧玉志如钢，意志比钢强呀。

七思梁兄长呀，送兄路途长。十八呀里路，句句打比方呀。观音堂，兄弟双双拜了堂，观音菩萨作大媒，你我配鸳鸯呀。

八思梁兄长呀，彩蝶飞绕梁。十里呀亭上，小妹做红娘呀。自己呀，做媒呀嫁自己，日日盼望梁兄归，归来娶娇娘呀。日日盼望，梁兄归，归来娶娇娘呀！

4.蝴蝶双飞永不分（金铃塔调）

映山红迎春，善卷松柏青。勿唱外地古今事，唱只唱——宜兴梁祝有呀有名声。梁祝本是宜兴人，各种遗迹留至今。梁祝之乡是见证啊—，梁祝传奇天下闻。

金铃塔，塔金里格铃，金铃宝塔第一层。宝塔就在善卷寺，九级浮屠藏佛经。善卷寺是英台故宅建，碧鲜庵读书装男人。梁山伯本是山北人，马文才是鲸塘人。梁祝马、马梁祝，碧鲜庵，来同学，三人共读求上进，引出惊天大奇闻。唱只唱——碧鲜庵读书三呀三年整。

金铃塔，塔金里格铃，金铃宝塔第三层。碧鲜同窗三年整，山伯游学要出行。英台年龄不相称，不能随兄来同行。事无奈，情意深，碧鲜折扇送拨心上人。山伯立即回赠琴与剑，看到琴剑折扇就如见人。龙泉剑、古桐琴，鎏金折扇、碧鲜情，琴、剑、扇，扇、剑、琴。唱只唱——，碧鲜庵就是见证人。

金铃塔，塔金里格铃，金铃宝塔第五层。山伯余杭去游学，祝英台去送一程。送兄送了十八里，一路浪厢比方来射影。可惜山伯木支木阁拎不清啊，勿识身边女红裙。唱只唱——，祝英台自作媒人自嫁人。

金铃塔，塔金里格铃，金铃宝塔第七层。山伯回家访九妹，祝老爷已受马家聘。楼台一会成永诀，胡桥桥东添新坟。三月廿八登花轿，祭坟哭兄同死生。杜鹃染红善卷山，翩翩彩蝶色缤纷。黄蝴蝶、黑蝴蝶、黄黑蝴蝶、黑黄蝴蝶、黄黄黑黑、黑黑黄黄花蝴蝶，唱只唱——，梁祝化成永生蝶，形影相随永不分。

金铃塔，塔金里格铃，金铃宝塔第九层。九层宝塔三十六只角，只只角上挂金玲。风吹金玲旺旺响，雨打金玲唧铃又唧铃。梁祝故事传千载，四大传说一只鼎。东晋到隋唐，宋元到明清。唱只唱——，千年传奇传到今，整个中国有呀有名声！

第四节　小说 散文

祝陵地区不仅有梁祝民间传说、梁祝历史遗存、梁祝诗词歌谣，还有梁祝小说散文，散文以游记居多，不仅真实地记录了作者的所见所闻，而且抒发着作者的真挚情感。本志选录小说1篇、散文4篇。

一、李秀卿义结黄贞女（明·冯梦龙）

又有个女子，叫做祝英台，常州义兴（按：宜兴古称）人氏，自小通书好学，闻余杭文风最盛，欲往游学。其哥嫂止之曰："古者男女七岁不同席、不共食，你今一十六岁，却出外游学，男女不分，岂不笑话！"英台道："奴家自有良策。"乃裹巾束带，扮作男子模样，走到哥嫂面前，哥嫂亦不能辨认。英台临行时，正是夏初天气，榴花盛开，乃手摘一枝，插于花台之上，对天祷告道："奴家祝英台出外游学，若完名全节，此枝生根长叶，年年花发；若有不肖之事，玷辱门风，此枝枯萎。"祷毕出门，自称祝九舍人。遇个朋友，是个苏州人氏，叫做梁山伯，与他同馆读书，甚相爱重，结为兄弟，日则同食，夜则同卧。如此三年，英台衣不解带，山伯屡次疑惑盘问，都被英台将言语支吾过去了。读了三年书，学问成就，相别回家，约梁山伯二个月内，可来见访。英台归时，仍是初夏，那花台上所插榴枝，花叶并茂，哥嫂方信了。

同乡三十里外，有个安乐村，那村中有个马氏，大富之家。闻得祝九娘贤惠，寻媒与他哥哥议亲。哥哥一口许下，纳彩问名都过了，约定来年二月娶亲。原来英台有心于山伯，要等他来访时，露其机括。谁知山伯有事，稽迟在家。英台只恐哥嫂疑心，不敢推阻。山伯直到十月，方才动身，过了六个月了。到得祝家庄，问祝九舍人时，庄客说道："本庄只有祝九娘，并没有祝九舍人。"山伯心疑，传了名刺进去。只见丫鬟出来，请梁兄到中堂相见。山伯走进中堂，那祝英台红妆翠袖，别是一般妆束了。山伯大惊，方知假扮男子，自愧愚鲁，不能辨识。寒温已罢，便谈及婚姻之事。英台将哥嫂做主，已许马氏为辞。山伯自恨来迟，懊悔不迭。分别回去，遂成相思之病，奄奄不起，至岁底身亡。嘱咐父母，可葬我于安乐村路口。父母依言葬之。明年，英台出嫁马家，行至安乐村路口，忽然狂风四起，天昏地暗，舆人都不能行。英台举眼观看，但见梁山伯飘然而来，说道："吾为思贤妹，一病而亡，今葬于此地，贤妹不忘旧谊，可出轿一顾。"英台果然走出轿来，忽然一声响亮，地下裂开丈余。英台从裂中跳下，众人扯其衣服，如蝉蜕一般，其衣片片而飞。顷刻天清地明，那地裂处，只如一线之细。歇轿处，正是梁山伯坟墓。乃知生为兄弟，死作夫妻。再看那飞的衣服碎片，变成两般花蝴蝶，传说是二人精灵所化，红者为梁山伯，黑者为祝英台。其种到处有之，至今犹呼其名为梁山伯、祝英台也。后人有诗赞云："三载书帏共起眠，活姻缘作死姻缘。非关山伯无分晓，还是英台志节坚。"

此文见冯梦龙《古今小说》卷二十八《李秀卿义结黄贞女》（节选），约刊行于明泰昌元年至天启四年（1600—1624），《古今小说》后更名为《喻世明言》。

二、祝陵吊古（民国·洛阳女）

经过四小时的行程，到了祝陵。所谓祝陵者，就是民间故事中，脍炙人口的祝英台拱木处也。我想起这一代佳人的恋爱传奇，于是驻足河畔，遥对那墓门深处，凭吊好久，不禁浮起一层"红粉骷髅"之感。

几十个无冕帝王，大都是穿白麂皮鞋，走过秧田中间的羊肠小道，还不感困难，经过乱石嶙峋的山地，才大伤脑筋，莫不有“行不得也哥哥”之叹！但是沿途风景秀丽，更多古迹，如遥望中之汉碑亭，如引人入胜的英台读书处，如断垣残迹的华藏门(一说即有名的火烧红莲寺)。一路上峦峰壑涧，使生长在江南平原的人，发生了兴趣，所以，不管怎样烈日炙人，步履艰难，因而也就乐此不疲了。

《祝陵吊古》为《宜兴行脚》之一节(有删节)，《锡报》记者洛阳女作，载于1948年7月2日《锡报》一版。

三、双洞江南第一奇(周瘦鹃)

这些年来，在舞台上，在银幕上，在曲艺场中，在收音机里，我们常可碰到祝英台，什么十八相送、楼台会、英台哭灵等等，都是群众所喜闻乐见的。可是在善卷洞外，我们又碰到了祝英台，据说这里附近，旧时曾在碧鲜庵与善卷寺同毁于火。相传祝英台读书处，原有唐刻的碑，共六字，现存“碧鲜庵”三字，笔致很为古朴。昔人曾有句云：“蝴蝶满园飞不见，碧鲜空有读书坛。”此外还有英台阁、英台琴剑之冢等，都是从前遗留下来的。有人认为祝英台是东晋时代的上虞人，怎么宜兴会有她的读书处？是耶非耶，不可究诘。我因此做了一首诗：“英台遗迹认依稀，莫管他人说是非。难得情痴痴到死，化为蝴蝶也双飞。”我在这一带遛达了好一会，忽又在碧鲜岩的石壁上发现了不少秋海棠，正在开花，一丛丛的粉红色的花朵，鲜妍欲滴。我一向知道秋海棠不是野生的，怎么岩壁上会有这么多，并且在后洞瀑布那边，就有大片的好几丛，都在开着好花。储烟水同志给我连根拔了一些，准备带回苏州去留种。我如获至宝，很为高兴，就根据古代诗人说秋海棠是思妇眼泪所化神话，牵扯到祝英台身上去，咏之以诗：“碧鲜庵里读书堂，佳话争传祝与梁。遮莫相思红泪落，年年岩壁发海棠。”

《双洞江南第一奇》(有删节)，当代小说家、翻译家周瘦鹃作于1961年，载于《善卷洞诗文选萃》。

四、长了金翅的理想(冯其庸)

梁山伯、祝英台故事,是一个家喻户晓的故事。我在很小的时候就已熟知这个故事了。但那时我并不知道这个故事发生于何地?我也根本没有想去追究它。

我在读初中的时候,因为喜欢碑刻和书法,常常读碑帖,有一次意外地读到商务印书馆万有文库本的《国山碑考》,得知国山碑这个东吴名迹,居然就在我的邻县宜兴,而且我的家离它很近。我就利用假日到宜兴去调查国山碑,没有想到在寻访国山碑的途中,却先到了碧鲜庵。事先我并不知道碧鲜庵的来历,经乡人介绍才知道这就是祝英台的读书处,这是我第一次知道祝英台是实有其人、实有其事、实有其地的。当时乡人还给我介绍了善卷洞,说这里是祝英台的故宅,这就更加增加了我的兴趣。我们看罢国山碑,随即就去善卷洞,凭吊了自东晋以来祝英台的这一遗迹。

我这一次宜兴之行的最大收获是得知了祝英台其人其事的原发地和读到了仰慕已久的东吴名碑国山碑。

一晃就是半个世纪,我也旅居在北京整整五十年了。虽然没有从事梁祝故事的研究,但脑子里宜兴梁祝故事的遗迹却一直没有淡化过。

近几年来,陆续听说关于梁祝故事的流传极广,除宜兴、宁波外,杭州、上虞、驻马店(河南)、济宁(山东)等地也有梁祝的传说,可见梁祝故事传布之广,也可见这个故事牵动人心之深。民间传说,有的是出于真人真事,有的因为离故事产生的年代太过遥远,它的生活依据几经转折便发生了变异,不太容易找到它的最古老的真实的生活依据了。梁山伯、祝英台的故事可能属于前者。从现今所能看到的历史资料来说,宜兴的资料从南齐经唐、宋、明、清,可说是一脉相承,络绎不绝。其中较多的是地方史志,可信的程度较高。就如小说,如冯梦龙的《古今小说》,虽属小说,但大家知道,明代的这些短篇小说,如《拍案惊奇》《醒世恒言》等所谓三言两拍,其故事大都采自民间的现实生活,不是虚妄怪诞的子虚乌有。特别是冯梦龙,他既是一个通俗文学大家,还是一位严肃的史学家,他有多种史学著作。甚至他把戏曲也当作历史来看。他改写传奇《精忠旗》,明确地说:“依《宋史》分回出折,不等闲追欢卖笑。”可见他是十分重视史实依据的。他收在《古今小说》里的《李秀卿义结黄

图4-25　新加坡芗剧团表演的梁祝化蝶

贞女》的开头有一段短小而完整的梁祝故事。明确地说:“祝英台,常州义兴人氏。”说梁山伯是苏州人。冯梦龙自己就是苏州人,自称“古吴龙子犹”。《古今小说》里所收的这段梁祝故事,从文艺的角度看,结构比较完整,思想也十分鲜明动人,看来这段小说的生活素材,明显是取自宜兴的素材。

梁祝化蝶的结局,明显是对她和她们两人的理想的歌颂。他们坚信,他们的理想会化为美丽的蝴蝶,永远在人间飞翔,会变为现实!

这个结局,多么具有崇高的理想,具有顽强的生命力和浪漫主义的色彩啊!

正是这种崇高的生活理想和强烈的生命力,促使它像长了翅膀的蝴蝶一样,永远飞翔在人间。那末,全国各地,有不少地方有梁山伯祝英台的故事,并认为自己是原生地,也就非常自然了。所以,梁祝美丽而悲壮的故事和她的崇高理想是属于全中国的,也是属于全人类的,是人类宝贵的文化遗产。

我希望这个故事传得更远、飞得更广,有更多的地方有梁山伯祝英台的美丽故事流传,让这个长了金翅的会飞翔的理想飞翔到全国、全世界,让它永远飞翔在人间,并且变成现实。

我的家乡无锡,把一种很大的彩色蝴蝶叫作“梁祝”,我相信宜兴也是如此。

那末,我祝愿这种长了金翅的象征人民美好生活理想的“梁祝”——金色的大彩蝶永远飞翔在人间!

《长了金翅的理想》作于2004年6月,是冯其庸为《宜兴梁祝文化——论文集》所写的序(有删节)。冯其庸(1924—2017),著名历史学家、文化部中国艺术研究院原副院长、炎黄文化研究会副会长、中国红楼梦学会名誉会长、中国国学院名誉院长。

五、梁祝文化发端于宜兴(潘祖彝)

20世纪50年代初,我和同学们在春游时,兴致勃勃地游了两洞及善卷洞附近的梁祝故事发生地。出了善卷洞,便进入善卷后院。这里松柏常青,古木成林,山荫小道,曲折通幽。下山就是祝陵村,村外毛竹参天,村上杜鹃遍地。每到春天,红花与翠竹相映,如锦似绣,远远望去,仿佛桃花源的境界。传说梁祝故事就发生在此地。近旁有一座古老的碑亭,亭中耸立着一块暗红色的唐刻石碑,碑高约丈余,全碑镌"碧鲜庵"三个大字,笔迹古朴,引人注目。相传晋代奇女子祝英台,为反抗"女子无才便是德"的封建礼教,曾女扮男装到此读书,碧鲜庵就是她当年的读书处。

据《宜兴县志》记载,碧鲜庵在善卷洞之碧鲜岩之东。碧鲜庵于南齐建元间改名为善卷寺,后因避讳改为善权寺,其间有石刻大书"祝英台读书处"六字。每逢杜鹃花怒放,时有大蝶双飞不散,俗传为两人精魂所化。这六个字的石碑已经湮没不存,无处寻找。据说这里还有一座名为祝英台阁的红色小楼,也在过去的兵燹中被焚。千年佛地善卷寺只留得一处断垣残壁。在那座破落山门的两旁,有一副石刻长联,上面写着两行篆书:"结个茅庵留客住,开条大路与人行。"雕花圆石门上一块石刻匾额上题曰"华藏门",这就是当年碧鲜庵的遗址。南宋《毗陵志》记载梁祝故事中,也有诗云:"蝴蝶满园飞不见,碧鲜空有读书坛。"在碧鲜庵碑亭近旁,目前还保存着蝶亭的古迹,还有"晋祝英台琴剑之冢"的墓碑,是祝英台埋藏琴和剑的地方,而今国山南麓的祝陵村,相传就是祝英台埋骨的所在。

笔者还记得在童年时代,曾在宜城城南体育场看过草台班戏《梁山伯与祝英台》的情景。当观众在台上看到祝英台祭梁山伯墓时,忽然天崩地裂,台上出现了一对美丽的蝴蝶。此时观众就会想到此戏是根据"化蝶传说"而来的。

传说中的梁山伯与祝英台确实是宜兴人,传说中的梁祝故事确实发生在宜兴。宜兴有祝英台故宅,被齐武帝萧颐赎买,建成了金碧辉煌的皇家寺院——善卷寺。宜兴有祝英台读书处的碧鲜庵,是祝英台与梁山伯幼年共学的地方。宜兴有草桥,是梁祝幼年结拜的地方。宜兴有因“晋封义妇祝英台之墓”而得名的祝陵村,也有梁山伯墓地。宜兴还称有完整无缺的“十八相送”景观……

宜兴乡亲们对这对“奇女子”和“大仁人”相敬相爱,怀念不绝。在他们死后,由乡情而勃发了“化蝶”的传说。是说梁祝两人死后变成了一对蝴蝶仙子,生生不息,在人间飞舞。化蝶故事纯朴而浪漫,是宜兴文化底蕴的凸现,最终成为梁祝传说的压卷之作。它化悲剧为追求,化毁灭为永生,是历史传说悲剧的神来之笔。对宜兴来说,梁祝是真的,其人是善的,化蝶是美的,真是真善美的统一。

宜兴不仅有化蝶的创造,还有观蝶节的民俗。这在梁祝文化史上,可称之为奇观。宜兴的观蝶节在每年农历三月廿八,俗传此日为祝英台忌日,每逢此日,善卷山乡亲男女老小,到山中观蝶,焚香祈祷,求“蝶仙”保佑一方平安;青年学子到三生堂祭祀梁祝,祈祷学业大成;青年穿红着绿,老人合掌念佛……观蝶节那天,当地群众还大办宴席,会请亲戚朋友,以分享“蝶仙”恩泽,还要举办多种文化活动,其节日气氛甚至超过正月半。

《梁祝文化发端于宜兴》原文名《梁祝文化“申遗”应走联合之路》(有删节),上海《文汇报》要闻部原副主任、上海老新闻工作者协会理事潘祖彝作,载于2004年方志出版社出版的《宜兴梁祝文化——论文集》。

第五节 梁祝申遗

梁祝传说发端于东晋时的宜兴,首传于江浙,后逐渐传至全国乃至海外。历代文人的记载与古迹名胜遗存,对宜兴梁祝传说的流传起到关键的作用。而当代梁祝文化研究,则进一步奠定了“宜兴梁祝”的地位。2001年,宜兴启动梁祝传说申遗工程。2001—2005年,宜兴梁祝史料与传说类书籍出版刊印10多部,在著名杂志上发表梁祝文化论文30多篇,并由民间组织政府推动,举办观蝶节等梁祝文化宣传活动。2006年6月,“宜兴梁祝传说”列入首批国家级非物质文化遗产名录。

一、文化研究

20世纪80年代，宜兴的一批民俗文化学者对宜兴梁祝的记载以及祝陵地区的梁祝遗存进行调查与研究，并有多篇论文问世。1983年，宜兴县文化局出版的《陶都宜兴的传说》刊载了“梁祝传说”专文，韩其楼在香港《文汇报》发表《宜兴有梁祝古迹，且有群蝶会奇景》。1985年，张炳文、缪亚奇在《山海经》发表《琴剑冢的由来》。1987年12月，缪亚奇在江浙沪梁祝文化研讨会上发表论文《宜兴梁祝故事是中国梁祝故事的代表——宜兴、宁波梁祝故事的比较研究》。

1992年，宜兴市风景园林管理处出版蒋云龙主编的《梁山伯与祝英台》专辑。同年，周梦江编著的《宜兴民间文学大观》收编了宜兴流传的梁祝故事和梁祝歌谣。1999年，韩其楼撰写的《祝英台是宜兴人》在《人民日报》刊载。同年，蒋尧民关于“善卷寺记中祝英台故宅记载”和“梁祝宜兴说”的提出，吸引更多的梁祝文化爱好者加入到研究队伍中；2000年，缪亚奇的论文《论宜兴流传的梁祝故事》被中华书局出版的《梁祝文化大观·学术论文卷》收录。

图4-26 梁祝研究专著

2001年，蒋尧民搜集整理并出版《中国四大民间故事宜兴长歌——四世奇缘》。2002年，华夏梁祝文化研究会出刊《梁祝文化研究论文集——梁祝史实与传说考证专辑》，收录《浅谈善卷洞周边地名风貌与梁祝传说的联系》等论文10多篇。2003年，宜兴市政协学习和文史委员会编辑出版文史资料专辑《宜兴梁祝文化——史料与传说》，翌年又编辑出版《宜兴梁祝文化——论文集》。2006年，文化艺术出版社出版《名家谈梁山伯与祝英台》，收录了缪亚奇撰写的《论宜兴流传的梁祝故事》、陈健撰写的《祝陵考》。2007年，中华书局出版的《梁祝文库·民间歌谣卷（上）》，收录路晓农、史国兴整理的《十二月花名唱梁祝》。2009年，宜兴市文广新局组织编印周梦江、陈有富、陈新立担任编审的《宜兴市非物质文化遗产普查资料汇编》，共11册、280多万字，其中首选梁祝传说、故事、歌谣等信息90多条。2010年，在善卷洞风景区整体改造中，系统修缮原有的梁祝遗存，新建梁祝文化博物馆、梁祝演艺舞台、蝴蝶馆、蝶湖、连理桥等。

2012年，宜兴市委宣传部编辑出版《梁祝文化 源远流长》。2014年4月，华夏梁祝文化研究会路晓农编撰出版《"梁祝"的起源与流变》一书，得到相关专家和各遗存地民俗学者的普遍认可。2015年，由宜兴市人民政府、光明日报社、国际亚细亚民俗学会主办的中国梁祝文化论坛在祝陵善卷洞风景区举行，祝陵村党总支书记赵如法参加论坛。2016年，在梁祝故里开办爱情邮局，开始建设国内第一条爱情穿越旅游线——自善卷洞风景区至龙池山自行车公园、张公洞风景区的"十八相送"之路。

二、申遗纪实

2001年，在宜兴梁祝新一轮研究高潮中启动"梁祝传说"申遗工程。

图4-27 2002年，华夏梁祝文化研究会成立

2002年4月，经江苏省民政厅、文化厅批准，华夏梁祝文化研究会成立，会址设在祝陵善卷洞风景区，善卷洞风景区负责人惠志刚当选为会长，宜兴市文化局局长周良君任名誉会长，祝陵村汤家骏和善卷镇文化站站长史国兴为常务理事。同年12月，华夏梁祝文化研究会致函联合国教科文组织驻华办事处代表青岛泰之和中国民俗文化保护开发研究中心，表达了宜兴梁祝申遗的意愿。

2003年1月，中国民俗学会副会长陈勤建、中国民俗学会副秘书长郑土有、中国城镇民俗保护委员会委员李嘉到祝陵村考察梁祝文化，参观碧鲜庵碑、祝英台琴剑冢、碧鲜园和玉带桥，细致调查祝陵的来历。3月，宜兴市梁祝文化工作领导小组成立，负责协调处理梁祝文化传承中的重大问题，推动梁祝申遗。4月，宜兴市政府向江苏省文化厅提出《关于申报“梁祝传说”为世界口头和非物质文化遗产代表作的请示》和《申报“梁祝传说”为世界口头和非物质文化遗产代表作的考察论证意见》，申报辅助资料包括与宜兴祝陵地区梁祝传说相关的方志19部（篇）、古籍17部（篇）、古人题咏45首、民间传说8则、歌谣6首以及《浅谈善卷洞周边地名风物与梁祝传说的联系》《梁祝故里宜兴观蝶节》《论宜兴流传的梁山伯与祝英台故事》《祝陵考》《梁祝文化与善卷胜景》等论文24篇。

2003年4月29日（农历三月廿八日），由民间组织、政府推动，在祝陵善卷洞风景区恢复梁祝观蝶节活动，从此每年举办，规模逐年扩大。9月，宜兴市出台《梁祝文化遗产保护和管理办法（初稿）》和《梁祝文化遗产保护规划

图4-28　梁祝邮票首发式

图4-29　2003年国家邮政总局发行的梁山伯与祝英台特种邮票

（草案）》。10月，国家邮政总局发行《民间传说——梁山伯与祝英台》特种邮票1套5枚，批准江苏宜兴、浙江宁波、山东济宁、河南驻马店四省四地同时举办首发式。国家邮政总局常务副局长谭小为、梁祝特种邮票设计者高云和梁祝邮票小本票设计者王虎鸣参加宜兴祝陵的梁祝邮票首发式。同时，举办了华夏梁祝文化陈列馆揭牌仪式暨中国美术工艺大师徐秀棠制作的梁祝邮票图案紫砂浮雕落成仪式。

图4-30 《小崔说事》话梁祝

2004年3月，华夏梁祝研究会副会长汤虎君参加中央电视台《小崔说事》栏目“蝴蝶飞起的地方”专题录播。6月12日，中国梁祝申遗非正式磋商会在浙江宁波召开，江苏宜兴，浙江宁波、杭州、上虞，山东济宁，河南驻马店四省六地达成联合申遗的共识。6月28日至7月7日，世界遗产大会在苏州市召开，大会举办的世界遗产博览会上展示了宜兴梁祝的史料记载、古迹遗存、风物民俗、研究保护，受到与会代表的高度关注。8月29日，梁祝联合申遗磋商会在宜兴召开，会议就联合申遗的组织机构、工作机制、申遗文本、保护规划与申遗经费等问题进行磋商，形成《梁祝联合申遗宜兴备忘录》，实质性地启动了联合申遗工程。

2006年2月，中国民间文艺家协会专家组到宜兴祝陵考察梁祝文化。3月，中国民间文艺家协会批准宜兴为中国梁山伯祝英台之乡。6月，国务院公布首批国家级非物质文化遗产名录，在民间文学大类中，江苏宜兴，浙江宁波、杭州、上虞，山东济宁，河南驻马店四省六地的“梁祝传说”被批准为首批国家级非物质文化遗产。

2015年4月，由宜兴市人民政府、光明日报社、国际亚细亚民俗学会在祝陵善卷洞风景区举办中国梁祝文化论坛，国家首批非物质文化遗产“梁祝传说”的四省六个遗存地的代表参加论坛，提出“天下梁祝是一家”的理念，达成

"合作、共赢、传承、共享"的共识,发布了《推进"梁祝传说"申报世界人类非物质文化遗产代表作倡议书》,出版了《2015中国梁祝文化论坛文集》。

第六节　非遗名录

宜兴梁祝在全国四省六地的梁祝传说中,具有记载最早、记述最丰、遗存最多、史据最足的特点。宜兴梁祝文化的挖掘、保护和申遗起步较早、措施得力、成果显著。

一、梁祝传说

梁祝传说叙述了1600多年前发生的忠贞而凄婉的爱情故事,其鲜明的人物形象、凄婉的故事情节、坚贞的爱情追求和强烈的艺术感染,使之成为中华民族的文化瑰宝,誉为东方的"罗密欧和朱丽叶"。早在南宋初期,宜兴的梁祝传说已经形成女扮男装、三载同窗、楼台伤别、殉情化蝶等情节。明代文学家冯梦龙的《古今小说》第二十八卷《李秀卿义结黄贞女》中记述:"又有一个女子,叫做祝英台,常州义(宜)兴人氏。"该故事又增加了草桥结拜、托言嫁妹的情节。自宋元的梁祝话本小说和杂剧、明清的梁祝白话故事和曲艺、20世纪中叶的梁祝地方戏和舞蹈、文艺精品梁祝小提琴协奏曲的出现,以及现代小说散文的刊行,梁祝传说的故事内容和传播形式不断丰富。作为"梁祝传说"发源地之一的宜兴,梁祝传说还以道情、唱春等文艺形式流传。

2006年6月,"梁祝传说"入选国家级首批非物质文化遗产名录。

二、宜兴观蝶节

梁祝传说中的"化蝶"最悲壮、最凄婉、最感人,也最优美。宋代诗人薛季宣《游祝陵善权洞》诗云"万古英台面,云泉响佩环。练衣归洞府,香雨落人间。蝶舞凝山魄,花开想玉颜",成为最早的"梁祝化蝶"文字记载。梁祝戏曲版本较多,"化蝶"始终是全剧的高潮。化蝶情节在全国各地的梁祝传说中为宜兴所独创。"化蝶"寄托着人们追求自由、幸福和美满婚姻的愿景。

相传祝英台殉情后,墓地中飞出一对硕大无比的蝴蝶,人称是梁祝精魂的化身,其黑色的为祝英台,黄色的是梁山伯,两只蝴蝶形影相随。每年春回大地，宜兴善卷洞后洞附近山花怒放，成群结队的蝴蝶上下翻飞，吸引祝陵周边地区的村民前来观蝶。民间约定成俗，将祝英台殉情之日农历三月廿八定为观蝶节。原先观碟节只是村民自发的祭祀活动，后逐渐与东岳庙会相结合，演变为祝陵地区大规模的民俗活动。观蝶节那天，乡民们穿上节日的盛装，排着长长的队伍，在鼓乐声中向碧鲜庵进发。走在队伍最前面的是手擎蝴蝶旗的旗手，随后是七八个文艺表演方队。众多善男信女也跟着队伍去善卷寺烧香许愿。观蝶节会活动延续到新中国成立初期。2000年后，宜兴民间的观蝶节活动逐渐恢复。2003年4月29日（农历三月廿八），宜兴市人民政府举办的宜兴观蝶节在善卷洞后洞隆重开幕。2003—2016年，观蝶节活动每年都与梁祝文化旅游月同步开展。观蝶节民间文体表演由恢复初期的敲锣打鼓、艺人说唱，发展到蝶舞、龙灯舞、青狮舞、花船舞、腰鼓舞、扇舞、男欢女喜及梁祝戏剧、曲艺、歌舞、武术等多种表演形式。梁祝文化旅游月期间，慕名而来的年轻情侣在双井挂“爱情锁”，去邮

图4-31　2004年观蝶节开幕式

图4-32　2008年观蝶节开幕式会场

局寄“爱情信”,新婚夫妇放飞彩蝶,百对男女青年自行车同游十八相送之路。宜兴观蝶节已经成为人们体验浪漫爱情的民俗节会。

2009年6月,“宜兴观蝶节”入选江苏省首批非物质文化遗产名录。

图4-33 日本梁祝研究所话剧团参加宜兴观蝶节活动

第五章　名胜古迹

祝陵地区山灵水秀，文化底蕴丰厚，历代名人的足迹留下了深深的印记。祝陵村文物、古迹、名胜、庙宇、古树、名木众多。就文物而言，国山碑是全国重点文物保护单位，新四军墙头标语是江苏省文物保护单位，碧鲜庵碑、玉带桥、祈雨坛为宜兴市文物保护单位。

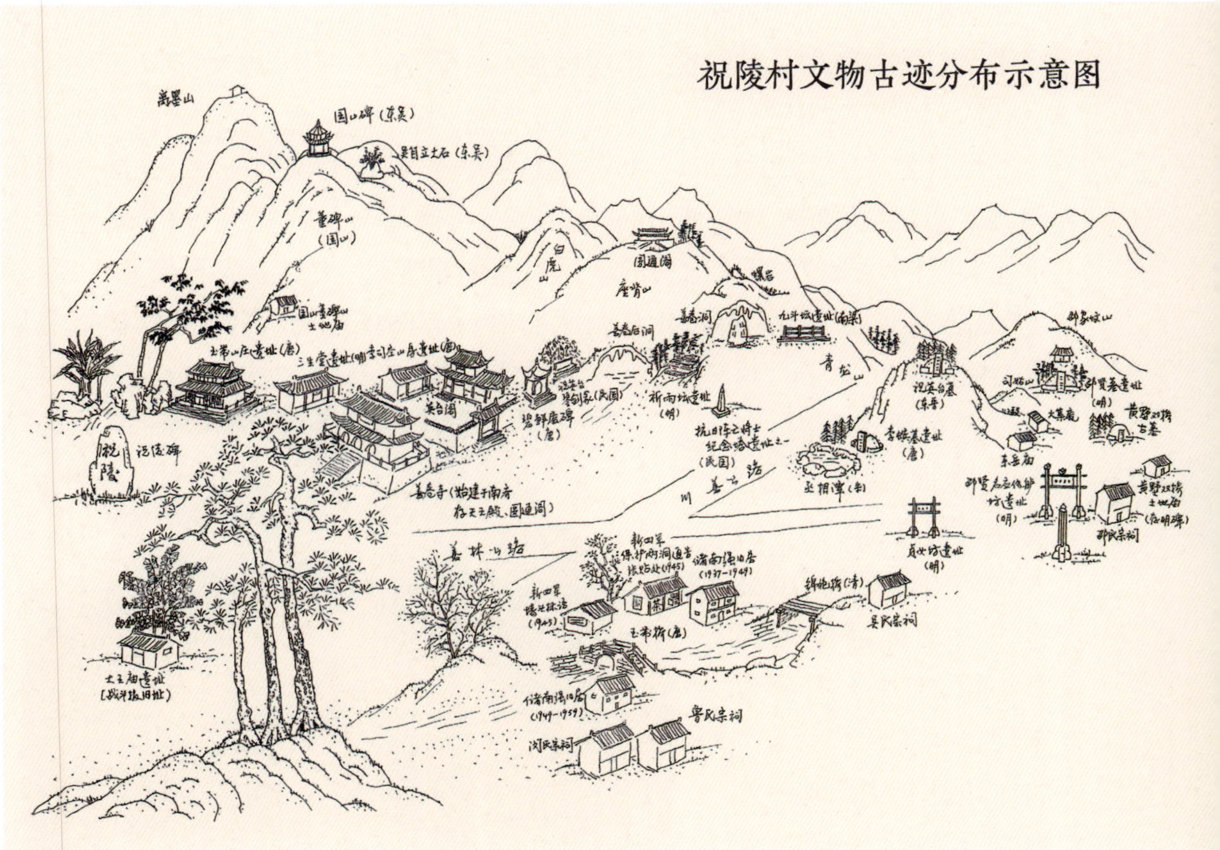

图5-1

第一节 文物古迹

一、吴自立大石

吴自立大石俗称“飞来石”，位于祝陵村董碑山上（国山碑东100余米），有小路与国山碑院相通。

三国孙吴五凤元年（254）五月，宜兴离墨山区发生地震，善卷山顶的一块大石轰然突出地面，直拔而起。大石高3.2米，宽6米，厚2.6米，围约16米，东部平直，西部呈弧形突出；石体上锐下丰，呈两小峰，形似笔架，史称“吴自立大石”。时人以为，石立于山，是为孙休见立之祥，或为孙皓承废得立之应。孙皓继位后，迷信此乃天机预示，是其立帝之兆。

清嘉庆十一年（1806），石上刻小篆“吴自立大石”5字，竖排，每字高约25厘米、宽约20厘米。落款为“嘉庆丙辰……武宜……道”共20余字，隶书，每字高约5厘米、宽6厘米。

吴自立大石其实并非是一块独立的大石，其南侧又有三峰，先向东南延伸32.8米，再折向东北延伸16.5米，石纹、石质均与吴自立大石相同，应是当年地震时同时耸立、突兀山头的。巨石整体呈龙形，吴自立大石像龙头，延伸至“龙体”“龙尾”，渐渐隐入山体。大石峰巅有两棵朴树，高约8米，树冠似华盖，覆盖整个大石，其中一棵布根于石内，主干从背面穿石而出。该处山势陡峭，兀立的大石将山路阻断，山民将大石最低处凿出狭窄小道，使原大石分为东、西两段。

图5-2 吴自立大石

1991年，修筑自善卷洞后洞至吴自立大石的山顶简易公路，汽车可由螺岩山东麓驶至大石附近。2003年3月，吴自立大石被公布为宜兴市文物控制单位。2016年起，祝陵村修建自董碑山南麓通往山顶的道路（尚未竣工），把大石至国山碑院的石阶路改成青石片平坦道路，在大石东侧修建了180平方米的防腐木观景平台。天气晴好时，可远眺宜兴城区。

二、国山碑

国山碑位于祝陵村西北部，在离墨山西南、白虎山之西，山因封禅碑而名国山，祝陵村民称之为董碑山。三国孙吴天册元年（275）八月，宜兴境内发生地震，阳羡山（指今善卷山）山岩裂开30多米，时称“石室”，即今善卷水洞。震前有地声、地光等现象，传说有一条白龙腾空而去。吴帝孙皓认为该山甚为灵异，20年前大石自立，预示自己承废得立，今又石室自开，白龙飞腾，预示自己为真龙天子，可统一天下。即效仿秦始皇封禅泰山之举，封此山为国山，派司徒董朝至阳羡离墨山（实为离墨山下一座小山，即今董碑山）立碑封禅，次年改元为天玺，大赦天下。

图5-3　国山碑

抗日战争期间，日军企图将国山碑偷运至东瀛，后因碑大石沉，又遭国人强烈反对，古碑免遭劫难。“文化大革命”中，古碑险遭造反派破坏，当地村民全力保护，方脱厄运。1982年3月，国山碑被批准为江苏省文物保护单位。2001年6月，被批准为全国重点文物保护单位。2012年，全国考古、地质、史学、书画专家及教授30余人参加国山碑论坛，充分肯定国山碑的历史价值、艺术价值、科学价值、书法价值和社会价值。同年，国山碑划归张渚镇代管。

1.国山碑体

国山碑高2.34米，围长3.3米，形如鼓，色绀碧，上锐微窪，微圆而椭，形如米廪，扁面为东西向，四面环刻，其形绝见，文人称其“形模椭而篙，制作怪且奇”，俗称囤碑、飞来石，还因由董朝前来封禅，又称董碑。

国山碑起始面朝东。碑文为43行，每行25字，始于东北，而南，而西，讫于北。其中，东面14行、南面9行、西面14行、北面6行，全碑共1026字，其中正文41行，共1004字；第42、43行为署名，共22字。每字两寸见方，由中书东观令史、立信中郎将、书法家苏建用小篆书，工匠殷正、何赦镌刻，记载了江南地震的情况及1200多种祥瑞物，其中关于地震的文字，是中国江南地震资料的最早记录。

经过1700多年的风雨侵蚀，碑文大部磨灭。据记载，宋代可看清的尚有800余字，明代能看清的有770余字，清代尚有能辨清者为593～610字，至2016年能辨清者不足百字。碑体东、南均有裂纹，而西面有一裂纹自西北顶部延至西南底部，长2.6米，斜贯全碑，西南面下部有三角形状裂缺。碑面还被多名游人涂鸦划印，殊为可惜。碑文似经剜剔，碑尾有“同治辛未春闽甘泽宣来拓并记”13字与原碑无关。

2.国山碑文

国山碑文前段用四字格骈文，详细罗列祥瑞1200多种。经与宋、明、清诸拓本核对点校，其碑文如下：

□□之□□□子兹，格于上下，光被八幽，蠉飞蠕动，无不归仁。是故□□□□□□□□□□□□□□赂□□□□□□□上尊□□□□□□□□□□□□□□□□□□□□靡不遑假，民用不犯，于是，□□□□□□□丞相沆□□□□□□□□□率礼备仪，尊敬□□□□□□□□□□□大□□□□□□□宫□□□□□□□□□□□□□□□□□□□□□□□□□□所临□徘徊西巡，遂基大宫，王烛□□□泽□清，万民子来，不日□□□□□□，延颈跂足，率土来庭，柔服百神，经纬庶务，日昃不暇，□观六经，旁贯百家，思该道根，数世陵迟，大繇未光，闿立东观，□纪实言，建论坟典，采询微闻，穷神极化，无幽不阐，举逸远佞，宽罪宥刑，守道尚功，嘉善矜弱，哀贱愍凶，□□朽枯，上天感应，□□□□□践祚初升，特发神梦，膺受籙图，玉玺启自神匮，神人指授金册、青玉符者四；日月抱戴，老人星见者一十有一；五帝瑞气、黄旗紫盖、覆拥宫阙、显著牛斗者一十有九；麟凤龟龙、衔图负

图5-4　20世纪30年代国山碑文朱拓(局部)

书卅有九;青猊白虎、丹鸾彩□凤廿有二;白鹿白麞、白麃白兔卅有二;白雉白乌、白鹊白鸠一十有九;赤乌赤雀廿有四;白雀白燕廿有七;神鱼吐书,白鲤腾船者二;灵絮神蚕,弥被原野者三;嘉禾秀颖,甘露凝液六十有五;殊干连理六百八十有三;明月火珠、璧琉璃卅有六;大贝、余蚳、余泉七十有五;大宝神璧、水青穀璧卅有八;玉燕、玉羊、玉鸠者三;宝鼎、神钟、神瓮、夏祝、神鬲卅有六;石室山石闿、石印封启、九州吉发显天谶、彰石镜光者一十有一;神□颂歌、庙灵□示者三;畿民唯纪,湖泽闿通,应谶合谣者五;神翁神僮、灵母、神女、告徵表祥者卅有七;灵梦启谶、神人授书、著验□□者十;秘记谶文、玉版纪德者三;玉人、玉印,文采明发者八;玉□、玉琯、玉璯、玉瑗、玉钩、玉秤,殊辉异色者卅有三;玉尊、玉碗、玉盘、玉罂,清洁光朗者九;孔子、河伯、子胥、王□宣言:天平坠成、天子出东门鄂者四;大贤司马微、虞翻推步图纬,甄匮启缄、发事兴运会者二;其余飞行之类、植生之伦、希古所觌,命世殊奇,不在瑞命之篇者,不可称而数也。于是旃蒙协洽之岁,月次陬訾之□,日惟重光大渊献,行年所值,实惟兹岁,帝出乎震,周易实著,遂受上天玉玺,文曰:“吴真皇帝。”玉质青黄,䚡理洞彻,拜受祇筵,夙夜惟寅。夫大德宜报,大命宜彰,乃以柔兆涒滩之岁,钦若上天,月正革元,郊天祭地,纪号天玺,用彰明命。于是,丞相沇、大尉璆、大司徒燮、大司空朝、执金吾修、城门校尉歆、屯骑校尉悌、尚书令忠、尚书昏、直晃昌、国史莹覈等,佥以为天道元默,以瑞表真。今众瑞毕至,四表纳贡;幽荒百蛮，浮海慕化；九垓八埏，罔不被泽。率按典繇，宜先行禅礼，纪勒天命。遂于吴兴国山之阴，告祭刊石，以对扬乾命，广报坤德，副慰天下喁喁之望焉。

中书东观令史立信中郎将臣苏建所书

刻工殷政、何赦

3.国山碑亭

图5-5　20世纪30年代的国山碑亭

图5-6　1991建造的国山碑亭

国山封禅时，建有碑亭、祭坛，相传碑下埋有金函、玉璧、银龙、铜马等，以为镇山之宝，唐张祜"金函崇宝藏"、宋苏轼"漫说银象玉璧"均指此说。由于位置偏僻，山势峻峭，人迹罕见，故饱受风霜，建筑朽毁，千余年中国山碑一直裸露在外。后有一室，谓"千二百祥之室"，未知何时所建，毁于清乾隆前。乾隆六十年(1795)，荆溪县令唐仲冕构建石亭保护，并亲作亭记，勒石以记。《石亭碑记》大意是：碑石虽然坚硬，但雨淋日晒1500多年，岩纹龟裂，刻痕漫灭，长此以往，将成为无字之碑了。今春，我带头捐资，得众人响应，一个月就建成石亭，使千年古碑得到庇护。因《吴志》及历代方志均称，国山碑下埋有宝藏，唐仲冕修建石亭前，曾"启土至底，见碑下乃山顶一片石凿平，无少空嵌可埋银龙铜马者，知千百岁之传闻，不如一朝之目睹也"，千年传闻，终于大白。清同治元年(1862)，石亭遭兵燹损毁，部分亭石被推落至山下阳羡潭中。20世纪30年代，邑人储南强重建六角形碑亭予以保护。1991年，在兴建国山碑院时，建设碑亭一座。亭为全封闭式，高两层，下部为正方形，每边长6.47米，四角有飞檐，上部为12边形，圆顶，顶巅葫芦形。碑亭有东、西两门，东门为正门，高2.4米、宽1.82米，上部为拱形，圈拱90厘米，门框与券拱均以青砖砌建；上有匾额，自右至左书“国山碑亭”字，篆书，日本著名书法家今井凌雪书于1991年。

4.国山碑院

1982年，国山碑委托善卷洞管委会代管。江苏省文化厅拨款30万元、宜兴县文化局拨款10万元、宜兴县园林管理处出资20万元，兴建百米围墙和房屋。1987年，善卷洞管委会主任、祝陵人汤家骏组织工匠，在国山碑东南60米石壁，刻“国山”二字，由吴昌硕入室弟子、著名书法家王个簃书。该字朝西向，离地高约5米多，繁体正书，字高70厘米、宽75厘米。1989年，在国山碑东巨石上刻上海书法家刘伯年所书的“奇观”两字。

图5-7　王个簃：江南第一碑

1991年，宜兴市人民政府拨款100万元，拆除原碑亭，兴建占地700多平方米的国山碑院。碑院门朝南，上有“国山碑院”砖雕额。碑院基本为正方形，东临石壁，西为回廊，南北均为围墙，黛瓦白墙，造型古朴。东侧石壁刻有“江南第一碑”字，篆书竖排，为王个簃所书，款下有“王贤之印”“个簃”篆刻印章二方。院内西北建有碑亭，国山碑在碑亭正中，下有9厘米高的底座。碑院中央空地上，横放着4根花岗岩方形石柱，每根长3米、宽34厘米，其中一根已断为3截，为清乾隆五十九年(1794)荆溪县令唐仲冕修建、同治元年(1862)毁于兵燹的石亭之柱遗物。

2016年下半年，张渚镇与祝陵村投资180万元，对国山碑院的房屋、围墙重新进行修缮、粉刷，新建了观景平台，用青石片铺平了由吴自立大石通往国山碑的道路，国山碑得到进一步保护。国山碑观景平台在国山碑院门外，防腐木结构，沿山势分为两层，约200平方米，登台眺望，鲸塘烟山、西渚横山、张渚太华诸山尽收眼底。

图5-8　国山碑院

链接:石室开启和国山封禅时间辨正

《吴志》及宋咸淳《毗陵志》、明万历《重修宜兴县志》均称:“天玺元年(276),阳羡山有石裂十余丈,名曰石室,皓尝封禅以侈瑞应。”今观国山碑文,记有两个年份,一是在“旃蒙协洽之岁(乙未),月次陬訾(元月)之□,日惟重光大渊献(辛亥)”,即乙未年元月辛亥日,“遂受上天玉玺,文曰‘吴真皇帝’”,这一年还“帝出乎震”“石室山石阁”;二是“柔兆涒滩之岁(丙申),月正革元(正月),郊天祭地,纪号天玺,用彰明命”,即丙申年正月初一祭祀天地而改元。又称:“率按典繇,宜先行禅礼,记勒天命。遂于吴兴国山之阴,告祭刊石。”由此可知,地震等祥瑞发生在前,国山封禅在次,改元天玺在后。因改元是在次年正月初一,所以发生地震的时间和封禅的时间,必不是天玺元年(276),而是天册元年(275),这才符合国山碑文的记载。其实,宋欧阳修、赵明诚和明卢熊均发现这一问题,欧阳修《跋国山碑》称:“吴国山碑者,孙皓天册元年禅于国山,改元天玺,因记所获瑞物,刊石于山阴,是岁晋咸宁元年(275)”,然此说一直未引起治史者重视,以至讹误至今。

三、善卷寺

善卷寺始建于南齐建元二年(480),高帝收赎祝英台故宅创建,至齐武帝永明初(约483)建成,额题“善卷寺”,并镌《善卷寺记》碑,记录了南齐帝王收赎祝英台故宅创建善卷寺的史实。南齐永元元年(499),避齐东昏侯萧宝卷讳改称善权寺。

唐大和末至开成末(约835—840),李虬于寺内借榻修读,赴举前梦见名字上添一划成“虱”字,李虬谓“虱”者“蠙”也,便改名为李蠙赴京赶

图5-9　以祝英台故宅创建的善卷寺

考，高中进士。会昌初（约841），善权寺于灭佛中废毁，其地为泰州钟离简之购得。咸通八年（867），时任昭仪军节度使的李蠙上奏唐懿宗，以私财收赎重建。唐乾符末（约879）李蠙告老还乡，作《题善权寺石壁》诗云：从此便归林数去，更将余俸买南山。

南唐时善卷寺一度改为道观，后主时（961—975）又恢复为寺。宋名广教禅院，北宋崇宁元年（1102）请作徽宗坟刹，宣和年间（1119—1125）改为崇道观，南宋建炎元年（1127）诏复为院。宝祐四年（1256），宋理宗拨款重修，历时3年，焕然一新。咸淳元年（1261），建康蒋山首僧德珍代住持，建禅堂。

明初复改为善卷禅寺。钱塘宗恺住持逐一修葺，殿宇焕然，时寺内正殿木柱遭雷击，留下篆文倒书3处，巡抚周忱令工匠削除，谁知越削字越深，不得不终止。俗传此柱有灵，摩之可愈疟疾、去腹中胀块。清顺治戊戌（1658）、辛丑（1661），玉林通琇禅师两度进京为顺治帝讲经，龙颜大悦，赐号大觉普济能仁国师并赐紫衣金印。康熙十三年（1674），因寺僧与当地百姓发生矛盾，善卷寺遭火焚。乾隆时绕寺筑起围墙，同治元年（1862）遭兵燹，同治六年（1867）复建旁屋三楹。

1938年8月，陆军独立33旅旅部驻善卷寺内。日军占领善卷寺后，将寺院烧光。1942年，储南强在善卷寺废墟上集资重建善卷寺，建造房屋36间，修复华藏门，延请上海方丈正道和尚住持。

新中国成立初期，善卷寺在破除迷信中被毁，仅存华藏门断垣。1988年，拟恢复善卷寺，请赵朴初题“善权寺”字。1992年建三生堂，1996年改三生堂为天王殿，2001年复建圆通阁。至2016年，善卷寺未完全复建。

1.李司空山房（三生堂）

李司空山房为唐李蠙读书之处，位于善卷寺大殿之后，此处原是晋祝英台读书处——碧鲜庵。明沈周诗云“李相读书处，犹疑白石房。但无坡老记，名藉碧鲜长”；周忱亦云“丞相当年未第时，读书曾向此栖迟。水边行径空遗迹，竹外荒台有古基”。唐咸通八年（867），李蠙在重建善卷寺时，特意将他在寺内的读书处即原祝英台读书处改建成自己在寺内的起居、读书之所，原祝英台读书处变成了李司空山房。

继李蠙之后，宋代又有李纲、李曾伯先后到善卷寺修读。李纲拜相后，出资为广教禅院（善权寺之宋名）重塑如来佛像。李曾伯担任资政殿学士，于宝祐四年(1256)奏请宋理宗,将广教禅院请作"本家功德坟寺"。理宗皇帝准奏,御赐"报忠寺"匾额,专拨款项由李曾伯对善卷寺进行拓修。李蠙、李纲、李曾伯三人同姓李,且每人间隔百余年,因此有"三生轮回"之说。此说源出于南宋寺僧福岩禅师,也得到李曾伯的认可。他曾有"当家公案师拈出,全似三生石上看"句,还说"一笑了之,不求印证",在寺内立了一块"三生石"。南宋咸淳至元代(1265—1368),李司空山房内祀李蠙、李纲、李曾伯三人画像。明正统五年(1440)善卷寺重修,李司空山房正式改建为三生堂,塑有三位相貌相同服饰各异的神座——李蠙、李纲和李曾伯,其柱联云:"一姓转身三宰相,三生造寺一因缘。"清顺治年间(1644—1661),三生堂改作禅堂,三生神座被毁。同治元年(1862)禅堂毁于兵燹。

1992年,宜兴市风景园林管理处重建祝英台读书处时,在碧鲜园西南重建三生堂(3间),祀李蠙、李纲、李曾伯画像。1996年,三生堂改建为天王殿,李司空山房与三生堂不复存在。

2.华藏门

又名古园门,位于善卷洞后洞(今会仙楼东南40米),为原善卷寺遗址。华藏门为圆形,青石环形砌建,高3.2米,上刻释迦牟尼成道故事,刻工蒋晓云;门上端镶以青石框,长1.7米、高50厘米,内书"华藏门"三字,字大22厘米见方,正书。前款"四生九有同登华藏玄门,八难三途共入毗庐佛海",落款"民国卅一年壬午烟水散人"。两侧镶以青石框,高2.3米、宽45厘米,内书竖联"结个茅庵留客住,开条大路与人行",字约17厘米见方,正书,亦为储南强女储烟水书。1942年储南强重建善卷寺时,曾集寺内和尚墓碑、石凳、石龙、罗砖等,复刻明文徵明《善权寺古今文录序》

图5-10　华藏门

碑，陈列于华藏门附近。

新中国成立初期，善卷寺在破除迷信中被毁，仅存一段华藏门断垣。2010年，华藏门断垣被拆除，石刻存于善卷洞管委会仓库。

图5-11　善权寺坊

3.善权寺坊

位于善卷洞后洞中心广场，1992年建。善权寺坊为水泥两柱牌坊，坊高4.7米，柱间宽3米，柱下东西侧、外挡均镶鼓形门当，柱顶部为云纹饰，两枋横于两柱上部，上枋中间有突出荷花饰。枋间夹一宽60厘米石匾，自右至左书“善权寺”三大字，由全国政协副主席、中国佛教协会会长、中国佛学院院长、中国书法家协会副主席赵朴初1988年所书，原为蓝底白字，2009年除掉蓝底改成红字，今保存完好。

4.天王殿

位于善卷洞后洞中心广场西侧，原为1992年复建的三生堂，1996年改为天王殿。殿朝东向，共3间，进深6.5米、宽16米，翘角飞檐，檐下匾天王殿三字，柱联：灵迹增胜是万众黎庶夙宏愿，古刹重光乃禅宗嫡派忆丛林，1999年戚鼎华书。殿前设铸铁香炉，高3米。殿内正面中间祀弥勒佛、后祀观世音、韦陀，两侧祀四大天王。今保存完好，香火旺盛。

5.圆通阁

图5-12　圆通阁

史载，圆通阁原在善权寺大殿天井前，2001年复建圆通阁时，移至白虎山顶，内祀水月观音坐像1尊、观世音彩绘壁画32尊以及由中国工艺美术大师徐秀棠制作的观音真身变化紫砂浮雕塑像53尊。该阁依山建造，外观为两层，四角飞檐，内为一层，高约20米，殿内东西长35米、南北宽15米，面积500多平方米。檐下有2000年玉泸道人书“圆通阁”三大字，柱联“妙法无碍慈光现，普门示显应金身”，2004年佛徒吴金龙献。今对外开放，供游客参观。

四、九斗坛

据明代史籍记载，九斗坛在善卷山北乾洞（今善卷中洞）前、仙人桥侧。南朝梁天监年间（502—519），天大旱，梁武帝祷雨于南京钟山不应，其虔诚感动神灵，托梦给武帝说：“阳羡九斗山，有神号张水曹，能兴云雨。”武帝即派使者到善权山筑坛祈雨，果然天降甘霖。九斗山即离墨山，因山有九峰，状如覆斗，故名九斗山，此坛亦被称为九斗坛。张水曹即祠山神张渤，西汉时人，相传曾于长兴、荆溪（即宜兴）疏凿圣渎，故有神灵响应。

1.南唐祈雨坛

南唐祈雨坛位于祝陵善卷洞后洞座背山南侧山腰（今碧鲜庵碑亭东南100米），建于南唐十五年（957）。

图5-13　南唐祈雨坛遗址

南唐保大八年（950）遇天旱，中主李璟差官到九斗坛祈雨得到感应。十年，令善卷寺每日祭祀。十五年，官府拨款于善权寺内砌垒坛，历一年竣工。亦叫九斗坛，俗称祈雨坛，僧正崇在青龙山下立九斗坛碑，正崇亲自撰文。明代善卷寺珈蓝殿中供有张水曹神塑像。

南唐祈雨坛朝西南向，就山坡而建，分为3层，地面用青石板铺建，中间填之以石块、山土，四周用不规则青石块垒砌成矮墙，十分简易。东西通面宽和南北进深均为18米，其中第三级为主坛，长18米、宽3.2米，高1.35米，坛壁正中有一块长方框，缩进12厘米，其长6.9米、宽1.05米、高1.20米，也用青石片垒砌；第二级副坛比主坛低66厘米，东西与主坛齐平，长18米、宽8米，其坛壁和主坛沿口相连，中间有台阶可登上主坛；第三级副坛高约50厘米，长18米、宽6米，因坛壁基本坍塌，与第二级副坛几乎呈斜坡相连，堆砌的青石片已多处坍塌，因地处偏僻，人迹罕至。

2009年5月，宜兴市人民政府批准南唐祈雨坛遗址为宜兴市文物保护单位。现遗址尚存。

2.拜斗坛

善卷乾洞前的九斗坛清代已毁。2009年，在螺岩山顶圆通阁东150米处重建九斗坛，更名为拜斗坛。其坛为八卦形，朝南向，共两层。外坛高70厘米，边有云纹石栏；内坛高35厘米，正中立有高达3.5米的祠山神张渤的塑像。

图5-14　拜斗坛

五、玉带桥

玉带桥位于祝陵村老街，系单孔石拱桥，南北向，横跨东西流向的祝陵河（又名双祝河、祝陵涧）。玉带桥全长17米，桥孔净跨5.8米，矢高3.9米、堍宽4.3米、顶宽3.8米、栏柱高0.44米，原系花岗岩结构，现为青石、花岗岩混砌；桥面两侧装有石柱、石栏，石柱顶部刻有莲花纹；桥东西两侧均镌有楷书“玉带桥”三字，字约20厘米见方，自右至左排列，字迹清晰,两边各有一圆形图案装饰。

此桥来历，一说唐李蠙重建善权寺时，为祝陵河两岸百姓来往及前来善权寺礼佛的善男信女提供方便舍玉带所建。明朝嘉靖南京监察御史慎蒙《游善权洞记》：“（善权）寺门西有玉带桥，唐李丞相舍玉带而建者，又名胜义桥。”沈周《玉带桥》记曰：“寺门西南，唐李丞相舍玉带建，故有此名。”王稚登《荆溪

图5-15　玉带桥

疏》称："玉带桥亦李司空檀施。"另一说玉带桥为宋苏东坡捐玉带助建。明万历《重修宜兴县志》称："玉带桥，在县西南六十里祝陵埠，相传苏文忠公捐玉带助建。"宋熙宁六年（1073），苏东坡为品尝当地佳酿来到祝陵。途中遇河阻隔，于是捐出皇帝亲赐的玉带，助建此桥，留下一段佳话。

元、明时期，玉带桥多有修葺。清乾隆二十八年（1763），重建玉带桥。

1996年11月，玉带桥被批准为宜兴市文物保护单位。2002年，玉带桥西侧自南起有5根花岗岩桥柱石因风化断裂，掉落河中。2003年，祝陵村派人将掉落的桥柱石捞出，以青石仿制换之。2015年，玉带桥南堍西侧大树枝伸至桥上，遇大风致使3根桥柱与2块栏板掉落河中，后重新安装。2016年，玉带桥保存良好。因另开河道，祝陵河基本无船舶通行，玉带桥仍为两岸村民步行过往的主要通道。

链接：清乾隆重建玉带桥铭刻

2012年5月，在玉带桥桥拱内南北两侧发现两处铭刻，均为清代所镌，称玉带桥为唐李蟥捐玉带所建。

图5-16　玉带桥拱内刻录明嘉靖桥铭

拱北（朝南）之石下部为长方形，顶端"如意头"形，刻《重建玉带桥碑记》，计百十字，半数漫灭，可识"桥始于唐丞相舍带建造""桥事告竣""大清乾隆癸未年仲夏"等句。

拱南（朝北）之刻石为长方形，录刻明嘉靖丙辰（1556）碑。其铭尚可辨析："大清乾隆岁次癸未仲夏月录刻慎志。桥蒙唐丞相舍玉带建造，修于明洪武七年。成化二年圮，山僧戒航、志高助修。今住山僧德锡□□□桥倾圮，诚请盛员镇玉大□捐资募造。嘉靖丙辰岁□三月□□□立。陈氏因桥重建，恐没前迹，谨识录。"

据典籍与桥铭，玉带桥始建于唐，由大司空李蟥捐玉带所建，初名胜义桥。明洪武七年(1374)重修。明成化二年(1466)圮,僧戒航、志高重修。明嘉靖丙辰年(1556),桥复倾圮,僧德锡复捐资募造。清乾隆癸未玉带桥重建时,当地陈姓人士为免明嘉靖石刻年久漫灭,便根据原有铭文内容,另镌一石,与乾隆《重建玉带桥碑记》分别镶嵌在桥拱下的两侧,使李蠙捐带造桥之事流传于世。而宋苏东坡捐玉带助建玉带桥事,多部宜兴旧志亦有记载。

六、玉带山庄

玉带山庄位于祝陵村国山南麓300米,唐李蠙重建善卷寺时买地所建,为李蠙宅第。李蠙重建善权寺时,相传捐出两条玉带,一条修桥铺路,一条买山建寺。明沈周诗云:"玉带山前玉带桥,造桥带解相公腰。解来要作千年计,彼一条非此一条。"宰相王鏊也自嘲说:"应笑重来王相国,不将玉带系山河。"

元代,玉带山庄为荆溪画家周伯昂购得,周在此隐居,曾疏泉叠石进行改造。王晏《玉带山庄为周伯昂赋》诗:"辋川别业空画图,浣花草堂遗榛芜。迩来园林闻胜概,玉带山庄洴练湖。曲圃疏泉药偏滋,方亭移石花重绕……"著名画家倪瓒于元至正二十四年(1364)特作《溪山图轴》以赠。明时,玉带山庄规模宏大,房舍毗连、花木无数,明商良臣《玉带山》诗云:"国山之南将半里,苍岩峭拔凌空起。幽花古木不计年,崇冈复岭相环峙。泉势涓涓石脉疏,乘流则行坎则止。池中潴水数尺深,膏停黛蓄何清泚。招提翠巘高入云,玉带盘旋宛相似……"抗日战争期间,玉带山庄因驻扎抗日军队,遭日机轰炸,被夷为平地。2006年,在玉带山庄遗址上开发建成善卷住宅小区。

图5-17 在玉带山庄遗址上建设的村民聚居区

七、李蠙墓

唐大司空李蠙墓在祝陵村龙岩亭青龙山下。龙岩亭是善权寺的首门，位置在今善卷风景区牌坊附近。李蠙微时在善权寺修读5年，唐咸通八年（867）收赎善权寺重建，扩大了寺宇规模，修建李司空山房、玉带山庄，书刻碧鲜庵碑、捐玉带建造胜义桥（即玉带桥），还修筑了自祝陵至善卷寺的大道，两侧种植数百株松柏，造福一方。李蠙于唐乾符末（约879）告老，不久卒于祝陵，葬于青龙山下。到明弘治间（1488—1505），李蠙墓尚保持完好。明沈周《唐李丞相墓》诗云"相公亦自智，一墓托浮屠。后保人探殉，先凭释化愚。横林巢夜鹳，隧道啸秋狐。十月年年忌，苹蘩走衲徒。"

李蠙墓毁于清，今不存。

八、丞相潭

丞相潭位于祝陵村青龙山西麓，即善卷风景区牌坊南400米处。旧志无载。当地传说，该潭因宋宰相李纲而名。李纲一生三次来到祝陵：青少年时寓居于善权寺，潜心苦读；宣和元年（1119），因言辞激烈而谪官，复居宜兴；建炎元年（1127）拜相后，崇道观（原善权寺）由高宗皇帝下诏恢复为广教禅院，李纲罢相后复游宜兴，出资为善卷寺重塑释迦牟尼金身。据传，他居住的青龙山边有个清水潭，常有泉水涌出，李纲经常从潭中汲水饮用，后人为纪念他的功绩，便称此潭为"丞相潭"。

图5-18　丞相潭（新建）

1985—2000年，祝陵村在丞相潭东建起宜兴市善卷矿泉饮料厂，利用潭东侧的泉水制作汽水。2010年，善卷风景区对丞相潭进行维修改造。现丞相潭呈不规则圆形，约600平方米，水最深处2米。潭边用太湖石筑岸围护。潭的西南侧建有四柱方亭，飞檐高翘，四围可供游人栖歇；潭的东北建有楼阁，东侧建有围墙，潭边植以垂柳，现成为村民与游客息憩游玩之地。

九、李曾伯墓

李曾伯墓位于善卷洞后洞白虎山麓，现善卷洞后洞天王殿后，旧志无载。李曾伯年轻时，因葬父祝陵而寓居善权寺。宋宝祐四年(1256)，李曾伯奏请将祝陵广教禅院(即善权寺)作为本家功德寺院，特从广西桂林请来福岩禅师主持修缮，李曾伯亲书《善权禅堂记》，勒石以铭。1988年，善卷洞在修缮时，于天王殿后出土李曾伯墓志碑一块，高135厘米，宽75厘米，确考李曾伯死后葬于善权寺白虎山南麓。

李曾伯墓今不复存，墓志碑出土后，先陈于宜兴亦园，后被人敲击，缺角两处，经用水泥修复，大部分字迹清晰，今保存在宜兴周王庙碑林廊中。

十、邵贤坊

邵贤坊，即名应胪传坊，位于祝陵村金塘园(今合兴片区牌楼组)，建于明代中叶，是纪念明邵贤登第之坊表。

邵贤，明代宜兴祝陵人，字用之，少时聪明颖慧，成化八年(1672)廷试获二甲第一名(传胪)，故建名应胪传坊，以资表彰(宜兴城内周王庙东原有文铨坊，亦为表彰邵贤之坊表，清初已湮毁)。

祝陵名应胪传坊为双柱一枋坊表，花岗岩结构，坐北朝南，乃邵贤墓之山门。坊柱总高约5.5米，宽约4米，下部南北两侧附立马形柱墩，柱顶为莲花状；柱高4米处有石枋嵌于两柱之间，上镌“名应胪传坊”五字。坊前(南)80米，立有一柱状花岗岩华表，柱为六方形，高约5米，下有鼓形柱础，顶端为玉瓶形。自华表经胪传坊向北，原铺有卵石道路，今村民顾才良家后院(胪传坊北80米)，仍可挖见卵石路基。

“文化大革命”中，坊、表均被毁。

十一、邵贤墓

图5-19　邵贤疑冢墓前石人(缺头)

邵贤墓葬位于邵家坟山南麓500米(名应胪传坊北200米,邵家坟山因墓得名)。2005年,因从邵家坟山运土往涧滩造田,施工时挖出多座古墓,层层叠叠,有三四层之多,越往下面墓越大。在地表下6米处发现一长方形棺椁,已经腐烂,仅存骨殖。出土镶嵌玉珠的腰带、铜镜、金钗、陶器等随葬品并墓志3块,疑为邵贤墓葬。由于发生夜间失窃墓葬品的事件,开挖工程停止,立即还土植林。出土墓志碑3块,均长1.2米、宽45厘米、厚10厘米,其中2块完整相合、1块断裂,出土后放置邵氏后人住宅门口,未请人辨识碑文,后埋入平坟地块之下。因当时未标注具体位置,今树草丛生,难以寻见。邵贤墓后50米,傍山建一祠,“文化大革命”期间被毁。

另在东黄墅自然村东山岗(铜官山余脉西麓)曾发现墓葬。无坟头,仅有墓道,长30米、宽1.8米,传为邵贤疑冢。墓前原有石人、石马、石狗、石虎相对分列,中间相距50米。骑马石人高1.7米,坐虎高1米,卧犬和睡猪均0.5米高。该墓曾遭遇雷击和多次被盗,石马、石狗大多被人敲碎做了墙基。2016年存石人1具,高1.98米,手持宝剑,武将打扮,无头,躺在菜地里。2017年夏,无头石人被盗。

十二、贞女坊

贞女坊位于祝陵村鱼池塘侧(今蕴德广场处),两柱一额,高约5米、宽约3米,额题“贞女坊”三字,柱有对联。贞女坊旌表者为史姓女,明代宜兴西渚人,少时聘嫁祝陵邵一龙,十六岁时,邵一龙未娶而亡。史女对父母说,生为邵家人,死作邵家鬼,于是,在脸上刺“忠心不改”四字,前往邵家居住。后史、邵两家产业合并，史女守节更坚，寒纺暑织，赡老养少，贞孝双馨，感动四乡，年逾六十方卒。明万历六年(1578)，宜兴县令丁懋建上报府署，建坊旌表。后人有诗云：“少小深闺里，偏能识大端。拈针非刺凤，对镜反惊鸾。点画星辰灿，冰霜血墨寒。高堂无白发，一死谅非难。”1966年，在“文化大革命”“破四旧”中，贞女坊被捣毁，今仅存遗址。

十三、锦袍桥

图5-20　锦袍桥

锦袍桥，俗称砂刚桥，位于祝陵老街，跨祝陵河，西距玉带桥500米。锦袍桥为单孔石梁桥，南北向，由3根花岗岩石梁横跨河道建成，桥全长11.3米(南坡长3.5米、北坡长2.5米，桥孔净跨5.3米)，中宽1.8米。传说明洪武初年，时任御史中丞的刘基(字伯温)受命至各地考察民情，来到祝陵地界，听说李嫔、苏东坡捐玉带建桥惠及民众，于是效仿前贤，脱下锦袍捐建。另据民国《光宣宜荆续志》称，锦袍桥建于清宣统三年(1911)，由祝陵村民募资，与当地有名的公惠桥同建。

2007年，祝陵村修缮锦袍桥，在三根花岗岩横梁上加铺水泥，两侧安装1米高的钢管扶栏。2009年5月，锦袍桥被批准为宜兴市文物控制单位。立碑刻铭：“锦袍桥，俗称砂刚桥，位于宜兴市张渚镇祝陵村，相传为明代刘伯温捐锦袍所建。”现锦袍桥桥身、桥面牢固，可供拖拉机通行。

十四、双桥

又名永兴桥，位于国山1组(与五洞村交界处)，祝陵河由东向西在此北拐经上干河入蒲墅荡，其拐弯处各有一桥：一为花岗石平桥，跨上干河，称南双桥；一为单孔石拱桥，跨南涧河，称北双桥。两桥始建于明代。1976年填南涧河时拆除南双桥。2000年，于双桥南开挖东西向的善卷河，将下东河向南延伸与善卷河连通，拆除北双桥，向南移址重建水泥桥，仍名双桥。新双桥今保存完好。

十五、储南强旧居

宜兴名士储南强（号简翁）在祝陵村有旧居两处，1937—1949年居住周云扬家；1949—1959年居住杨兰大家。

储南强开发善卷洞时，一直住在洞中。1937年11月底宜兴沦陷，储南强举家迁至祝陵亲戚周云扬家中借住。周家位于玉带桥北侧往东100多米，为三开间两层楼砖木结构住房，朝南向，进门有小院。储南强及妻子徐氏、女儿储烟水一家三口住在二楼。楼上中间屋为公用，一张竹制的桌子为储南强专用书桌。当时储公白天去善卷洞，晚上来住宿。1938年2月，国民党宜兴县政府在张渚重组，各界推举储南强出主县政。储公白天在张渚上班，夜间仍宿祝陵。1939年7月7日，储南强次子储灵子在祝陵被日军炸死。1940年，日军前往储南强住处，邀请其出山任事，储南强以年迈回绝。1945年，新四军北撤前颁发《新四军保护宜兴两洞通告》，派专人送至储公借住的周云扬家。

图5-21　储南强与友人在祝陵玉带桥（20世纪30年代）

1949年，储南强举家搬到杨兰大家居住。杨家位于玉带桥南侧西30米，为三间半砖木结构住房，朝南向。其时，善卷洞由善卷乡代管，储公平时居家不出。1957年，储公南菁书院的同学黄炎培专程到祝陵拜访。在储公居

图5-22　善卷后洞的储南强墓

室，两人相谈甚欢。

1959年9月28日，储南强于祝陵寓所逝世，葬于善卷洞后洞。今祝陵村储南强的两处旧居，一处由周云扬的儿子居住，房屋虽经翻修，尚辨原貌，另一处杨兰大家已在原址拆屋重建，原貌不存。

第二节　纪念地

一、战斗报社遗址

战斗报社遗址位于祝陵村国山片区轧石路桥西北50米、祝陵河北岸40米处的大王庙内。

1938年10月，国民党宜兴县党部创办16开小报《宜兴报》，在祝陵村飞鲤商务印刷所印刷，向张渚地区和丁蜀地区发行，报社的主编、编辑、记者均为爱国知识分子和热血青年。翌年8月，根据新四军江南指挥部指挥陈毅关于“团结抗日，激励斗志，应掌握舆论工具，可接受国民党津贴，以资掩护”的指示，利用江南行署的宣传经费，在祝陵大王庙另创办日刊《战斗报》。同年，抗日战争初期宜兴地区最早的中共秘密支部——战斗报社支部成立，储以民任书记。支部成员大多成为中共宜南区工作委员会的主要干部。《战斗报》因具有鲜明的对敌斗争性，发行量迅速增至3000份，发行范围增至杨巷、溧阳、戴埠并扩大到安徽省广德、郎溪和浙江省长兴等地，成为宣传抗日、团结御敌、激励民众斗志的重要舆论工具。1940年5月，设在太华山区的江苏省第五临时中学(抗日战争时期的省立常州中学)师生因“取消政治迫害、允许抗日”等正当要求被校方拒绝，举行罢课并要求《战斗报》声援。江南行署主任冷欣传见中共宜兴县工委青年委员、省五临中学生运动负责人任大可，不允许报道罢课新闻，被任大可拒绝。《战斗报》采取用墨将印好的新闻涂抹的方法进行抵制，“黑窗”效应更为强烈。7月，江南行署停发经费，《战斗报》被迫停刊。《战斗报》旧址祝陵大王庙，因庙前戏台上演低俗戏剧，于1947年被新四军留守武装焚毁。在原址改建民居，战斗报社旧址不复存在。

二、抗日阵亡将士纪念塔群

抗日阵亡将士纪念塔群分布在祝陵村善卷洞前后。1938年起，从淞沪战场上撤退下来的陆军59师、76师、独立33旅、江南挺进第二纵队等部先后驻守宜兴，在与日军的战斗中牺牲甚众。1938年、1939年，先后在善卷洞前后建起3座抗日阵亡将士纪念塔。1946年，陆军总司令顾祝同到祝陵巡视后，善卷洞周围又建起3座抗日阵亡将士纪念塔。

1.陆军59师阵亡将士纪念塔

位置在善卷洞后洞南垸坡，即今碧鲜庵碑亭东南30米山腰。此塔用青石砌建，塔座近扁方形，两侧平行，一端略呈圆弧，另一端为登塔台阶；塔体基部10米见方，以每块50厘米高、20厘米厚的大块青石砌建，呈阶梯状交错收缩，每一级均为长方形块面，上一级以下一级的宽为长，依次递减收缩，共10余层，总高7米，每块青石的立面都刻满抗日阵亡将士的姓名；塔尖为四方锥体，顶上有50厘米长的钢筋，用以避雷；塔后有直径8米、高3米的阵亡将士共葬墓，墓围高50厘米，中间为馒头形，用水泥浇筑、封顶。

抗日阵亡将士纪念塔位置图

图5-23

1938年3月20日，日军分东西两路进攻张渚，张渚沦陷。4月10日，陆军59师（师长张德能）在安徽广德流洞桥与日军血战，重创日军，4月15日收复张渚。4月20日，地方人士在善卷洞后洞座背山南墺坡建起阵亡将士纪念塔——陆军第59师阵亡将士纪念塔。1966年“破四旧”中，纪念塔被红卫兵捣毁，今仅存塔身残石一块，高88厘米、宽20厘米，厚度不详，横砌入善卷洞后洞墙内（今飞来石北15米处）。石上镌阵亡将士名单29人，字皆隶书，分4行左至右横排竖写，共196字。第一行：刘占云，安徽定远；钱炳牛，河南南阳；钱灿林，浙江镇海；席正芳，河北固安；金子钢，山东曲阜；徐保荣，浙江黄岩；程孝贤，浙江仙居；杨甫隆，江西大庾。第二行：二等枪手汤仲焕，江□□□；俞子语，湖北孝感；季仁家，浙江孝丰；越阿奎，浙江宁波；陈兴丁，浙江兰溪；二等列兵张远水，浙江宁海；葛和秀，浙江江山；李传忠，□□□□。第三行：□云舫，浙江开化；周方贤，浙江开化；邵应贤，浙江遂安；张全水，浙江淳安；贺五四，浙江龙游；沈水木，河南开封；□□彬。第四行：晏双林，湖南湘乡；胡朝明，江西贵溪；姜荣春，江苏兴化；储锦文，浙江余杭；尉乘法，浙江昌化；赵禄康，浙江□□。

2.陆军独立33旅阵亡将士纪念塔

位于善卷洞前洞广场，即今善卷风景区售票处位置，建塔材料及式样与59师纪念塔相同。1938年9月，陆军独立33旅（旅长黄镇中）进驻宜兴，协同67师、52师抗日作战，先后参加宜丰桥陈塘桥之役、云梯攻城之役、屺山之役、围攻锡宜路之役、城郊围城之役、徐舍官林外围之役、张泽桥之役、蜀山之役，杀敌无数。尤其是1939年4月30日，独立33旅将士于宜兴城南门架起云梯攻城，与日军展开殊死肉搏，攻城将士全部壮烈殉国，遗体葬于善卷洞前洞，1939年10月造塔纪念。1958年“大炼钢铁”中，因建造小高炉，纪念塔被拆毁。

3.陆军76师阵亡将士纪念塔

位于善卷洞前洞广场，即今储南强塑像西南约20米假山处，建塔材料及式样与59师纪念塔同。1938年4月，陆军76师（师长王凌云）奉命开赴宜兴，接替59师进驻祝陵、善卷、五洞、玉山等地布防，先后协同独立33旅在宜丰、洴浰和县城进行7次战斗，宜丰、张渚之役歼敌甚众。1939年10月，与33旅同时在善卷洞前洞广场建造阵亡将士纪念塔。1958年“大炼钢铁”中被毁。

今善卷村民家中存残碑一块，正方形，边长90厘米、厚10厘米，中间呈十字断裂，上镌“壮烈可风”四个大字，为陆军第三战区副司令长官刘建绪所题。

4.陆军55师阵亡将士纪念塔

在善卷洞前洞，位置在今善卷风景区接待大厅东100米、川张公路东侧30米处（后为采石宕口，2005年建为水库），建塔材料及式样与59师纪念塔同。1958年大炼钢铁时被拆除。

5.陆军67师阵亡将士纪念塔

位于善卷洞后洞青龙山下，今善卷洞后洞外停车场东（原为山坡，因建造停车场取土，今成山沟）。1966年“破四旧”中，纪念塔被“红卫兵”捣毁。

6.陆军江南挺进第二纵队阵亡将士纪念塔

1938年，从淞沪战场撤退的部队集结江西、安徽一带补充兵源，在安徽绩溪组建陆军江南挺进第二纵队，1941年3月调防宜兴，由冷欣任司令，团长皇甫，司令部设在善卷寺。该部队先后参加攻克青龙山之役、徐舍流寇抗击之役、芒溪之役、沦陷区与流寇抗击之役，与日军浴血奋战，4年中阵亡将士1000余人。该部于1946年在善卷洞后洞卧龙岗（今梁祝文化博物馆大门东北20多米处）建造阵亡将士纪念塔。其塔小巧而精制，塔身方柱形，高约3米，塔座为两级台阶，底座四周建有1米多高的围柱，柱间镶嵌着青石围栏。1966年“破四旧”中，纪念塔被“红卫兵”捣毁。今存残碑3块：一为纪念塔碑石，高50厘米、长86厘米、厚20厘米，有“第三战区江南挺进第二纵队抗战阵亡将士纪念塔”字样，正文曰：“天地正气，贯日凌云。丰碑伟绩，卓著奇勋。取义成仁，光耀万有。奠之国殇……”，题字不详；二为“浩气长存”残石一块，长86厘米、宽50厘米、厚25厘米，第三战区司令长官顾祝同所书，尚存“气长存”“顾祝同题”7字及下钤的印信；三为“南天一柱”石，即纪念塔的塔座，上镌第三战区第二游击区总指挥冷欣题写的祭辞。其碑文364字，分作31行，标题为“南天一柱”，正

图5-24　浩气长存残碑(顾祝同题)

文29行，344字，落款为“第三战区第二游击区总指挥冷欣敬撰”。正文记述该部退守、整编，与日军奋战，千余人长眠宜兴的史实。祭文称：“你们为挽救民族危亡而献身，是为国牺牲的杰出之士，其凛然大义，超过振道立儒。群山黯黯，野水茫茫，你们虽马鬣崇封，但精神将流传千古，永为人们的榜样。”此3块残碑现存善卷洞风景区管委会。

第三节　革命文物

一、新四军保护宜兴两洞通告

1945年新四军北撤前夕，特派人到祝陵村拜访储南强，询问需要什么帮助。储南强反映经常有人到善卷洞周围山林砍伐古树，难以制止。1945年9月24日，新四军苏浙军区政治部主任钟期光签署保护两洞通告：“查宜兴境内善卷与庚桑二洞，为名胜之著称，亦属民族文化古迹之一。我军所至，纪律严明，对该洞之名胜古迹，皆须维护与尊重。该洞之创建者储南强老先生热心文化事业，从事有年，迄今未懈，因此对储南强老先生及其家属财产等，亦应根据我党民主政府之法令政策，予以产权财权之保障，特此通告。”该通告用毛笔抄录了5张，其中1张直接送达储南强手中，其余4张分贴善卷洞、张公洞附近，最大的一张为对开，裱在硬纸板上，挂在祝陵街茶馆里。1956年，储南强之女储烟

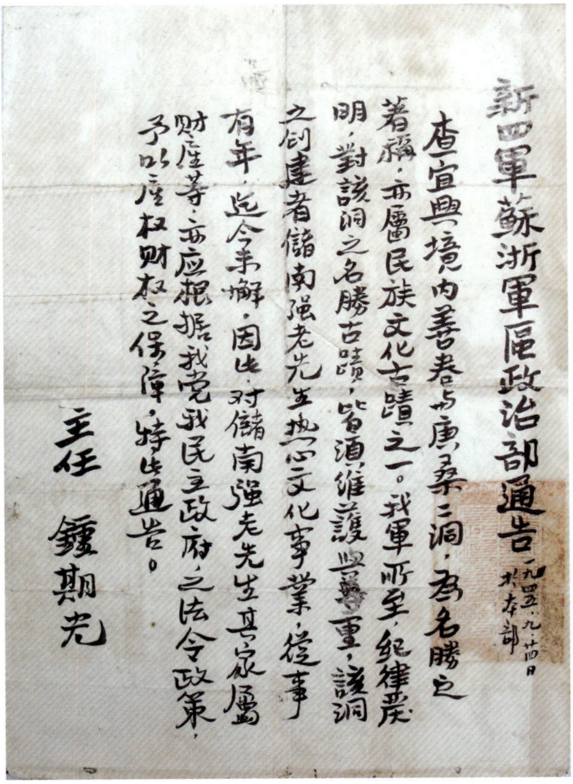
新四軍蘇浙軍區政治部通告 一九四五、九、廿四日 於本部
查宜興境內善卷與庚桑二洞，為名勝之著稱，亦屬民族文化古蹟之一。我軍所至，紀律嚴明，對該洞之名勝古蹟，皆須維護與尊重，該洞之創建者儲南強老先生熱心文化事業，從事有年，迄今未懈，因此對儲南強老先生其家屬財產等，亦應根據我黨我民主政府之法令政策，予以產權財权之保障，特此通告。
主任 鍾期光

图5-25　新四军保护两洞通告

水将家中保存的通告原件送交宜兴县文管组。1993年10月,《新四军保护宜兴两洞通告》被列为国家一级文物。原件现保存在宜兴市文物管理委员会办公室。

二、新四军墙头标语

新四军墙头标语在祝陵村国山片区5组宗炳康家西山墙,是江苏省唯一留存的新四军墙头标语。

抗日战争胜利后,国民党政府在宜溧、太滆地区重建军警特组织,不断清剿中共秘密组织和新四军留守武装,宜南山区留守新四军、武工队积极开展

图5-26 新四军墙头标语

图5-27 江苏省文物保护单位——新四军标语

“反对内战、争取和平”的宣传活动。1945年9月18日晚上八九点钟,新四军苏浙军区的一支小分队潜至祝陵村玉带桥边,一队员用笔蘸上土朱颜料,在宗炳康家西墙写下了“要求国民政府取消特务机关,释放爱国政治犯!”的标语,左下角落款“苏浙新四军”。该标语第一行12字,加逗号长6米;第二行7字,加惊叹号长3.1米;第三行落款5字。标语字宽约36厘米、高约37厘米,标语总高1.3米,距地面1.4米。次日,国民党乡自卫队将宗炳康父亲宗金大抓走,严加拷问无果,责令将标语铲掉。宗金大用石灰水拌少许河泥将标语覆盖,使标语得以完整保存。

新中国成立初期,涂在标语上的石灰、河泥逐渐剥落,新四军标语清晰地显现出来。1958年,竹海公社将此事上报至县,县文化部门派员前往调查,并建议保护。1982年3月,该标语被批准为江苏省文物保护单位。1988年,善

卷乡人民政府委托乡建筑公司为墙头标语加装玻璃框,框上端加盖石棉瓦,予以保护。2016年,墙头标语保存完整,但字迹已严重褪色。

第四节 庙 宇

民国期间,祝陵村有佛教、道教寺庙18座,其中以善卷寺最早、土地庙最多,黄墅双桥一队土地庙还存有明碑一方。

一、善卷寺

善卷寺位于座背山南麓,南朝齐建元二年(480)始建,规模恢宏,是宜兴最早建成的寺院之一。每逢农历二月初八、二月十五、四月初八、四月十五及每月初一、十五均有香会。三月廿八观蝶,十二月初八施粥,香火甚旺。宜兴沦陷期间一蹶不振。1996年、2001年复建天王殿、圆通阁,供奉弥勒、韦陀、四大天王和观世音等。

图5-28 徐达章荆溪十景·国山烟寺

二、东岳庙

东岳庙位于东坞岕西侧,南临善林公路,明代始建。庙舍坐北朝南、两开间,祀东岳大帝黄飞虎(掌管生死、贵贱、延年等)。民国期间,农历三月廿八举办庙会。今东岳庙尚存,正殿祀东岳大帝黄飞虎,偏殿祀蚕花娘娘、三官、孟姜女;两侧壁画为十殿阎王(一殿秦广王、二殿楚江王、三殿宋帝王、四殿五官王、五殿森罗王、六殿卞城王、七殿泰山王、八殿都市王、九殿平等王、十殿转轮王)。

图5-29 善权寺

三、土地庙

图5-30　国山土地庙

新中国成立初期，祝陵村尚存土地庙13座，其中祝陵一队、合兴张公主、合兴牌楼下、黄墅永兴、东黄墅、西黄墅、黄墅双桥、国山双桥阳羡塘边、国山高墩墩、董碑山下、座背山麓各1座，合兴刘家干2座。供奉土地菩萨等，农历初一、月半烧香。2016年，祝陵村仅存黄墅双桥一组、董碑山南麓2座土地庙。

链接：黄墅双桥一队土地庙

位于东蒋山北100米（善林公路南150米），庙舍2间，朝南向，西殿祀土地正神（中）、田公田母（东）、痘花娘娘（西），东殿祀观音、寿星、托塔天王诸佛神，1998年重建。西殿东山墙北角有砌入墙内的明万历碑一块，乡人有“先有碑，后有庙”之说。碑为青石质地，高100厘米、宽50厘米、厚12厘米，边有云龙纹，上有“□上庵碑记”5字碑名。“文化大革命”中受损，首字已不辨。该碑立于明万历壬寅年（1602），全碑308字，分列13行，款为“赐进士□太常寺少卿唐鹤徵立”。据留存碑文可知：该庙原名“□上庵”，始建不详，万历甲戌（1574）年前已存在。庵中有二僧，一名宽文，一名性惠。他们的师父病死时，遗田八亩，性惠复置田五亩多，寺田计有十三亩多。寺屋因兵燹倒塌。有

图5-31　双桥土地庙中的明万历碑

人云“此为黄金宝地”，挥千金如瓦砾，而自己则缁衣黄卷，直至终身。二僧感知初心，慈悲舍田十亩以赈灾民。立碑者唐鹤徵(1538—1619)，字元卿，号凝庵，明江苏常州人，隆庆五年(1571)进士，官至太常寺少卿。

四、祠山庙

祠山神张渤(俗称祠山菩萨)掌管雨旱收成，南朝梁武帝曾派人到善卷山祈雨得应。明清时期，善卷寺里建有祠山殿，专祀祠山神。清同治元年(1862)，祠山殿在太平天国战事中被毁。今祝陵村大集庵北殿合祀祠山神。国山土地庙中，也祀有祠山神。每逢农历二月初八，村民仍有祈求祠山菩萨保佑风调雨顺的习俗。

五、大集庵(痘花庙)

位于师姑山南麓，始建时间不详。清咸丰三年(1853)兵毁，同治六年(1876)重建，三开间，坐西朝东。民国期间，农历三月十七举办庙会。今正殿祀痘花老爷、痘花娘娘(掌管天花、灾病)；南殿祀如来、观音；北殿祀千手观音、韦驼、祠山神等。

六、大王庙

位于国山二组窑湾里西北，六开间，朝南向，建于清代，祀金龙四大王菩萨(船民的保护神，也称河神)。1939年，战斗报社迁至大王庙。1947年，大王庙被焚毁。(见本志《名胜古迹·纪念地》)

第五节　古树名木

一、银缕梅

1935年，植物学家在宜兴南部山区发现疑似金缕梅1株，后因抗日战争爆发，未得深究。1988年，在编纂国家珍稀濒危植物红皮书过程中，中国科学院植物研究所研究员邓懋彬等人在善卷洞风景区找到银缕梅7株，其中：今检票口北70米处1株、中洞口东北70米处1株、螺湖东侧1株、仙人桥对面山麓

图5-32　善卷洞中洞口的银缕梅

图5-33　银缕梅花

（临螺湖水面处）2株、山上应急步道下端1株、应急步道旁边1株。1991年首次观察到该梅树开花，1992年定名为金缕梅科弗吉特族银缕梅属的银缕梅。经古生物学家考证，这种银缕梅是世界上首次发现的珍稀树种，仅在6500万年前恐龙绝灭时期的地层中找到它的同类，故称之为“活化石树种”。今善卷洞风景区的7株银缕梅生长良好，植株高分别达10～20米、树冠直径达10～15米，胸径达30～40厘米。春季开银白色小花，远观犹如绒球。先花后叶，叶呈倒卵形。秋季结果，果为纺锤形。

2006—2011年，孟大饭店业主李明银在善卷洞风景区银缕梅树下拾取种子，到黄墅木瓜坞水库边育苗，先后成活银缕梅30株，现植株最大胸径已有16厘米。2010—2013年，黄墅小雷山木瓜坞村民程成从安徽金寨分3批引种银缕梅苗木300株，经数年摸索，基本掌握了栽培技术，其引进的银缕梅最大胸径已达30厘米，大部分已经开花。

二、古松柏

历史上祝陵村古松柏甚多。唐代李蠙收赎善卷寺，在重建过程中，不仅于寺内种植众多松柏，而且在玉带桥至善卷寺两里长的大道两侧栽种松柏，史籍中有“长松夹道”“其大有合抱者”“寺内古松柏如虬龙”的记载。宜兴沦陷期间，日军大量砍伐大树用于架桥和修建碉堡，古松柏几被毁尽。至1998

年，祝陵村仅存千年古柏2株。2010年，善卷洞风景区扩建改造，仅存的千年古柏被砍伐。

三、古银杏

2016年，祝陵村尚有古银杏3株，其中：玉带桥西50米（祝陵河南岸）1株，植于清初，高约25米、树冠25米、胸径约70厘米；原大王庙北2株，植于清末，高约30米、树冠约20米、胸径约70厘米。现3株古银杏生长良好，常年开花结果。

图5-34　古银杏树

四、古榉树

2016年，黄墅片区水坞岕存有古榉树1株，植于20世纪初，高约25米、树冠约20米、胸径约65厘米，现生长良好。

第六章　农　业

祝陵村属宜南丘陵地区，以冲田、榜岗田为主。封建土地制度束缚生产力，农业生产粗放耕作，农田水利设施薄弱，经常遭受自然灾害。新中国成立后，经过土地改革、农业合作化、人民公社以及农村经济体制改革，发挥集体优势，兴修水利，改良品种，革新栽培技术，推广农业机械化，祝陵村的农业生产力不断提高。1984年水稻亩产超500千克，1995年农业生产基本实现机械化。2016年，祝陵村农作物播种面积11024亩。其中：大（豌）豆5402亩，产量1975吨；小麦1763亩，亩产330千克，总产581吨；蚕豆700亩，产量231吨；水稻2294亩，亩产590千克，总产1353吨；薯类450亩，产量700吨；茶园面积415亩，茶叶产量15吨。

第一节　农业体制

一、土地私有制

与全国各地农村一样，祝陵村延续了2000多年的土地私有制。无地或少地的贫下中农为生活所迫，租种地主、富农的土地。民国时期，当地每亩地的租粮一般占正常年景产量的30%～40%，也有以雇工形式抵租的。据1950年土地改革调查资料，祝陵、双桥（国山）、黄墅、刘家干（合兴）4个村有农户802户，其中贫下中农784户，地主、富农18户。土地改革彻底废除了封建土地私有制。

二、农业合作化

1952年，双桥（国山）自然村农民黄海坤发起建立第一个常年互助组，入组农民10户、水田70亩，有男女劳力26人、龙骨车3部。土地、农具仍归私人所有，实行定额计工，等价交换，按田计算，收入归己。1953年，祝陵村建立第一个初级农业合作社，随后双桥（国山）、黄墅、刘家干村初级社相继成立。1955年秋，中共中央《关于发展农业生产合作社的决议》下发后，农业合作化运动迅速由初级社向高级社发展。1957年，祝陵、双桥（国山）、黄墅、合兴（原刘家干）高级农业合作社成立。高级社废除土地分红，土地和生产资料归集体所有，对生产队实行包产、包工、保本和奖赔制度，以社为核算单位，统一管理。社员集体劳动，定额评工计分，按劳取酬，多劳多得。

三、人民公社化

1958年8月，中共中央《关于在农村建立人民公社问题的决定》发布后，全国农村立即掀起建立人民公社的热潮。9月，宜兴县张渚区将区内高级农业合作社合并建立竹海人民公社，人民公社成为工、农、兵、学、商五位一体、政社合一的社会基层组织。祝陵、双桥隶属竹海公社善卷大队，黄墅、合兴隶属竹海公社芙蓉大队。1959年1月，竹海人民公社撤销，分立善卷公社，祝陵、双桥、黄墅、合兴隶属善卷公社。以生产队为单位办起公共食堂，粮食不再分到户，吃饭不要钱，生产“大呼隆”。

1961年5月，解散公共食堂，退还农民自留地、饲料地和“十边地”（屋边、路边、河边、沟边等大田地块以外的零碎小地块）。实行以生产队为核算单位，公社、大队不再从生产队提取公共积累。社员实行定额管理，评工记分。完成基本工，积到基本肥，可吃到基本粮（俗称“三基本”）。“文化大革命”期间，农业生产片面强调“以粮为纲”，缩减社员自留地，限种经济作物，限制发展家庭副业。“农业学大寨”时，取消定额管理和评工记分，采用“标兵工分，自报公议”的大寨式记工方式，社员出勤记“日头工”“钟点工”。

四、家庭联产承包责任制

1981年，开始推行家庭联产承包制，按劳力划分责任田，实行分户种植、自主经营，对一家一户难办的事，由集体统一服务。祝陵、国山、黄墅、合兴4个村以合兴村为试点，实施家庭联产承包。

1982年2月，祝陵、国山、黄墅、合兴4个村全面推行家庭联产承包责任制。各村按人口分口粮田，按劳力分责任田。土地为集体所有，农民享有使用权，实行分户包干，自主经营。承包户的产品及其收入，按合同完成国家和集体的任务后，均归自己所有。

第二节 农田水利

民国时期，祝陵境内水利基础设施薄弱，水旱灾害频繁。丘陵山区望天田多，塘坝小，灌溉面积少，水土流失严重，抗洪、抗旱能力弱。新中国成立后，大力兴修水利，修水库，筑塘坝，疏河道，治涧滩，护水渠，全面保障农田水利灌溉。

一、水库修建

1957年10月，黄墅水库开工修筑，黄墅、葛山、合兴、祝陵4个村组织民工集中施工。1958年9月，竹海公社组织善卷、芙蓉两个大队14个生产队的民工参加会战，善卷、芙蓉大队分别安排民工855人、212人，其中石工、木工、铁工、竹工等技术人员56人。县调派徐舍、官林地区两个民工团到水库工地突击施工1个月。翌年，善卷公社启动第二期建库工程，至11月，大坝合拢。1968年7月上旬至10月上旬，善卷公社组织黄墅水库汛期工程施工，大坝加高1.5米，以确保水库安全。1985年10月，历时28年建设的修筑工程告竣，黄墅水库成为当时宜兴第二大水库。整个工程共完成土方24万立方米、石方2.95万立方米，总用工日53万个。建成后的黄墅水库能拦蓄7.31平方千米区域来水，包括善卷洞上游离墨山2.38平方千米来水。水库总库容425万立方米，其中兴利库容308万立方米，灌溉芙蓉、黄墅、合兴、葛山、祝陵地区近300

图6-1 黄墅水库雪景

公顷水田。水库大坝为黏土均质土坝，坝长476米，坝顶宽5.5米，坝高程27.39米。迎水坡为干砌块石护坡，浆砌块石挡浪墙高1米。溢洪道为敞口式，配建有东渠道、中心渠道、环山渠道，渠道总长5000多米，1968年、1979年、1984年分别在黄墅水库东涵洞、羊子岗、西涵洞建造水轮发电机组。

黄墅水库上游构筑一座梯级小水库，称作木瓜坞水库，库容为16万立方米，具有防洪、蓄水、灌溉、养殖等功能。

二、新河开挖

1977—1982年，善卷公社组织开挖南山河。此河西起南山桥，东至葛山村，全长2.9千米，完成总土方30多万立方米，共计12万个工日。南山河面宽60米，底宽15米，河床高程为吴淞水位0.5米，从根本上解决了善卷东部地区的泄洪问题。1976—1990年，开挖合兴支河，为农田解决了灌溉水源通道。

三、明沟护砌

1977年之前，沟渠均为明沟、土渠、土沟。1990年，葛山村进行明沟护砌；1992—1994年建永久性渠道3条，总长500米，形式有石浆护砌、水泥护砌、预制板或水泥空心砖砌三种。1995年，祝陵、合兴两村按建设现代化千亩示范区的要求，建永久性渠道4672米。

四、涧河治理

1969—1970年，疏浚善卷南涧（国山—葛山）、善卷北涧（祝陵陈家坝—黄墅小双桥）。1973年，治理玉山涧（玉山—黄墅小双桥），与善卷北涧相接。治理芙蓉涧（芙蓉—黄墅小双桥），接善卷北涧。1977年，拓宽、浚深善卷北涧，建成小型泄洪河道。1977—1982年，开挖南涧，改造成南山河。1995年，在祝陵、合兴建设永久性渠道10条，总长9344米。2008年，投资150万元，开挖黄墅泄洪河道2千米，清理黄墅河、合兴河淤泥，完成土方400立方米，同时疏浚国山涧。2010年，投资120万元，全面整治涧河沿线。2013—2014年，投资80万元，修建合兴段沟渠700米。2015年，投资150万元，从黄墅水库铺设管道引水到黄墅村家塘，并建黄石驳岸；又投资50万元，开挖黄墅上片山防洪沟。

第三节　农作机具

一、耕翻机具

千百年来，祝陵村农民耕作全都依靠人力，耕作农具简易，主要有铁耙、锄头、犁耙、铁锹等。新中国成立前夕，全村仅有9户有耕牛，翻土80%以上用手工翻锄，耕作落后，劳动繁重。

1970年后，祝陵、双桥、黄墅、合兴4个大队相继购买手扶拖拉机，大队成立农机队，负责全大队的农田作业。1975—1976年，各生产队都购买了手扶拖拉机，由生产队农机员负责该生产队的农田机耕、机耙，灭茬、盖籽、开沟、压麦。农村实行联产承包责任制后，生产队手扶拖拉机卖给私人，村民种地向农机专业户租用机具。1991年，中型拖拉机开始用于农田耕作。2016年，祝陵村农田耕、耙基本租用中、小型拖拉机，收费为每亩120—140元。

二、灌排机具

历史上，祝陵村农民使用的传统灌水工具是龙骨水车和牛拉水车，一直使用到20世纪六七十年代。

1957年，双桥（国山）村购进第一艘打水机船为农田排灌。1966年，由政府投资，祝陵、黄墅、合兴大队先后建起电灌站。至70年代中期，祝陵、国山、黄墅、合兴大队引进黄墅水库水源自行灌溉。自此，打水机船灌排基本淘汰。2016年，祝陵村电灌站两台机泵的水管直径分别为12英寸和8英寸。

三、播种机具

20世纪70年代中期，宜兴县农机部门分配给双桥大队、黄墅大队插秧机各1台，由于栽插质量不过关被淘汰。1985年，祝陵村办起机械化育秧工厂，并引进插秧机5台，当年机械化插秧400亩。2003年，祝陵村农田插秧仍然依靠人工。2008年开始，基本使用稻种直播技术。

四、植保机具

20世纪60年代末，祝陵地区开始使用手提式喷雾器喷施农药。70年代初，出现背负式喷雾器。70年代中期，开始使用汽油机带动的弥雾式喷雾机，其水量足、射程远，但移动麻烦，需3人以上方可操作，加上成本大，又需用燃料，因而未能普及。随着背负式喷雾器质量的提高，以其使用方便、成本低而被广泛使用，每个生产队都有2～5台。1982年家庭联产承包责任制推行后，每个农户都购置背负式喷雾器。

20世纪70年代初开始使用的背负式手摇喷粉器，以及之后使用的汽油机动力弥雾喷粉机均未能普及。80年代初，农药档次提高，不再直接使用粉状农药，喷粉器退出农业生产。2010年后，撒肥机等进入部分农户。

图6-2 撒肥机

五、收脱机具

祝陵地区传统的收脱机具有镰刀、稻床、掼桶、连枷、翻耙、风车等。1957年秋，开始使用双人脚踏式脱粒滚筒机。1958年，双桥村脱粒滚筒改用柴油机拖动。20世纪60年代末，各个生产队普遍使用电动滚筒式脱粒机。70年代后期，开始使用稻麦两用脱粒机。1989年，合兴村引进小型割晒机和联合收割机。2016年，祝陵村农户普遍租用外来的大型联合收割机，每亩田收脱费用150元左右。

图6-3 脱粒风车

六、运输机具

祝陵村农业生产中的运输，历来以肩挑和车推为主。独轮车运输是山区农耕的特色。20世纪60年代，祝陵农户开始使用板车运送粮食和肥料。20世纪70年代开始出现手扶拖拉机运输。80年代后，拖拉机成为祝陵村农业生产的主要运输工具。

祝陵地区农船很少。罱河泥积肥的农户临时租用苏北来的小木船。新中国成立初期，部分运输石灰、石料的外地船户在祝陵定居。经过合作化和人民公社化，其船只成为各生产队的集体资产。20世纪60年代后期，各生产队开始购置水泥船，一般载重3吨～5吨。70年代后期，逐步在农船上装配柴油机、螺旋桨，成为挂桨机船。1982年联产承包制后，农船作价给农户。

第四节　粮油作物

祝陵村传统粮油作物，夏熟以小麦、油菜为主，秋熟以水稻为主，旱地作物以甘薯、油菜、黄豆、芝麻为主。民国时期，水稻亩产不足150千克，小麦亩产不足50千克。20世纪80年代起，随着优良品种的推广及农药、化肥的普遍使用，稻、麦产量大幅度提高。2016年，祝陵村种植水稻2294亩，亩产598千克，总产量1372吨；种植小麦1763亩，亩产330千克，总产量582吨；种植油菜380亩，油菜籽亩产161千克，总产量61吨；种植甘薯450亩，总产量113吨。

域内各村几个年份水稻亩产统计

表15

年份／产量／村别	1953年		1982年		2016年	
	种植面积（亩）	亩产（千克）	种植面积（亩）	亩产（千克）	种植面积（亩）	亩产（千克）
祝陵	860	150	890	540	2294	598
国山	820	140	1530	530		
黄墅	580	130	580	525		
合兴	1300	145	1300	550		

域内各村几个年份粮油作物产量统计

表16

年份	总面积(亩)	水稻			三麦			油菜籽			红薯		
		面积(亩)	亩产(千克)	总产(千克)	面积(亩)	亩产(千克)	总产(千克)	面积(亩)	亩产(千克)	总产(千克)	面积(亩)	亩产(千克)	总产(千克)
1953	3802	2430	142	345060	862	80	68960	150	60	9000	360	163	58680
1982	7030	4300	550	2365000	1860	230	427800	350	90	31500	520	230	119600
1996	6710	3900	565	2203500	1950	310	604500	360	120	43200	500	240	120000
2016	4887	2294	598	1371800	1763	330	581800	380	161	61200	450	250	112500

第五节 林特产品

祝陵山地资源丰富，适宜栽种竹、木、茶、果、桑的山地占土地总面积的40%，有成片的竹、木、茶林区。历史上，产自离墨山（国山）的“阳羡紫笋”茶、“离墨红筋”茶分别于唐、清代后期被奉为贡茶。2000年后，祝陵地区出产的“阳羡雪芽”茶和“善卷春月”茶多次获全国、省名优茶评比特等奖。经济林以刺槐、马尾松、水杉为主，竹类品种主要有毛竹、淡竹、刚竹、斑竹、紫竹、篌竹、木竹、黄苦竹、唐竹等，果树品种有桃、杏、柿、梨、枣、杨梅、青梅、樱桃、石榴、无花果、猕猴桃、李子、板栗、银杏等。2016年，祝陵村有苗木61公顷、竹林40公顷、茶园28公顷、果树19公顷、板栗11公顷，还有零星山地种植太子参、白术、桔梗、田菊等药材。

图6-4 茶园

图6-5 樱桃树

链接:黄墅茶场

1959年,在黄墅村成立善卷茶林场。1961年,在黄墅茶林场设立知青点,办起知青茶场,安排宜兴城镇为上山下乡知识青年,1970年8月更名黄墅茶场。1986年学习“善卷春月”茶制作技术。1996年,黄墅茶场改制,资产转让给村民李连林,创立“林仙”品牌。2000年,改制后组建宜兴林特产公司黄墅茶场,注册“碧螺春”商标。2009年,更名为碧绿春茶场(当地仍习惯称其为黄墅茶场)。2000年后的历任经营者:李达林、张宝发、陈静兰。1985—2005年,职工人数为30~40人。2006年后,大批雇用外地采茶工,茶场职工人数不足10人。2012年,碧绿春茶场被碧海龙潭茶场收购,创立“中稼”“怡兴红”品牌。

2016年,碧海龙潭茶场种植茶叶400余亩。茶厂占地10亩,主要设备有揉捻机、烘干机、杀青机、发电机组、20立方米冷库。主要制作碧螺春、毛尖等手工和机制茶叶,并制作“善卷春月”“竹海金芽”等名茶。

图6-6 碧海龙潭茶场

第六节 特种养殖

1990—1998年,部分村民引进蜈蚣、蝎子、海狸鼠、蚯蚓等品种繁育饲养。2007年,村民程东兴在黄墅小雷山开办东兴饭店,同时承包水面34亩,养殖青鱼、鲫鱼、鳊鱼等垂钓鱼类;2010年,引进大鲵(俗称“娃娃鱼”)养殖,取得中华人民共和国水生野生动物驯养繁殖许可证。后又投资1000多万元,在废弃宕口钻山洞、挖泉眼，建造适宜大鲵养殖的设施800平方米，聘请专家指导养殖。至2016年底，养殖大鲵3000多尾，年销售收入50多万元。

图6-7　娃娃鱼养殖

2016年祝陵村渔业养殖情况

表17

养殖户	所在片区	养殖水面(亩)	产值(万元)
黄建林	黄　墅	40	22.0
胡国保	黄　墅	15	7.5
梁洪坤	黄　墅	15	8.0
程生忠	黄　墅	15	7.0
谈勇君	祝　陵	10	6.0
沈龙根	祝　陵	10	5.0
何洪祥	祝　陵	20	11.0
蒋君达	合　兴	10	5.5

第七章　工矿业

祝陵村的手工业、采石业、石灰业发展历史悠久。汉代就开始烧制砖瓦、手工采石；唐代起酿造业、制茶业颇有名声；五代开始烧制石灰，清代至民国期间，祝陵"南山灰"誉满大江南北。新中国成立后，祝陵的工业发展迅速。1956年，国家对工商业进行社会主义改造，祝陵地区的手工业、石灰业、采矿业等纳入国家和集体经营体制。1976年，国山村创办善卷乡第一家村办企业——国山建材厂。1994年，黄墅村创办善卷矿山机械厂。1995年，域内有石灰厂11家、轧石厂6家、石材厂5家、机械制造厂7家、冶金厂3家、化工厂2家、耐火厂2家、采石矿8家、其他工厂2家。1995年起，镇办、村办企业在原承包经营的基础上改制为私营企业。2005年，张渚镇整治建材和化工企业，关闭矿山宕口，祝陵村涉及矿产建材的中小企业全部转型。2009年，江苏精诚山钙业有限公司成立，成为祝陵村规模最大的企业。2016年，祝陵村有工业企业48个，职工1400余人，年产值5.91亿元，应税销售收入5.37亿元，企业职工人年均收入5万元。

2016年祝陵村部分工业企业情况

表18

序号	企业名称	所在片区	企业负责人	职工人数（人）	产值（万元）	主要产品	应税销售（万元）
1	江苏精诚山钙业有限公司	祝陵	许国忠	280	12204	氧化钙、氢氧化钙	12204
2	宜兴市华星矿粉厂	祝陵	余　超	15	1641	重质硫酸钙	1641
3	宜兴市新万事达建材有限公司	祝陵	万三军	15	789	液压润滑材料	708
4	宜兴市中原矿业有限公司	祝陵	余　云	10	290	石灰	264

续表18

序号	企业名称	所在片区	企业负责人	职工人数（人）	产值（万元）	主要产品	应税销售（万元）
5	宜兴市锡达重质碳酸钙厂	祝陵	赵如军	10	30	碳酸钙	30
6	宜兴市国山精密铸造有限公司	祝陵	蒋伯民	36	4656	空调压缩系列产品	4233
7	宜兴市锅炉辅机仪表厂	祝陵	林孝法	36	1496	机械设备	1360
8	宜兴万事达路桥工程有限公司	祝陵	周　平	20	1307	沥青拌合、浇注	1188
9	宜兴市光正电子科技有限公司	祝陵	许凌彬	50	356	电子产品	324
10	江苏航卓建设有限公司宜兴航卓分公司	祝陵	张方群	23	311	沥青路面浇注	283
11	宜兴市洪林制箱有限公司	祝陵	王洪林	8	135	制箱、包装箱	123
12	宜兴市利源生物有机肥有限公司	祝陵	陈荣祥	10	70	有机肥料	63
13	宜兴市古今马赛克厂	祝陵	芮春桥	50	500	天然石料马赛克	500
14	宜兴市国山塑料填料有限公司	国山	刘洪生	50	1627	碳酸钙	1627
15	宜兴市鲁虹石灰厂	国山	赵如洪	35	661	碳酸钙	661
16	江苏兴湖耐火材料有限公司	国山	陈　俊	30	6115	冶金耐火材料耐火砖	5559
17	江苏东蕾科技有限公司	国山	蒋海潮	28	2638	机械加工、冷作钣金、冷镦设备	2398
18	宜兴市明达土畜产品有限公司	国山	王洪明	35	1276	兔毛加工	1160
19	宜兴市恒运通轮胎有限公司	国山	白　震	29	1200	轮胎翻新	954
20	宜兴市宏达纺织厂	国山	余建庆	30	1032	灯芯绒、牛仔布等	938
21	无锡欣迪润滑科技有限公司	国山	谢永明	18	775	工业用抗燃液压解质	704
22	宜兴市鲁虹煤业有限公司	国山	赵如洪	45	628	重质石灰	571
23	宜兴市恒开炉业有限公司	国山	王泽民	10	230	电炉、电炉配件	210
24	无锡市力亮精密机械有限公司	国山	许　亮	40	510	铸件	463
25	宜兴市安博制锁有限公司	国山	赵如根	20	249	五金制造	226

续表18

序号	企业名称	所在片区	企业负责人	职工人数(人)	产值(万元)	主要产品	应税销售(万元)
26	宜兴市南盛汽车零部件有限公司	国山	王泽民	10	132	电炉	120
27	宜兴市永金防火管道厂	国山	鲁建强	12	63	烟道	57
28	宜兴市顺意发电子有限公司	国山	管啸筠	38	56	电子产品	51
29	宜兴市恒生特钢有限公司	黄墅	李福生	28	55	弹簧钢丝	50
30	宜兴市善卷鸿祥不锈钢制品厂	黄墅	仲发祥	20	1353	钢丝拉丝	1230
31	江苏宜能耐火材料制品有限公司	黄墅	丁爱芳	30	1002	耐火砖、耐火材料	911
32	宜兴市调速电机厂	黄墅	高华强	20	98	电动机	89
33	宜兴市柯洋电子有限公司	黄墅	刘　静	15	60	电子元件	54
34	宜兴市墅兴耐火材料厂	黄墅	李红惠	50	13	耐火材料	12
35	宜兴市祥和炉料有限公司	国山	王伯军	35	523	耐火材料	475
36	宜兴市合鑫电子产品有限公司	合兴	周荣刚	15	190	电子元件	173

说明：从祝陵村迁至张渚工业集中区的企业未统计在内

第一节　手工业

一、铁业

清光绪十三年(1887)，祝陵蒋氏铁铺开始营生。民国年间，祝陵老街蒋氏铁铺生产红火，村民蒋恕生三兄弟均以铁业为生。铁铺内设大炉、中炉、小炉。大炉铸造、打制铁锹、铁耙、锄头、犁头、铡刀、板锄等大件农具，中炉打制斧头、凿子、菜刀以及木工、车工所用的快口铁件，小炉打制各种扒钉、船钉、篙钉、车钉、门搭等小铁件。1949年，祝陵村有铁匠铺2

图7-1　蒋渝凉铁匠铺(2016年)

户，1956年并入善卷铁木竹合作社，后组建为善卷农机厂。改革开放后，祝陵村又出现个体铁匠铺，主要打制农具，并按图为工厂加工铁件等。1986年起，铁匠铺用上机械气锤，减轻了劳动强度。2016年，祝陵村仅有蒋渝凉个体铁匠铺1户。

二、竹业

民国时期，祝陵村有竹店1家、竹铺1家，为前店铺后作坊。按传统手工技艺，竹器制作分为圆作、扁作和短作，制作扁担、蒲篮、脚篮、簸箕、稻箩等生产用具及竹筷、竹篮、竹凳等生活用品。1956年，竹店、竹铺加入祝陵铁木竹社。"文化大革命"开始，祝陵地区的竹器制作逐渐消失。改革开放后，祝陵村的竹器制作重新恢复，产品以旅游纪念品为主。

三、木业

民国期间，祝陵有曹永根、崔德勤、汤某某3家木匠铺，经营传统手工制作家具、独轮车、木桶、马桶、木盆等。1956年，木匠铺加入祝陵铁木竹社，专业生产各类家具和农具。改革开放后，价格低廉的塑料、橡胶制品替代传统木制品占领市场，木工作坊逐渐消失。至2016年，祝陵村除从事建筑的木工外，独轮车制作、圆木制作和家具制作的木工手艺已无人传承。

链接： 独轮车制作

独轮车又名架子车，当地俗称狗头车，其特点是既能负重，又能在小道推行，是旧时山区农民主要的运输工具，特别受山农青睐。独轮车由毂轮和车架盘两部分组成。车架盘中部有天平（安放轮子的架子），天平两侧是挑箩（堆放物品的弯架）。当载品较多、超出天平高度时，可以连同天平一并堆放。车架盘前窄后宽，两条7尺长（约2.3米）的车臂贯穿前后，安装车轮的车耳装在车臂上。毂轮由7块网板组成，网板与轴心

图7-2　民国时期崔德勤独轮车行旧址

间用撑子连接。毂轮轴长50厘米，使用时把轮轴安放在车耳下即可。传统的独轮车制作十分讲究，材料一般采用木质坚硬、纹理顺丝、韧性强、不易折断和开裂的檀木，整车制作不用一根钉子，全车有70多个榫眼，其中毂轮每块网板均由3个榫头连接。而且，所有榫眼都是斜的，每个榫头倾斜角度都不同，制作时必须特别精准，不能有丝毫误差。为增强车轮的耐磨性能，还须在木轮外包上铁制车边。清光绪二十三年(1897)，13岁的崔德勤到祝陵开办木匠铺，以制造独轮车为专长。其子崔隆祺子承父业，制作独轮车技艺更加高超。民国期间，崔家制作的独轮车用料考究，工艺精良，操作灵活，远近闻名。1933年后，采石矿区铺设了多条从宕口到窑厂及码头的小铁轨，独轮车运输量显著减少，导致独轮车需求量、制作量骤减。

第二节　采矿业

祝陵诸山蕴藏着较为丰富的石灰石、青石、白云石、大理石、石英石、黏土等矿产资源，尤以石灰石资源最为丰富。祝陵采石业历史悠久，明代县令方逢时鼓励当地村民开山采石，诗人王穉登留有“山人业采石，斧凿声铿铿，翠微破碎”的记载。

一、石灰石开采

图7-3　采石

祝陵石灰石的品种主要有白石、老常青、鱼子青，分布在国山、南山、后山、东蒋山、西蒋山等处。清代前，矿业开采限于手工。民国时期开始应用炸药，由于炸药系传统手工制作，管理和使用上也存在缺陷，经常发生事故，造成人员伤亡。新中国成立后，兴办多家采矿企业，加强了安全管理，伤亡事故大为减少。1958年，对祝陵采石矿所产白云石进行化验，其含镁率达20%、氧化钙达

31.9%。其加工成的白云砂,是炼钢、炼铁不可缺少的原料,价格为普通石灰石的4倍。1963年,矿区成立统一的采石小组。1965年,成立地方国营采石矿,设2个工段、1个车间。应用雷管引爆方法,每千克黄色炸药采石8吨左右,产量比使用黑色炸药提高1.5倍。1965年,双桥(国山)村开采石灰石20.6万吨。由于连续开采、无序开采,生态环境遭到严重破坏。2005年,张渚镇对建材行业实施整治,逐步关闭矿山宕口。2016年,宜兴市仅有江苏精诚山钙业有限公司被核准开采石灰石。

二、青石开采

青石属水成岩,呈青色、青褐色,自然形成层叠状和片状,是加工传统手工石制品和建筑石子的重要材料,祝陵、黄墅一带均有矿点。

民国时期,祝陵地区开采青石的山农众多,最多时达数百户。开采时先用山锄、铁镐、铁榔头、钢钎等工具剥离表土及风化岩片,再用凿子、楔子和铁榔头按其自然缝隙和纹路采凿,便可得到厚薄比较均匀平整的石料。山民将青石荒料加工成石墩磉、石槛、石板、猪食槽、石臼、墓碑等,裁切成各种规格的石板,用作铺路和建房基石。1956年,祝陵成立青石社。20世纪60年代开始,水泥使用逐渐普及,石材用途仅限于石板、石条、墓碑,山农在农闲时上山零星开采青石。1976年,国山村创办善卷乡第一家村办轧石厂,把青石用途扩大到民用建筑、水泥预制构件及交通工程、水利工程建设等领域。1988年,为保护国山碑,国山村关停了年产20万吨青石的开采基地。2002年后,按照宜兴市环境整治的统一部署,祝陵地区的青石宕口和轧石企业逐步关闭。

三、大理石开采

祝陵村的大理石矿区主要在祝陵后山、合兴豆腐山,其材质优良,色泽有红奶油、青灰、咖啡等。1976年建造毛主席纪念堂,选中祝陵村的红奶油大理石。村民陶小狗等技工以榔头、凿子为主要工具,在冰雪严寒中挑灯夜战,开采荒料100立方米,圆满完成毛主席纪念堂所需大理石开采任务。

20世纪70年代初,黄墅东蒋山创立大理石矿。1995年,因大理石开采资源有限,善卷镇大理石矿并入黄墅东蒋山大理石矿。1998年,大理石矿因矿源枯竭而歇业。

第三节　石灰业

祝陵村的石灰石矿分布广泛，以南山为最。其白石、老常青、鱼子青的含钙率达53%，烧制的石灰洁白、细腻、黏性强。石灰石除用于烧制石灰，还可烧制水泥，可作化工原料。民国时期享誉华东的头号“南山灰”就因原料出自祝陵南山而得名。张渚、南埠、蒲墅、善卷的石灰生产企业均选用出自南山的石灰石。

祝陵的石灰生产最早可追溯至五代时期。清乾隆、嘉庆年间（1736—1820），祝陵的石灰业十分兴旺，祝陵后街、国山窑湾里和合兴村都有当时的小石灰窑遗址。清末及民国时期，祝陵有小石灰窑10多座，烧制的“南山灰”质量上乘，十分畅销。当地烧成的石灰一般用驴、骡、独轮车运至祝陵河埠，由石灰行出售。1947—1949年，国民经济崩溃，祝陵石灰窑时烧时停，濒临破产。1950年初，双桥（国山）村成立公兴灰行。1952年，双桥、祝陵的私人窑主成立祝陵石灰联营公司，石灰产量达20万吨，比1948年增长3倍。1956年，祝陵石灰联营公司并入公私合营张渚石灰厂。1981年，祝陵、国山村相继办起石灰企业。1990年，国山石灰化工厂生产的石灰被中国石灰协会评为优质

图7-4　20世纪初的石灰生产景象

产品，名列全国第8位。1995年，祝陵、国山、黄墅、合兴4个村有石灰厂15家、立窑26座，有从业人员3053人。年产石灰215万吨，产值2.65亿元，利润1028.56万元。进入21世纪，石灰的市场需求量大幅减少，石灰产能过剩。2005年，石灰窑被列入工业污染整治对象。至2009年，村内大部分石灰窑关闭、拆毁，仅剩几座采取烟尘、污水治理措施的生产碳酸钙所需的石灰窑。为有效利用当地优质石灰石资源，兴建大型全封闭、环保型石灰生产企业并配套矿山开采宕口。2016年，祝陵村拥有全市唯一的石灰生产企业江苏精诚山钙业有限公司。

民国时期祝陵石灰窑（馒头窑）统计

表19

窑 主	窑的位置	数量（只）
余和金	祝陵河南岸、祝陵桥东	1
吕加其	祝陵河南岸、祝陵桥东	1
宗寿春	祝陵河南岸、祝陵桥西	1
闵章大	祝陵河南岸、祝陵桥西	3
鲁泽清	祝陵河南岸、玉带桥东	2
闵汉余	祝陵河南岸、玉带桥东	2

1995年域内石灰厂（立式窑）产量产值统计

表20

企业名称	厂 址	建厂年月	产量（吨）	产值（万元）	利润（万元）	职工人数（人）	固定资产（万元）
石灰化工厂	国 山	1976.01	105300	3568	115	256	918
石灰石矿	祝陵9组	1978.03	133495	1552	5	245	7253
善卷化工厂	国 山	1979.03	52528	803	11	100	143
祝陵石灰化工厂（祝陵石灰一厂）	祝陵9组	1979.10	56120	507	7	110	163

续表20

企业名称	厂　址	建厂年月	产量（吨）	产值（万元）	利润（万元）	职工人数（人）	固定资产（万元）
国山石灰厂	国　山	1981.12	54260	812	10	80	89
国山建材厂	国　山	1995.01	21181	264	1.56	50	271
祝陵石灰二厂	祝陵8组	1990.10	42392	478	6	65	162
合兴石灰厂	合　兴	1985.07	69700	549	9.5	110	88
黄墅建材厂	黄　墅	1991.03	66000	655	20	80	112
祝陵建材厂	祝　陵	1992.01	36500	249	31	40	164
合兴石灰二厂	合　兴	1994.01	76000	680	10.5	60	241

链接：　南山灰

五代时，祝陵村就出现了石灰生产。祝陵村的南山以及黄墅、合兴、玉山、南坝等地开采的石灰石都是上等的石灰原料。因交通不便，每天从采石场到祝陵的路上，人们常用骡、驴驮运，或用独轮车推运至祝陵的河埠和窑场。

清末及民国时期，祝陵河南岸有石灰窑10多座。石灰窑呈馒头状，窑身用块石砌成，高七八米，直径约3米，上大下小。窑的一侧开门，用于装窑、烧窑、出窑。原料石块须用锤子敲击成小块料石。工人肩挑100千克至150千克的料石，沿着40度斜坡的螺旋状盘道登上窑顶装窑，劳动强度非常大。装窑后封窑门，用松枝等柴草作燃料。窑口架桥设火道，四周通烟道，窑顶用烂石灰封顶，旺火烧5～7天，然后焖火3天，冷却后出窑。从装窑到出灰，一个周期要10～15天，每窑可产石灰50吨～100吨。每个石灰窑有大师傅1名、窑工3名负责烧窑，大师傅是烧成的关键人物，窑温、火候全由大师傅根据经验掌控。土窑烧制的石灰块状均匀，无煤渣、少生灰，质地洁白、细腻、黏性好，在上海市场享有“头号灰”美称。

祝陵地区烧制石灰就地取材，以柴草为燃料，烧制过程长、窑温难以掌控。1920年，上海工商业家刘鸿生用煤作燃料烧制石灰获得成功，焙烧周期缩短，质量保证，产量倍增。1951年，祝陵组建石灰联营处经销石灰。1956年，祝陵、祖山、张渚3家石灰联营处组建公私合营张渚石灰厂，石灰生产、销售走向规模化。改革开放后，祝陵村派烧窑师傅到外地学习，引进新型立式窑和鼓风机组助燃工艺技术，单窑产量提高30%～40%。1995年，祝陵村开发重质碳酸钙等"南山"牌系列产品，享誉大江南北的老品牌"南山灰"再创辉煌。

第四节　石料加工业

1976年，双桥（国山）村创办青石轧石厂，利用采石剩下的废料生产白石子，后发展到黑色、桃红、黄色、咖啡、普白等品种和2号、3号、4号、5号等规格，年产各类水磨石子1万吨。1995年，村办轧石企业有祝陵水磨石厂、国山建筑材料厂、黄墅轧石厂、玉山轧石厂、合兴建材厂、合兴建材分厂6家；大理石加工企业有善卷大理石厂、江南石材厂、善卷石材厂、大理石锯板厂、南方石材厂5家。2005年，为保护生态环境，石材厂全部关闭。2012年，宜兴市古今马赛克厂由张渚迁入，利用石灰石原石制作各种马赛克，产品大部分出口，远销美国、加拿大、欧洲。

1995年域内轧石厂统计

表21

企业名称	厂　址	建厂年月	产量（吨）	产值（万元）	利润（万元）	职工人数（人）	固定资产（万元）
祝陵水磨石厂	祝陵8组	1978.08	93000	348	11.00	50	93
国山建筑材料厂	国　山	1982.03	221000	331	40.35	70	103
黄墅轧石厂	黄　墅	1983.09	250000	535	25.00	50	63
玉山轧石厂	祝陵5组	1987.04	100000	174	25.00	30	35
合兴建材厂	合　兴	1990.01	351000	631	45.95	100	58
合兴建材分厂	合　兴	1992.09	110000	198	5.52	29	74

1995年域内大理石加工厂统计

表22

企业名称	厂址	建厂年月	产量（立方米）	产值（万元）	利润（万元）	职工人数（人）	固定资产（万元）
善卷大理石厂	国山	1974.08	139300	1393	2.00	58	277
江南石材厂	国山	1990.01	6350	894	20.00	50	295
善卷石材厂	国山	1992.01	39467	592	3.78	35	144
大理石锯板厂	国山	1994.07	2800	229	-4.72	10	87
南方石材厂	国山	1994.10	102000	1178	20.00	38	145

第五节　耐火业

1966年，善卷公社在祝陵创办宜兴县善卷耐火电瓷厂，年销售收入不足30万元。1977年转给国山村，移址另建新厂。同年，黄墅村、合兴村相继创办耐火材料厂。1978年，黄墅村创办善卷校办保温材料厂，固定资产26万元，当年产值143万元、利润6万元。1979年，国山村创建国山特种耐火厂，固定资产27.87万元，当年产值131万元、利润5.8万元。1992年，宜兴市善卷耐火电瓷厂与无锡太湖锅炉厂合作，投资180万元建隧道窑1座，更名为江苏兴湖锅炉材料厂。2016年，祝陵村有耐火企业5家，年产值7300万元，应税销售收入6500万元。

1995年域内耐火企业统计

表23

企业名称	厂址	建厂年月	固定资产原值（万元）	主要产品	产值（万元）
江苏兴湖锅炉材料厂	国山	1976.06	283	黏土耐火砖	1408
国山特种耐火厂	国山	1979.02	28	耐火砖	131
善卷校办保温材料厂	黄墅	1982.11	23	黏土耐火砖	20

2016年祝陵村耐火企业统计

表24

企业名称	法人代表	职工人数（人）	产值（万元）	应税销售（万元）
江苏兴湖耐火材料有限公司	陈　俊	200	5500	5019
江苏宜能耐火材料制品有限公司	丁爱芳	30	1000	872
宜兴市祥和炉料有限公司	王伯军	23	500	466
宜兴市墅兴耐火材料厂	李红惠	15	150	125
宜兴市恒升炉业有限公司	李福生	13	150	118

第六节　机械修造业

1956年，善卷铁木竹业合作社生产锄头、铁耙、镰刀等传统小型农具。1958年，在铁木竹业合作社基础上成立善卷农机厂，逐步发展成为以机械加工、制造为主的机械修造企业。1990年，宜兴市南方热处理设备厂创办，生产无马弗履带式渗碳淬火炉，产品获国家专利，并通过省部级鉴定，其硬度与光洁度比盐浴等方法淬火的零部件更佳，赢得市场信誉。1993年，昌海机械厂创办，年产7.5千瓦、11.5千瓦、14.5千瓦的鼓风机100余台。1994年，黄墅村创办善卷矿山机械厂，主产品为凿岩机。2016年，祝陵村有机械修造企业4家。

图7-5　机械修造厂

1995年域内机械制造企业情况

表25

厂　名	地址	建厂年份	固定资产原值（万元）	职工人数（人）	主要产品	产值（万元）
锅炉辅机仪表厂	国山	1956	187	60	石英水位表	1371
调速电机厂	国山	1986	422	110	调速电机	2540
善卷矿山机械厂	黄墅	1994	50	20	凿岩机	100
南方热处理设备厂	国山	1991	25	20	淬火炉	810
机械制造厂	祝陵	1990	90	30	冷墩机、低速电机	200
兴达钢模扣件厂	黄墅	1993	69	40	钢模、扣件	400
昌海机械厂	祝陵	1993	80	30	鼓风机、热水器	100

2016年祝陵村机械修造企业情况

表26

企业名称	地址	法人代表	职工人数（人）	主要产品	产值（万元）	应税销售（万元）
宜兴市锅炉辅机仪表厂	祝陵	林孝法	36	机械设备	1500	1360
宜兴市调速电机厂	黄墅	高华强	20	电动机	100	90
宜兴市国山精密铸造有限公司	祝陵	蒋伯新	36	空调压缩系列产品	4656	4233
无锡市力亮精密机械有限公司	国山	许　亮	40	铸件	510	463

第七节　纺织工业

1985年，善卷乡投资180万元在国山村创办宏达纺织厂。建厂初期生产单一的白坯布，后增加人造棉以及绢、丝纺系列产品。1994年，有职工110人，年产值800万元。2002年后，主要产品为灯芯绒、绢丝纺、棉麻布及牛仔布等系列产品。2016年，宜兴市宏达纺织厂有职工30人，年产值1300万元，应税销售收入1083万元。

第八节　化学工业

祝陵最早的化工产品是1932年开始制作的火药，广泛应用于采矿作业。1989年，善卷镇在国山创办大吉化工厂，生产氯化石钠，时有职工95人，年产值900余万元。1994年，合兴村创办建诚塑料有限公司，生产PVC电缆密封胶，年产值100余万元。1995年，在祝陵村创办宜兴市华中化工有限公司，生产经营氯化石蜡、不饱和聚酯树脂等产品。2005年，无锡通利来轮胎工业有限公司从张渚迁至祝陵国山片区，更名宜兴市恒运通轮胎有限公司，经营汽车旧轮胎翻新再利用业务，年产值200万元。2016年，宜兴市恒运通轮胎有限公司产值1200万元，应税销售收入954万元。

链接:於祥和火药店

祝陵一带矿产丰富,民国年间开始使用火药采石,祝陵周边石料开采所用的火药需求量很大,祝陵於祥和火药店应运而生。当时制作火药的基本原料硝、木炭、硫磺等在市场上能够买到,为火药生产提供了基本条件。於祥和在玉带桥北堍的住处土法上马制作黑火药,主要用于石料开采、烟花爆竹原料,以及山区猎人的枪药。

火药制造属高危作业,於祥和胆大心细,刻苦研究火药制作配方,开发多种用途的火药产品,成为当时当地独一无二的品牌。新中国成立初期,於祥和在店铺内制作火药的过程中,发生意外爆炸事故,於祥和严重受伤,从此歇业。

图7-6　火药店旧址

第九节　其他工业

一、食品加工业

1.酒坊

1935年,村民崔隆祺在祝陵河南岸干茅墩附近开设酒坊,酿造失传多年的祝陵酒。在木桥北堍东侧,开了一爿两间门面的崔元兴酒店,出售自制的祝陵酒,深得当地窑工、船工、采石工的青睐。崔隆祺之子崔锡林传承父亲的制酒技艺。1953年粮食统购统销后,酒坊歇业。

链接:崔隆祺酒坊

崔隆祺酒坊位于祝陵河南干茅墩,厂房2间,进深十二三米,一间是糟坊,一间做摊场,置有七石缸18只,主要制作烧酒和米酒。

崔隆祺酒坊自制酒药丸,即用芝麻花加入陈年酒药丸粉碎,再加入米粉,发酵后晒干,然后试验效果。如效果欠佳,则须配料重做;如效果不错,即可保存待用。

烧酒的制作方法:把米、麦蒸熟稍凉一下,于烫手时取出,摊在3米多长、2米多宽的晒垫上,加入酒药丸与粉拌和均匀,盖上棉被,让其自行发酵。发酵时间冬夏不同,一般冬季7天、夏季5天。原料发酵后,放入直径2米多的枕锅,3桶原料加100千克水,上架锡锅。灶内旺火烧,蒸汽上升后,经锡锅冷凝,重的是水,即漏下,轻的是酒,从小孔里流出。50千克米,一般出头曲酒10多千克、二曲酒5千克多。

检验酒的品质,即把酒冲入杯中,面上酒花(气泡)越多,酒越好。面上铺满酒花,则最好。

2.砻坊

旧时祝陵村民在家中用石磨(石臼)将稻谷加工成米。1938年,陆军33旅进驻祝陵,军粮需求量很大,双桥张瑞麟利用住房开设砻坊,用木砻加工军粮,不久停办。抗日战争胜利后,祝陵村民宗寿春在锦袍桥南住所开设舂米坊,用石臼手工舂米,新中国成立后歇业。

3.豆腐坊

1946年,祝陵村村民宗善春(女)在祝陵河南、锦袍桥西开设豆腐坊,制作豆腐、油豆腐、素鸡、百叶等。1953年粮食统购统销后,豆腐店歇业。改革开放后,宗善春的儿子在国山2组重新开设豆腐坊,现仍从事豆制品生产和销售。

二、钢丝绳生产

1985年,祝陵村创办恒生特钢制品厂,生产弹簧、席梦思钢丝。年生产能力1000吨左右,年均产值450万元。1985年7月,黄墅村创办钢丝绳厂。1993年,增设预应力钢丝生产线。生产混凝土用钢丝和碳素弹簧钢丝、预应力钢丝、矫直回火和异型刻痕钢丝。产品广泛用于铁路、桥梁、大型屋架及民用预制楼板等。碳素弹簧钢丝规格有直径0.4毫米~10毫米,多用于制作弹簧,广泛用于纺织机械、轻工等行业。1997年10月,祝陵村创办鸿祥不锈钢制品厂,主要生产不锈钢清洁球等产品,拥有3条拉丝生产线、20台制球机、350千伏电炉等生产设备,具有年产清洁球400吨的能力。

三、车辆制造

1996年，江苏昌达车辆有限公司创办，主要生产拖拉机变型运输机、低速载货汽车和挖掘机、推土机。2012年，研发生产防爆柴油机无轨胶轮车。

1998年9月，宜兴市兴电汽车有限公司创办，经营汽车修理、配件供应、外包生产汽车大梁等业务。1999年，生产汽车大梁3600根，产值1500万元。2000年，开始生产“兴田”牌农用汽车，至2003年累计生产1000多辆，销售收入3000多万元。2004年后，主要经营汽车销售、拖拉机零配件供应，成为中国重汽4S定点服务单位。

第十节　企业简介

一、宜兴市锅炉辅机仪表厂

前身为1958年创立的善卷农机厂(市属大集体)，1980年改名宜兴市锅炉辅机仪表厂，成为锅炉行业配套水位计及辅机定点生产企业。1995年改制为民营企业，厂长林孝法。2008年在开发区征地25亩，新建江苏东宝热能厂，主要产品为多种型号的“东宝”牌石英玻璃管液位计、双色水位计、电接点液位计、给煤斗、刮板式出渣机、圆盘式出煤机、抛煤机、除尘设备和脱硫设备

图7-7　宜兴市锅炉辅机仪表厂

等，产品销售遍及全国各地800多家电力、化工、造纸、纺机企业。2016年，厂区面积41亩，建筑面积6.5万平方米，实现应税销售1360万元。

二、江苏兴湖耐火材料有限公司

公司位于祝陵村国山片区，前身为1976年创建的乡办企业宜兴县善卷耐火电瓷厂，厂长徐贵元。1988年由原副厂长丁来娣承包。1992年，与无锡太湖锡炉厂合作，更名为宜兴市兴湖锅炉材料厂。1995年改制为民营企业，厂长丁来娣。1999年，陈俊接任厂长，先后投资了宜兴市兴兰化工厂、宜兴市兴湖建材厂、宜兴市兴湖琉璃厂，兼并宜兴市国山特种耐火厂。2005年，征地35亩、投资3000万元建新厂，2008年落成，更名为江苏兴湖耐火材料有限公司。至2016年，企业厂房建筑面积2.5万平方米、固定资产6500余万元；拥有职工200余人，其中工程师5名、助理工程师5名、技术员8名。主要生产设备有连铸三大件成型生产线双介冷等静压机2台套、300℃烘干房8条、1350℃天然气及电炉烧成窑6座、53米和43米烧成隧道窑各1座、各型磨擦压力机10台、各型湿碾机6台、电烘房1座及成套耐火原材料加工设备，生产各类粘土质、高铝质、轻质、高温耐磨不定形等耐火材料，连铸铝碳质、铝锆碳质长水口、浸入式水口、中间包水口、整体塞棒、中间包浇注料、镁钙质涂料，免烧钢

图7-8 江苏兴湖耐火材料有限公司

包座砖、铸口砖、塞头砖、万能砖、袖砖等一系列浇注高温耐火砖。2016年,实现工业产值6115万元,应税销售5559万元。

三、宜兴市国山塑料填料有限公司

公司前身是创办于1976年的善卷石灰化工厂(乡办),有2座立窑,年产“南山”牌石灰5万吨。1995年对产品进行开发延伸,更名善卷碳酸钙厂。1996年改制,由陈洪生任总经理,仍沿用原厂名。2003年,在祝陵善卷洞南征地15亩,扩大企业规模。2009年,企业更名宜兴市国山橡塑填料有限公司,主要生产轻质碳酸钙、建筑石灰、冶金石灰等高钙石灰。建有全封闭、高环保立窑1座,年生产能力为优质高钙石灰、碳酸钙15万吨,产品除用于建筑外,广泛应用于橡塑填料。公司传承了“南山灰”品牌,质优价廉,热销于苏北一带。2016年,实现应税销售1627万元。

图7-9　宜兴市国山塑料填料有限公司

四、宜兴市宏达纺织厂

1985年,善卷镇投资180万元在国山村创办宏达毛纺织厂,从生产单一的白坯布开始,逐渐增加人造棉及绢、丝系列产品。1995年,工厂由余建庆承包。1998年改制并改称宜兴市宏达纺织厂,主要生产灯芯绒及绢丝纺麻粘、麻棉系列产品。2016年,企业有职工50人,有纺织机70台及其配套设备,年产灯芯绒坯布等系列产品300万米，实现产值1032万元，应税销售938万元。

2016年9月，宜兴市宏达毛纺织厂投资1000多万元，新建宜兴市宏达电子厂，生产电子数码管配套电子元器件、塑料件，当年产量6000万件(套)，产品销往浙江、广东一带的冰箱、空调企业，当年产值达2000万元，完成了转型发展。

图7-10　宜兴市宏达纺织厂

五、宜兴市恒运通轮胎有限公司

公司位于祝陵宜广公路善卷加油站斜对面。前身为1994年创办的张渚镇办企业——中外合资无锡通利来轮胎有限公司，主要从事旧轮胎翻新。2005年改制买断，搬迁至祝陵国山工业集中区，扩建厂房，2011年又引进新生产线1条。公司利用预硫化翻新技术，从事大型旧轮胎翻新。旧轮胎经过加层刻花翻新后，使轮胎生命得到延续，先进的翻新工艺和优质的原材料保证了翻新轮胎的安全，其价格仅为新轮胎三分之一，安全运行里程达新轮胎的80%，是一项可持续发展的资源再生型产业。公司经科技攻关、提高、创新，获得江苏省信用企业管理贯标证书，通过质量管理体系认证、环境管理体系认证，为中国轮胎循环利用协会理事会会员单位、中国轮胎翻修与循环利用协会会员单位。产品广泛用于公交、客运、货车运输，销于长三角沿海发达地区。2013年公司评选为无锡市诚信经营示范企业。2016年公司占地面积16亩，建筑面积7000平方米，有生产线2条、职工30人，年产翻新轮胎6万条，实现产值1200万元,应税销售954万元。该公司被福建建新轮胎有限公司授权为苏南集团用户代理商。

图7-11　宜兴市恒运通轮胎有限公司

六、江苏昌达车辆有限公司

公司创建于1996年2月,由启东市汇龙镇迁至祝陵村,新建厂房,增加设备,取名江苏昌达车辆修造厂。工厂主要组装“善卷”牌变型运输机、“东蕾”

图7-12　无锡市昌达车辆制造有限公司(原厂房)

牌低速货车。其研发和制造的WC1.8、WC3、WC20R防爆柴油机无轨胶轮车，主要用于煤矿井口到井下工作面材料、设备、人员和矸石的直达运输，能很好地适应煤矿井下有瓦斯气体和长坡巷道的环境下工作。2007年1月，江苏昌达车辆有限公司迁至宜兴市张渚工业集中区，法人代表宗永伟，注册资本5028万元。主营农用车、汽车配件、五金的制造及销售，防爆柴油机、防爆柴油机无轨胶轮车、矿用机械的制造。2016年，该公司销售各类车辆1572台，销售收入1.96亿元。

七、宜兴市古今马赛克厂

2005年，工厂在张渚工业集中区创建，占地5亩，建筑面积4000平方米。主要生产石料马赛克，年产值500万元。2012年，收购祝陵国山众材石艺厂，扩建后的新厂占地7.5亩、建筑面积5000平方米，有各类机器30台。工厂按订单定制各类马赛克砖，产品大部分外销美国、加拿大及欧洲。2016年有职工50人，实现产值500万元，应税销售500万元。

图7-13　宜兴市古今马赛克厂

八、江苏精诚山钙业有限公司

公司成立于2009年3月，注册资本8200万元，主营业务为制灰用石灰岩的开采、石灰的制造与销售。江苏精诚山钙业有限公司是祝陵村规模体量最大的工业企业，也是宜兴市唯一的氧化钙生产厂家。公司位于祝陵村精诚山路，占地150亩，紧靠内河，水陆交通便利。年生产规模为：氧化钙30万吨、氢氧化钙10万吨。所配套矿山宕口块石质量一流，其100%成熟率的生石灰氧化钙含量大于93%，生石灰平均氧化钙含量为大于86%，有效钙稳定在85%左右。石灰产品主要服务于冶金、化工、电厂脱硫等行业。2014年，公司投资建造石灰生产水沫除尘器14套、烟气除尘器8套，购入洒水车2台，对生产中出现粉尘、噪音的环节采取全封闭式车间、设备改造，工艺先进，环保达标。2016年，公司有员工280人，年生产石灰90万吨、优质氧化钙30万吨，实现应税销售1.22亿元。

图7-14　江苏精诚山钙业有限公司

第八章　商贸服务业

祝陵村山水秀丽、人杰地灵，远古的善卷归隐、孙吴的国山封禅、东晋的梁祝传奇、南齐的善卷禅寺，曾引来无数文人墨客寻幽探胜、善男信女烧香拜佛，带来商贸业的发展。这里汉代开始采石，五代开始烧制石灰，唐代祝陵酒远近闻名，明清成为石料、石灰的集散中心。采石工、烧窑工、搬运工、船工等在此聚集，加上祝陵人口稠密，坐商在此开店，行商到此交易，商贸服务业发达。

第一节　商业体制

一、个私商业

新中国成立前夕，祝陵街区有各类个体店铺23家，主要是南货店、小吃店、酒店、理发店、竹器店、茶馆、浴室、石匠铺、铁匠铺、木匠铺、肉墩头、鱼摊、菜摊等。1955年，国家对私营工商业实行社会主义改造，个体商业一度消失。改革开放后，个体商业重现生机，随着社会主义市场经济的发展，私营商业趋于鼎盛。2016年底，祝陵村有个私商店260余家，其中善卷路、涌金路交汇处的中心街区就有242家。各自然村还有方便村民购物的小店10家，分别是祝陵片区

图8-1　民国时期裁缝铺遗址

的盛小军店、吕南松店、鲁枝松店,合兴片区的李小树店、周国强店,黄墅片区的何桂良店、施贤成店、陈联军店、罗志南店、刘小花店,合兴、黄墅还有摩托维修等个体经营户。

二、合作商业

新中国成立初期,合法经营的私营商业受到政府保护,但一些资本较为充裕的经营户思前顾后,左右观望,商业发展举步维艰。

1955年开始,贯彻执行对私营工商业"利用、限制、改造"的政策,把私营工商业逐步纳入社会主义轨道。祝陵铁业、木业、竹业的经营者纷纷加入善卷铁木竹业生产合作社,黄秀娥、于祥华、叶荷超、钱琴大等个体商户带股合并,组成祝陵合作商店,芮荷英任负责人。散落于祝陵周边的个体剃头匠组成合作理发店,集中在灰堆头店营业。1963年,徐长福、朱顺仙等人开办祝陵饭店,1974年并入祝陵合作商店。祝陵浴室、招待所等成立祝陵综合商店,金文才任负责人。祝陵、双桥、黄墅、合兴大队的商店也并入祝陵综合商店。1984年,祝陵综合商店更名为善卷商店,1986年并入善卷供销社。

三、供销合作商业

1.祝陵供销部

1957年,组建祝陵供销部,祝陵村民响应乡政府号召积极参股(每股2.5元)。供销部经营南货、百货、棉布、烟酒糖、副食共2000多个品种,并下设收购站,收购农副产品和废品。1963年,祝陵供销部并入张渚供销社,更名为善卷购销站。1966年,设立代购代销店。1983年,以乡建社,组建善卷供销社。1984年,善卷供销社下属祝陵供销部实行承包经营。至1995年,祝陵供销部拥有营业用房和仓库共计2000平方米,设立农机、生资、收购、副食、棉布、百货、针织、五金、交电、综合批发等柜组。2000年,祝陵供销部实行改制,年满50周岁的男职工和年满45周岁的女职工办理内退手续,其他职工买断工龄,剩余资产向社会公开拍卖或出租。2005年,社员股金兑付结束。

2.收购站

1957年,祝陵供销部成立后即建立收购站,以收购鲜桃为主。祝陵村桃园队当时为宜兴六大鲜桃产地之一,每年鲜桃上市,收购站都派人上门收购,销往宜兴。收购站还收购废品、中药材(蜈蚣、柴胡、桔梗等)、皮毛(黄鼠狼皮、羊皮、牛皮、狗皮、獾皮、兔毛等)等。其业务后被代购代销店所取代。

3.代购代销店

1966年,善卷购销站在祝陵、双桥、黄墅、合兴4个大队设立代购代销店(俗称双代店或下伸店),资金由供销社拨给,人员由大队安排,接受大队和供销社双重领导。1979年后,商业体制改革,原属统派统购的物资和计划商品逐渐放开,双代店陆续转为个人经营。1986年,双代店全部歇业。

四、国营商业

在计划经济时代,国营商业是商品经济的主要形式,在商贸服务业中占主导地位。

1.粮油经营

1953年前,粮油产品由私商经营。1953年,国家对粮油实行统购统销,对粮食、油菜籽均按任务收购。1955年,粮食、油料购销划归粮食部门管理。1958年,在祝陵成立善卷乡粮油管理所,属全民所有制性质,对粮食、油料实行专营。1985年,国家将统购统销指令性商品改为指导性计划商品,祝陵、国山、黄墅、合新村对小麦、稻谷实行合同定购。1993年4月1日,粮油经营和价格全面开放。1994年,全面取消粮票、油票,放开粮油价格,取消粮油统一经营。

2.生猪经营

1953年前,生猪实行自由收购政策。1953年起,祝陵地区的生猪主要由国营商业收购并对符合出口标准的头重65千克以上的生猪奖售饲料,不符合出口标准的生猪由供销社或私商收购。1961年,祝陵地区农民出售生猪头重超过50千克的,超过部分奖售饲料粮,每头生猪返销猪肉7.5千克给出售者。1963年,善卷购销站在祝陵村设立第一个生猪“三就店”,实行就地收购、就地宰杀、就地销售,每日宰杀一头生猪。1978年后,生猪收购价从每50千克66元提高到76元。1980年,善卷购销站鲜肉门市部划归张渚食品站,成立善卷食品组,在黄墅大队增设“三就店”。1987年,善卷食品组更名善卷食品站,属全民性质。1995年,生猪收购价格从1985年的每50千克98元调至140元~150元;鲜猪肉零售价调整为每千克14元。2000年,商业企业实施改制,善卷食品站撤销。

五、金融业

图8-2　宜兴农村商业银行祝陵支行

1954年成立善卷信用社，祝陵、双桥（国山）、黄墅、合兴村民入社参股。1979年，善卷信用社和农业银行善卷营业所合署办公，1995年又分开营业。2005年，善卷邮政所在善林路南侧开设新的营业点，办理存贷款、理财、代收代付、代理保险等业务。2006年，宜兴农村合作银行成立，善卷信用社属其管理。2010年9月，成立宜兴农村商业银行善卷支行，为祝陵村民办理存贷款、贴现、外汇、理财与保险、寄存业务。2016年，善卷支行存款余额4亿元、贷款4.2亿元。

六、乡（镇）办商业

20世纪80年代开始发展乡（镇）办商业，由乡（镇）工业公司、多种经营服务公司管理，主要业务有燃料供应、茶叶销售和餐饮服务。1980年，乡工业公司投资48万元，在善卷洞后洞建国山饭店。1992年，乡煤炭物资公司收购国山饭店，对国山饭店进行全面改造。1993年，投资180万元新建钟秀楼，安装锅炉、程控电话，建设标准客房。

第二节　民国街市

民国年间，祝陵河北侧是一条繁华的街道。东起锦袍桥、经玉带桥往西至窑湾里，近1000米的街面上，分布着各种店铺、摊位30余处。店铺大多小本经营，一般不雇工、不收学徒，“夫妻老婆店”较多。除规模较大的范炳章南货店外，多为自产自销店或代销店。抗日战争期间，祝陵店铺冷落，市场萧条。抗日战争胜利后，歇业者重新开业，祝陵街市逐渐恢复。除店铺集市外，每日清晨，附近的农民、渔民会到太平桥出售时令蔬菜、鱼虾、禽蛋、山货等。

图8-3 民国时期祝陵浴室旧址

图8-4 民国时期祝陵崔元兴酒店旧址

早市过后,他们会到茶馆、酒肆坐坐,听听东南西北的新闻,有的吃过午饭才回去。铁匠铺旁边的茶馆,经常有人“吃讲茶”,即村民发生纠纷,请德高望重的长者到场,边喝茶边进行调解。

民国年间(抗日战争前)祝陵主要商铺分类

表27

行　业	店铺数(个)	行　业	店铺数(个)
南货、杂货店	4	石匠铺	1
石灰铺	6	独轮车铺	1
酒肆、饭店	1	酒坊	1
肉铺	2	火药铺	1
豆腐店	1	浴室	1
铁匠铺	2	老虎灶	2

新中国成立前夕祝陵河沿岸商铺分布

表28

地段	商铺名称	经营者	位置
川张公路东	春米坊	蒋恕生	祝陵河北、锦袍桥东北
	肉墩头	宗寿春	春米坊西
	混堂(浴室)	张小青	肉墩头西
	南货店	张大青	浴室西
	南货店	范炳章	张大青店对面
	米坊	莫应香	南货店西北
川张公路西	裁缝店	戎仁财	祝陵河北、川张公路西50米
	铁匠铺	蒋恕生	裁缝店西
	铁匠铺	蒋廷生	蒋恕生铁匠铺西南
	石匠铺	蒋焕生	蒋恕生铁匠铺西北
	茶馆	—	铁匠铺西
	水果店	川林伢	茶馆西
	豆腐店	—	水果店西
	饭店	王银根	豆腐店西
	烧饼店	苍来生	饭店西
	老虎灶	周泉清	烧饼店西
	理发店	周宽德	老虎灶西
	杂货店	史金福	理发店西
	土杂店	陈春林	杂货店西
太平桥西	菜市	菜农	太平桥东、西两塊及太平桥两侧
	鱼市	渔民	
	水果店	杨枣荣	太平桥西北

续表28

地段	商铺名称	经营者	位置
玉带桥西	肉墩头	陈富奎	祝陵河北、玉带桥东北堍
	裁缝店	戎仁富	玉带桥西北
	烧饼油条店	刘林大	裁缝店西
	火药店	於祥和	烧饼油条店西
	石灰经销处	闵章大	火药店西
	卷烟店	周根生	火药店西30米
	崔元兴酒店	崔隆祺	玉带桥西100米
	独轮车铺	崔德勤	祝陵河南、窑湾里东北
	酒坊	崔隆祺	祝陵河南、窑湾里东北100米

第三节　中心商贸区

1979年后，个体经济逐渐恢复并迅速发展，祝陵、双桥（国山）部分村民利用善卷洞旅游的有利条件，在涌金涧东岸建立陶瓷市场。1992年，善卷乡政府在祝陵建设善卷综合市场，吸引了祝陵地区众多个体商户进入市场。2016年底，祝陵村川张公路与善林公路交汇处的商贸集中街区，有各类商贸经营户250家，分属百货服装、五金电器、餐饮住宿、南货杂货、陶瓷茶具、土特产品、烟酒副食、建筑装潢、金融保险、通信广电、生产资料、医疗卫生、文化娱乐、车辆修配、美容美发、养生保健、蔬菜水果、猪肉水产等20多个门类。其中：公营商户8家，占3.2%；私营商户242家，占96.8%。

一、陶瓷市场

1979年，当地村民在善卷洞后洞涌金涧东搭建简易板棚，经营紫砂壶杯、陶瓷玩偶等旅游纪念品，形成陶瓷市场。1991年，善卷乡政府在善卷寺旧址建造1200平方米、40个摊位的陶瓷综合市场，年销售额达200万元。1999年，善卷洞风景区管委会创办涌金街紫砂陶专业市场，占地2000平方米，开设使用面积24平方米的摊位60家，经营紫砂陶器为主的旅游纪念品，年销售额1000余万元。2010年，涌金街市场拆迁，在涌金北路西侧、丞相潭对面建设陶瓷城，北起善卷洞南出口、南至善林路，分布有陶瓷街、宜兴紫砂、紫砂苑、金云紫砂艺术馆、宜兴陶瓷紫砂之家、宜兴紫砂陶瓷城、宜兴紫砂城、缘壶斋、中国宜兴紫砂陶瓷城9家陶瓷专营商店。经营以宜兴紫砂茶具、均陶花盆、青瓷器皿等陶瓷产品。

图8-5　涌金路陶瓷街

二、善卷综合市场

位于善卷西路南侧，总建筑面积5000平方米，1988年开工建设，1992年竣工投运。综合市场为长方形布局，设计摊位180个。2016年有商店51家、开设店铺29家、设置摊位22个，主要有衣帽、窗帘、缝纫、理发以及蔬菜、肉类、水产、水果、豆制品等经营服务，综合市场另有沿街店面房17间，以餐饮、衣帽、烟酒等商铺为主，是祝陵村农副产品和生活用品交易中心。

图8-6　善卷综合市场

三、小商品市场

位于善卷西路东段，是善卷综合市场建成后商业网点辐射形成的。小商品市场集中店铺、摊位近百家，其中餐饮小吃22家、车辆销售及维修10家、烟酒副食8家、电子产品销售及维修8家、百货服装8家、理发美容7家、医药保健5家、儿童教育5家、五金机电4家、水果店3家、粮油店3家。每天早晨，还有七八家出售各类早点的流动摊位以及附近村民出售时鲜蔬菜的临时摊位。

四、商场超市

1.华联超市

2002年，村民陈洪臣在涌金北路东侧租用房屋开设华联超市，时有门面6间，营业面积280平方米，经营百货、副食、烟酒、服装、鞋帽、鲜肉、禽蛋、水果、蔬菜等8000多个品种。2007年，华联超市迁至善卷西路北侧。2016年，华联超市有店面房6间计600平方米、仓库100平方米；有员工12人，经营商品2万多种，年销售额达500万元。

图8-7　祝陵华联超市

2.苏杭物美生活购物广场

位于祝陵片区涌金北路东侧，2016年开业，店主吴小芳。经营百货、土杂、烟酒副食、蔬菜肉类等5000多个品种，年销售额达300万元。

3.天健医药连锁店

2004年7月于涌金北路开业，经理黄玉琴。有营业店面2间，经营药品1500余种，为宜兴天健医药连锁有限公司连锁药店。2006年，连锁店迁至善卷西路54号，营业店面2间半计90平方米。2015年被宜兴市劳动和社会保障局定为职工基本医疗保险定点零售药店。2016年销售额达100万元。

图8-8　天健医药连锁店

2016年祝陵中心商贸区涌金路东侧(自北向南)店铺一览表

表29

地段	序号	店　名	经营者	位　置	规　模	行　业
涌金北路	1	中国电信	唐文波	丞相潭南	4间3层	电信
	2	新宝盛大酒店	杨国旺	电信南	4间3层	餐饮、住宿
	3	红光园饭店	汤辰川	新宝盛南	2间3层	餐饮、住宿
	4	善卷照相	王中良	红光园南	1间	摄影
	5	满香园农家菜	陈　凯	照相馆南	2间	餐饮
	6	有滋有味土菜馆	沈卫兵	满香园南	2间2层	餐饮
	7	茶洲茶厂销售处	谈彩琴	有滋有味南	2间	茶叶
	8	金善卷土菜馆	张银宝	茶洲销售处南	2间	餐饮
	9	苏杭物美生活广场	吴小芳	金善卷南	6间	百货
涌金南路	10	天翼手机	蒋冬云	川张线与善林线交汇口东南转角	2间	电信
	11	创维电视	吕建伟	天翼南	2间	电子产品
	12	新时代超市	蔡小良	创维南	1间	烟酒
	13	润欣农家乐	徐勤义	超市南	2间	餐饮
	14	善卷饲料店	陆祥君	润欣南	2间	农资
	15	善卷家电	吕建伟	饲料店南	1间	家电
	16	麻将馆	张锡明	家电南	1间	娱乐
	17	食全食美土菜馆	邓杏仙	麻将馆南	1间	餐饮
	18	春娣副食店	董春娣	土菜馆南	1间	副食
	19	瑞之康健康生活馆	何建福	副食店南	1间	保健
	20	诗芬发艺	陶凤君	瑞之康南	1间	美发
	21	真鲜农家菜	李言真	诗芬南	1间	餐饮
	22	体育彩票	高玉萍	真鲜南	1间	博彩

续表29

地段	序号	店　名	经营者	位　置	规　模	行　业
涌金南路	23	公益家常菜	李国平	彩票南	3间	餐饮
	24	蓝波浴城	余龙仙	公益南20米	3间	浴室
	25	小吃店	范春生	蓝波南	1间	小吃
	26	天使汽车美容	鲁志良	小吃店南	2间	汽配
	27	建材仓库	李伯君	天使南	2间	建材
	28	供销社生资部	王国平	仓库南	3间	生资
	29	棋牌室	鲁建强	生资部房	2间	娱乐
	30	供销社生资部	王国平	仓库南	6间	生资
	31	踏花被加工	潘顺宝	生资部东南	2间	家纺
	32	幸福包子	邓建林	踏花被西南	1间	小吃
	33	善缘酒店	赵　阳	包子南	2间	餐饮

2016年祝陵中心商贸区涌金路西侧(自北向南)店铺一览表

表30

地段	序号	店　名	经营者	位　置	规模	行　业
涌金北路	1	陶瓷街	夏小奇	螺岩山庄南	6间	陶瓷
	2	宜兴紫砂	石亚琴	陶瓷街东	1间	陶瓷
	3	紫砂苑	姜益明	宜兴紫砂东南	3间	陶瓷
	4	金云紫砂艺术馆	金　云	紫砂苑南	5间	陶瓷
	5	宜兴陶瓷紫砂之家	吴纪萍	金云南	2间	陶瓷
	6	烟花爆竹	吴纪萍	紫砂之家南	1间	特种行业
	7	宜兴紫砂陶瓷城	潘洪泽	烟花南	5间	陶瓷
	8	宜兴紫砂城	陈芳芳	陶瓷城南	5间	陶瓷
	9	凤翔足疗	陶　风	紫砂城南	1间	养生

续表30

地段	序号	店　名	经营者	位　置	规模	行　业
涌金北路	10	福鑫水电	叶照福	凤翔南	1间	五金水暖
	11	天伦烟酒	谈建标	福鑫南	1间	烟酒
	12	黄宇国内科诊所	黄宇国	天伦南	2间	医疗
	13	缘壶斋	谈　立	诊所南	1间	陶瓷
	14	水中影浴城	邵　平	缘壶斋西南80米	4间	浴室
	15	利源私房菜	龚丽芬	浴城东南50米	4间2层	餐饮
	16	涌金小吃	张丽萍	缘壶斋南10米	1间	小吃
	17	陶瓷仓库	柯风华	小吃店南	1间	陶瓷
	18	善卷名酒	谈建标	仓库南	1间	烟酒
	19	中国宜兴紫砂陶瓷城	柯风华	名酒南	5间	陶瓷
	20	宜兴土特产	鲁惠君	紫砂陶瓷城南	1间	土产
	21	紫云茶叶	黄　东	土特产南	1间	茶叶
	22	天添福传家菜	史文斌	紫云南	2间2层	餐饮
涌金南路	23	零度造型	孙二林	天天水果南	1间	理发
	24	建群五金	王　兵	零度造型南	1间	五金
	25	信誉家电	沈小云	建群五金南	1间	家电
	26	涌金汽配	王东林	信誉家电南	2间	汽配
	27	无锡汤包	陈海波	汽配南	1间	小吃
	28	云峰电脑	薛　峰	汤包南	1间	电子产品
	29	油漆脚手架	史军华	云峰电脑南	1间	建筑
	30	寿衣店	鲁惠英	油漆脚手架南	2间	红白事
	31	烟酒副食店	孙兰松	寿衣店南	1间	烟酒
	32	建材商店	孙兰松	烟酒副食店南	2间	建材

续表30

地段	序号	店　名	经营者	位　置	规模	行　业
涌金南路	33	脚手架出租	祝建平	建材店南	4间	建筑
	34	建材五金店	季伯军	脚手架出租南	3间	建材
	35	桥西旅社	芦彩娥	五金店南	4间3层	住宿
	36	副食百货小店	吴小玉	旅社南	1间	百货
	37	理发店	范　娟	副食小店南	1间	理发
	38	宏发机械配件修理部	董杏生	理发店南30米	10间	维修

2016年祝陵中心商贸区善卷路北侧(自东向西)店铺一览表

表31

地段	序号	店　名	经营者	位　置	规模	行　业
善卷东路	1	汽车补胎	罗志均	祝陵村部东80米	3间	汽配
	2	夏济春诊所	夏济春	祝陵村部西	3间	医疗
	3	江苏有线	—	诊所西	1间	广播电视
	4	祝陵排档	徐玉仙	有线西	1间	餐饮
	5	五金水暖	张桢强	排档西	1间	五金水暖
	6	玉山水果	朱汉忠	五金西	4间	水果
	7	麻将馆	云桂英	玉山水果西	1间	娱乐
	8	农商银行	李春林	麻将馆西，川张线与善林线交汇口东北转角	6间	银行
善卷西路	9	金鼎酒店	吕云娇	川张线与善林线交汇口西北转角	4间3层	餐饮住宿
	10	阳光女人美容生活馆	李云芳	金鼎酒店西	1间	美容
	11	吉祥烟店	谢祥元	阳光女人西	2间	烟酒
	12	阳光餐馆	张仁君	吉祥西	2间	餐饮

续表31

地段	序号	店　名	经营者	位　置	规模	行　业
善卷西路	13	新世纪旅社	姜荣华	阳光餐馆西	1间	住宿
	14	呆呱闲品	陈杏芬	旅社西	1间	副食
	15	体育彩票	周丽萍	呆呱西	1间	博彩
	16	三祥酒业	陈秋勤	彩票西	1间	烟酒
	17	中国联通	冯海明	酒业西	1间	电信
	18	华联超市	陈洪臣	联通西	6间	百货
	19	皮匠摊	刘伯荣	超市西门口	摊亭	生活服务
	20	彩票	王洪芳	超市西	1间	博彩
	21	晓平饭店	朱洪平	彩票西	2间	餐饮
	22	南翔汤包	魏维淼	饭店西	1间	小吃
	23	金龙广告	吴金龙	汤包西	1间	广告
	24	永兴饭店	徐　盛	金龙西	2间	餐饮
	25	方正广告	黄瑞群	永兴西	1间	广告
	26	天健医药	钱建伟	方正广告西	2间	医药
	27	吴小姐酸奶	李　彪	天健医药西6米	1间	西点
	28	昌盛饭店	李　彪	酸奶西	2间	餐饮
	29	手机专卖	任学伟	饭店西	2间	通信
	30	车友	张洪军	手机专卖西	1间	汽配
	31	开心乐园	陈　锋	善卷实验小学西	3间	教育
	32	小丁车行	张洪芳	开心乐园西	3间	汽配
	33	卫康生物科技	伊　鹏	小丁车行西	1间	保健
	34	爱玛车行	张洪芳	卫康西	2间	汽配
	35	永兴轿车轮胎行	查　勇	爱玛西	2间	汽配

续表31

地段	序号	店　名	经营者	位　置	规模	行　业
善卷西路	36	天天购物超市	余国忠	永兴车行西	1间	百货副食
	37	庆丰轿车轮胎行	丁治奕	超市西	1间	汽配
	38	善卷五金电器商店	王永芳	庆丰西	5间	五金交电
	39	自由客电动车	唐玉燕	五金电器西	2间	汽配
	40	爱之梦烟酒百货	卫正林	自由客西	2间	百货副食
	41	鼎丰汽配	黄　杰	爱之梦西	2间	汽配
	42	善卷农资	万永忠	鼎丰西、医院对面	2间	农资

2016年祝陵中心商贸区善卷路南侧(自东向西)店铺一览表

表32

地段	序号	店　名	经营者	位置	规模	行　业
善卷东路	1	早餐店	张锡军	祝陵村部东南80米,汽车补胎对面	3间	小吃
	2	纪中车行	霍纪中	早餐店西20米	3间	汽配
	3	善卷门窗	史志明	车行西	2间	装潢
	4	宜兴恒远农资公司	宋国安	门窗西	3间	农资
	5	祝陵烟花爆竹店	王金元	农资公司西30米	1间	化工
	6	利民烟店	张利平	烟花店西	3间	烟酒
	7	小燕子快餐店	史永强	烟店西	1间	餐饮
	8	善卷超市	严六军	快餐店西	3间	杂货
	9	亚明冷饮	吕亚明	超市西	2间	冷饮
	10	晨味私厨	王晨燕	冷饮西	1间	小吃

续表32

地段	序号	店　名	经营者	位置	规模	行　业
善卷西路	11	天天鲜果	汤　荣	川张线与善林线交汇口西南转角	1间	水果
	12	颖新百货五金交电	程春花	水果店西	1间	百货五金
	13	文化百货	余兰芬	颖新五金西	1间	文具百货
	14	鞋帽百货	李彩虹	文化百货西	1间	百货
	15	渔具百货	刘秀英	鞋帽百货西	1间	渔具
	16	五金交电	刘秀兰	渔具西	1间	五金
	17	满意小吃	张清德	五金交电西	1间	小吃
	18	邮政局、邮政储蓄	—	满意小吃西	4间	邮政
	19	杂货店	余永达	邮政西	1间	杂货
	20	移动手机	余永达	杂货店西	2间	通信
	21	上海八仙餐馆	裴丽萍	移动手机西	2间	餐饮
	22	百货超市	申兴军	八仙餐馆西	2间	百货
	23	粮油店	张君才	超市西	2间	粮油
	24	艾明面馆	宋小燕	粮油店西	1间	餐饮
	25	药店	倪顺松	面馆西	1间	医药
	26	理发店	戎　军	药店西	1间	理发
	27	家电修理	杨云初	理发店西	1间	家电
	28	粮油店	丁志平	家电维修西	1间	粮油
	29	熟食店	丁发明	粮油店西	1间	餐饮
	30	副食店	陈苏新	熟食店西	1间	副食
	31	衣帽店	余桃仙	副食店西	1间	服装
	32	小无锡发屋	孙由龙	衣帽店西	1间	理发
	33	酒店	杨世君	发屋西	1间	烟酒

续表32

地段	序号	店　名	经营者	位置	规模	行　业
善卷西路	34	水果店	沈勇琴	酒店西	1间	水果
	35	麦香园蛋糕	肖定邦	水果店西	1间	西点
	36	药店	孙夕芬	麦香园西	1间	医药
	37	烟酒店	高财彬	药店西	1间	烟酒
	38	烟酒店	王浩君	高财彬店西	1间	烟酒
	39	麦士顿小吃	杨玉荣	王浩君店西	2间	小吃
	40	净水店	蒋仁元	麦士顿西	1间	净水
	41	诚品便利店	王永兵	净水店西	2间	杂货
	42	移动便利店	邵伟军	诚品店西	1间	通信
	43	刘洋水果店	刘　洋	移动店西	1间	水果
	44	泰洁干洗	朱婵娟	水果店西	1间	生活服务
	45	景河泉酒坊	杨世君	干洗店西	1间	烟酒
	46	香烛纸业	扶焱民	酒坊西	1间	红白事
	47	兰州拉面	宗宝海	香烛店西	1间	小吃
	48	建风服装店	费建凤	拉面店西	1间	服装
	49	葡京奶茶	周静惠	服装店西	2间	西点
	50	真味鲜面包	刘永刚	奶茶店西	1间	西点
	51	茶叶店		面包店西	1间	茶叶
	52	沙县小吃	吴建春	茶叶店西	1间	小吃
	53	美丽有约化妆品店	李克胜	沙县小吃西	1间	美容
	54	镇江锅盖面	夏　荣	美丽有约西	2间	小吃
	55	建风香烛	蒋岳荣	锅盖面西	1间	红白事
	56	千艺理发	杨　涛	建风香烛西	1间	理发

续表32

地段	序号	店　名	经营者	位置	规模	行　业
善卷西路	57	小吴排档	吴建春	千艺理发西	1间	小吃
	58	重庆鸡煲	杨　超	小吴排档西	1间	餐饮
	59	名匠理发	余　思	重庆鸡煲西	1间	理发
	60	发吧	鲁卫强	名匠店西	1间	理发
	61	信达电脑	孙　涛	发吧西	1间	电子产品
	62	顶典广告	陈　欢	信达电脑西	1间	广告
	63	烟花爆竹	王海军	顶典广告西	1间	化工
	64	龙池浴城	孙由祥	烟花爆竹西	3间	浴室
	65	乐峰电脑	蒋　波	浴城西	1间	电子产品
	66	永良摩托	蒋　波	乐峰电脑西	1间	汽配
	67	一休家教	李翠琴	永良摩托西	1间	教育
	68	老五水果	陈孝武	一休家教西	1间	水果
	69	一休家教	李翠琴	水果店西	1间	教育
	70	徐记榨油坊	徐远传	家教西	1间	粮油
	71	国山文具	程克付	油坊西	1间	文具
	72	李氏门窗	戴　乾	国山文具西	1间	装潢
	73	亿豪水暖	赵永军	李氏门窗西	2间	装潢
	74	慧文文具店	秦　香	亿豪西	1间	文具
	75	启智教育	谈　筱	文具店西	1间	教育
	76	阳光教育	王　燕	启智教育西	1间	家教
	77	美家窗帘	钱荣方	阳光教育系	1间	装潢
	78	阳光装潢	王胜南	窗帘店西	1间	装潢
	79	梁祝餐馆	蒋立琴	阳光装潢西	1间	餐饮

续表32

地段	序号	店　名	经营者	位置	规模	行　业
善卷西路	80	奶瓶仔母婴园	高　杰	梁祝餐馆西	1间	母婴用品
	81	同泰药店	夏永泉	母婴园西	3间	医药
	82	鸿一家电	任桃娟	药店西	2间	家电
	83	空调维修	朱建新	鸿一家电西30米	2间	家电
	84	洗车	周　群	空调维修西	1间	汽配
	85	福利彩票	周　群	洗车西	1间	博彩
	86	健知味美食城	王建云	福利彩票西30米，善卷医院内	3间	餐饮

图8-9　祝陵村中心街区

宜兴农村商业银行

第九章　交通运输

祝陵村地处丘陵山区，境内的祝陵河连接上干河，并贯通宜兴西南地区水运主通道桃溪河，一直是该村货物进出和人员往来的唯一水上通道。水上运输长期依靠木帆船，20世纪80年代实施水运机械化后，木帆船退出运输市场。历史上的陆路交通主要依靠宜张官路和宜渚大路。祝陵至张渚的道路铺设青石板，路面潮湿时仍便于通行。陆上运输长期依赖独轮车，以及数量不多的骡马。1934年11月11日，善卷洞正式对外开放，祝陵村开启了汽车运输的历史。新中国成立后宜兴修筑的第一条公路川（埠）张（渚）线全长20千米，其中祝陵境内9.2千米，于1956年10月建成通车。随着分(路口)善(卷)线、善(卷)林(场)线的开通，祝陵村陆路交通四通八达。20世纪80年代初，电瓶车、摩托车开始进入村民家中，成为村民出行的代步工具。80年代末，村办企业出现自备汽车运输。1995年，祝陵村丁来娣购买全村第一辆私家车。2016年，有3条农公车线路在祝陵村设立9个停靠站，另有长、短途班车过境祝陵，每日有营运班车160多辆次。是年，全村私家车拥有量达到450辆。

第一节　水路运输

一、航道

1.祝陵河

流经祝陵、双桥两个自然村，俗称双祝河。东起祝陵，西至南双桥接荆溪河与南涧河，全长1200米，底宽6米，历史上可通航30吨位船舶。1954年进行人工疏浚，1972年人工结合挖泥船进行疏浚。1982年开挖善卷河时再次疏浚。2008年，进行部分清淤，完成土方500立方米。2013—2014年，祝陵村投

图 9-1　祝陵河

资250万元对祝陵河实施全面整治,完成土方2000立方米,建成拦水坝、驳岸及码头。2015—2016年,启动祝陵河提升改造二期工程,全线大规模清淤,清除水草、河泥、沉石,建设生态驳岸。2016年,祝陵河因通航能力在30吨位以下,已无运输船舶通行。

2.善卷河

传为乡宦、明代传胪邵贤捐资开挖,河道曲折,称作十八湾。1975—1982年,分段挖新河、填老河,拉直河道走向,建成全长5.8千米、底宽6~15米的主河道。1998年,疏浚河道4.3千米,清理淤泥8万立方米。2013年及2014年,善卷河部分驳岸坍塌,沿河企业出资550万元,新修驳岸1.7千米。2016年,善卷河可通航100吨位船舶。

3.荆溪河

又称上干河,自南双桥经国山麓至上干接桃溪河(钟张运河张渚段),流经国山、下东、上干村。相传此河亦为邵贤捐资开挖。河全长2.4千米,底宽6米,时通航能力50吨。1985年全线疏浚,现可通航100吨位船舶。

4.南山河

西起南山桥,东至葛山村,与善卷河相通。河全长2.5千米,河面宽60米、底宽15米。1977—1982年分段拓浚,常年可通航100吨位船舶。2010年,投资120万元,在南山河西侧修建驳岸500米。2013—2014年,东运建材、精诚山钙业公司等沿河企业出资300万元,建造永久性驳岸900米,并配套机械化作业码头。

二、货运

民国年间,张渚地区的木帆船运输较为发达。河北、河南、山东、安徽及苏北淮阴、泰州、南通、扬州的一些船户先后到张渚地区定居,其中在善卷地区落户的船民较多,新中国成立初期留在祝陵地区的船民成立善卷水上村。往来祝陵村运输的船舶大多属于张渚地区的"下山帮",有的从事短途驳运,即在祝陵码头装载料石运往上干、归径等地供窑户烧制石灰。船质较好的则装运石灰,主要运往长江沿线城市及苏北地区。有经济实力的船户自购石灰,运销一体。实力不够的则为石灰窑主或石灰行老板定点运输,赚取"水脚"(运输费)。民国25年(1936)前后,在祝陵一带从事短途运输的"下山帮"

船舶有20多艘、200多吨位，主要是石料驳运船、石灰运输船、为窑场运送燃料的柴草船，还有少量山芋船、街货船。抗日战争爆发后，为避战乱，祝陵的木帆船一度匿迹。宜兴解放前夕，木帆船货运恢复到抗日战争前的规模。1956年水上运输合作化，大部分外来船户回归原籍，剩下的船户加入宜兴县木船运输合作社，并于1960年划归宜兴县运输公司张渚营业处。1973年，善卷运输社成立，先后购置拖轮、拖驳从事机械化运输。祝陵村的石材及石灰，改由轮队运往常州、无锡、苏州、上海等地。20世纪70年代初，祝陵村的各个生产队先后购置挂桨机船从事自备运输。70年代末，开始出现个体运输船。1983年后，祝陵村的水上运输改经善卷河，通航能力大幅提升。2000年后，沿河企业自建码头，货物上下机械化作业，祝陵地区年货运量达100多万吨。

三、客运

1.航班船运输

抗日战争前，祝陵地区的水上客运主要依靠航船和班船。航船属租用性质，一般无固定航线。当时祝陵村无航船停靠，租用航船要去张渚或五洞桥码头。班船一般有固定码头、固定航线和固定开航时间。当时，张渚有两条客运班船航线，一条是张渚至宜城（往返），另一条是张渚至溧阳（往返），沿途一般不停靠。祝陵村民乘坐班船，要去张渚班船码头。1949年，祝陵人葛福昌购置班船1只，隔日往返张渚。有时作为租船，前往溧阳、宜城、和桥等地载客运货。1950年，钮家乡陈洪富迁居祝陵，带来班船1只，载重10多吨，通常载客一二十人。主要经营祝陵至徐舍航线，沿途停靠五洞桥、鲸塘等大码头，捎客带货，当天来回，有时也经营祝陵至张渚班线。陈洪富班船靠泊在陈家桥河埠（玉带桥南岸往西50米），该船经营至20世纪60年代初。

2.轮船客运

清光绪二十九年（1903）宜兴通客轮。当时，航线未达张渚地区。至民国6年（1917），常州新商轮船公司新阳羡轮开辟张渚至丁山航线（俗称“丁山班”），中途停靠五洞桥、蒲墅，祝陵村民一般前往五洞桥轮船码头搭乘轮船。民国16年，开航宜兴班、无锡班；民国21年，开航（湖）汊（张）渚班；民国35年，开航武进班、常州班。祝陵村民一般前往五洞桥或蒲墅轮船码头乘船。新中国成立后，1949年恢复无锡班、常州班，1951年恢复丁山班，1962年增开溧阳班、金坛班，1974年增开张渚至儒林班，1975年开航张渚至山丫桥班，1976年开航张渚至丰义班，1977年开航张渚至官林班、张渚至徐舍班。祝陵村民乘坐轮船最近距离是七八里外的五洞桥。1987年，随着张渚至官林班的停航，宜兴已无轮船客运航线，祝陵村民出行告别了乘坐轮船的历史。

第二节　陆路运输

一、驿路 官路 大路

明代，县城（总铺）通往广德、溧阳的驿路在张渚分岔。总铺至张渚铺之间设彭庄铺、栢坞铺、潼渚铺、上干铺(距祝陵1千米)。除驿路外，宜兴的陆路交通主要依靠4条官路（官府修建和管理的大道）和13条大路（民间修筑的历史性大道），其中宜张官路和宜渚大路通达祝陵地区。宜张官路自县城西门起经分路口、百合场、桃花山、螺岩山北、横岗岕、上干、五洞桥至张渚；宜渚大路自县城南门起经土干、堂前、遗踪、陆平、潼渚、蒲墅、祝陵至张渚。祝陵至上干、五洞桥、张渚这些大路节点之间均有路径相通，且大部分路段铺设青石板，便于独轮车推行，村民可避免在泥路上行走。

二、公路

1.善卷至桥涯公路路基

1933年，宜兴县政府建设局主持修建善（卷）广（德）公路，善卷至桥涯段路基（长22千米）于1934年初筑成，由于未铺筑路面，无法通车。1935年，又加筑善（卷）张（渚）段路基，仍未达到通车标准。

2.川埠至善卷洞公路

1934年，江苏省建设厅拨款2万元，修筑川埠至善卷洞、张公洞公路，同年11月1日简易通车。11月11日，善卷、张公两洞首次对外开放，川埠至善卷洞公路举行通车典礼。历经数月，川善公路路面及桥涵严重损坏，公路交通被迫中断。1935年初，又加筑路基，修理桥涵，加铺碎石、煤屑路面，至4月底恢复简易通车。不久因山洪暴发等原因，桥涵严重损坏，路面坑坑洼洼，仍然回归交通中断状态。抗日战争期间，为阻滞日军进攻，人为破坏公路沿线桥梁及路面。1947年开始修复川埠至善卷洞公路，直至宜兴解放仍未恢复通车。

3.川分公路川张段(X113)

1956年7月，宜兴县人民政府交通科对川(埠)分(界岭)公路全线勘测定线，并利用原川埠至善卷洞公路的部分路基，先行修筑川分公路川张段(长20千米)。善卷区善卷、龙池、永丰、归径4个乡的685名民工参与筑路，公路沿线修建桥梁9座、涵洞24道，铺筑3厘米厚的浇浆碎石磨耗层。整个工程从1956年8月18日开工，9月15日竣工。11月10日，川张公路正式通车。1959年8月，为保证黄墅水库蓄水，川张线12千米至13千米处改线1300米，路基宽7.5米，铺设宽3.5米、厚20厘米的碎石路面。1968年11月，丫枝岭段改线800米。1980—1983年，全线铺设渣油路面。2008年，全线按二级公路标准改造，并铺设沥青混凝土路面至善卷街。川张公路现为市(县)道，祝陵村境内段自丫枝岭桥至分善公路(S342)，长6.8千米。

图9-2　新中国成立后宜兴修筑的第一条公路川张线筑路现场(1956年)

4.分善公路(S342)

分善公路自分路口经新街、归径至善卷,全长19.96千米,其中归径至善卷段作为二期建设工程,长6.8千米,路基宽12米,路面宽6米,建永久性桥梁2座、涵洞53道。路基、桥涵、路面工程分别于1979年、1980年、1982年完成。2002年,分善公路列为虞(常熟)宜(兴)公路的一部分。2007年,分善公路环科园及善卷段按一级公路标准实施改造。分善公路现为省道(S342),祝陵境内段自国山碑西侧至川张公路交汇处,长5.5千米。

图9-3　分善公路祝陵段

5.善林公路(X112)

善林公路自善卷至宜兴林场,全长8.3千米,路面宽9米,其中祝陵村境内段自分善公路(S342)至木连村,长4.1千米。1991年,善林公路按二级公路标准建设,1992年建成,为水泥路面。2005年,完成沥青混凝土路面改造。善林公路现为市(县)道。

三、独轮车运输

独轮车,俗称狗头车,是江浙毗邻山区普及的人力运输工具。民国时期,祝陵地区山民大都使用过独轮车,其装运物资主要是石料、石灰、山柴和山

图9-4 独轮车

芋。独轮车也可作为代步工具,走亲访友、逛街看戏、婚嫁迎娶,尤其是小脚女人赶集市、回娘家、找郎中,最实用的代步工具就是独轮车。

抗日战争前夕,张渚地区有独轮车1458辆,其中祝陵、上干地区拥有647辆。祝陵村有专门制作和修理独轮车的车铺,民国时期开业的有崔家、曹家和汤家,其中崔家制作的独轮车最佳。这一时期,南山的石灰石大多由独轮车从山脚运至祝陵码头,再转水运。在玉山至祝陵的石板路上,至今仍然可见独轮车长年累月辗压留下的三四厘米深的车槽。20世纪60年代以后,胶轮平板车开始兴起,独轮车逐渐消失。

四、轨道运输

祝陵南山盛产石灰石,要将料石从半山的宕口运至山脚下,传统的运输工具是拖子。用拖子运输装载量小,又费时费力。民国22年(1933),南通鼎成公司谈定山修筑从南山至祝陵码头的小铁轨,并用铁斗沿轨道运送料石。每只铁斗可装载料石2吨左右,利用山体坡度和铁斗重力向下滑行,空斗则用人力回拖至料场。南山至祝陵码头的小铁轨因轨道坡度过大,下行铁斗经常出现翻车事故,使用不久便停用。民国23年,无锡玉带公司江氏在善卷铺筑从南山至双桥码头的小铁轨,委托祝陵张瑞麟负责经营管理。民国24年,无锡永安公司徐永年铺筑南山至飞里码头的小铁轨。同年,祝陵张东怀、蒲墅周国熙等人合资兴建南山至南埠码头小铁轨。抗日战争胜利后,无锡玉带公司将南山至双桥码头的小铁轨所有权转让给祝陵张瑞麟。至1956年,小铁轨严重损坏,由上海石灰商陈增祥投资重铺铁轨。1963年、1964年,至双桥、至

图9-5 轨道运输

飞里码头的小铁轨相继停运,"文化大革命"期间铁轨被拆除。至南埠码头的小铁轨由宜兴石灰厂接管使用,至20世纪80年代初停运。

五、公路客运

1934年11月11日,善卷洞正式对外开放,有旅游客车短暂通行祝陵。1956年11月10日,开辟宜城至张渚客运线路,每天有7班客车途经祝陵。1958年4月,有3条线路的客车过往祝陵,即宜兴至广德线、宜城至岭涯线、宜城至桥涯线。1966年8月,每天有3条线路13个班次的客车途经祝陵。其中张渚至宜城车每天10班,张渚至无锡车每天1班,张渚至常州车每天2班。1984年以后,随着分(路口)善(卷)公路通车,去善卷洞的旅游车以及去上海、杭州、南京、湖州等地的长途客车均过境祝陵。增开的杨店至无锡、桥涯至常州、元上至无锡的客运班车也停靠祝陵。1988年,宜兴市旅游公司开通宜城至善卷洞专线,无锡客运公司宜兴分公司开辟宜城至善卷洞、张公洞旅游线路,均在祝陵设站停靠。1999年开通的旅游二线,途经善卷洞、祝陵,每天20个班次,2005年增加营运车辆,平均25分钟一班。2009年12月,张渚客运分公司购置

图9-6　农村公交车

10辆公交客车，开通张渚经祝陵至芙蓉、至南坝班线，每30分钟一班，实行无人售票的公交化运作。同年，宜城经祝陵至张渚的农公车每天增至120班，票价7元(后调整为4元)；张渚经祝陵至玉山的农公车每天20班，票价2元；张渚经祝陵至南坝的农公车每天4班，票价2元。2016年，农公202路、228路、345路在祝陵村设置9个站点，每天通过祝陵的客车达160多个班次。

1995年，祝陵村有了第一辆私人轿车，车主丁来娣因企业改制购得，车型为桑塔纳。2016年，按户籍登记人口计算，祝陵村拥有私人轿车450辆。

第三节　搬运装卸

伴随采石业的兴起，祝陵出现搬运装卸作业，当地乡民利用简陋的生产工具从事肩挑人抬的搬运装卸。20世纪50年代中期，自发组织的搬运装卸队伍逐渐消失，代之以集体性质的搬运队(站)。80年代以后，乡、村办企业大多自主装卸。2000年后，改制后的民营企业建设仓储、堆场，沿河企业自建码头，实现机械化装卸作业。

一、码头 仓储

祝陵村早期的内河货物装卸，主要依靠河岸的缓坡作为码头。民国时期，善卷一带形成祝陵、飞里、双桥3座主要码头。祝陵码头依托祝陵河岸而建，集中在玉带桥东、西两侧，码头岸线长1500米左右。河南岸、玉带桥往东700米左右的区域内集中有窑场的石灰码头，往西800米左右区域内主要是石料码头；河北岸主要有石灰码头、山货码头、柴草码头、生活资料码头。新中国成立后建有粮管所码头，主要装卸稻、麦、米、面、菜籽、大豆及当地出产的山芋。村民砍伐的树木、山柴（主要是茅草）在柴草码头装船，上市销售或送往窑场。实际上，同一码头可以轮流装卸不同的货物，只是按装载某类物资的船舶习惯停靠位置确定码头的名称。因祝陵河通航能力有限，沿岸码头一般靠泊30吨以下的木帆船。

祝陵河北岸石灰码头附近建有三间平房作为石灰储存仓库，仓储面积70～80平方米。由房主出租给石灰窑老板或石灰收购商临时堆放石灰，并按石灰堆放数量和存储时间收取租金。

图9-7　善卷河码头(2016年)

20世纪60年代中期,开始发展船舶机械化拖带,由于祝陵河不适应机械化运输,靠泊码头的船舶显著减少。加上小铁轨相继废弃,祝陵码头的大宗货源石料和石灰显著减少,码头的货物装卸逐渐消失。

二、装卸工具

祝陵地区原始的搬运装卸工具有铁撬、扛棒、箩筐、扁担、挑箕、绳索等。除此之外,还有一种独特的装卸运输工具——拖子。

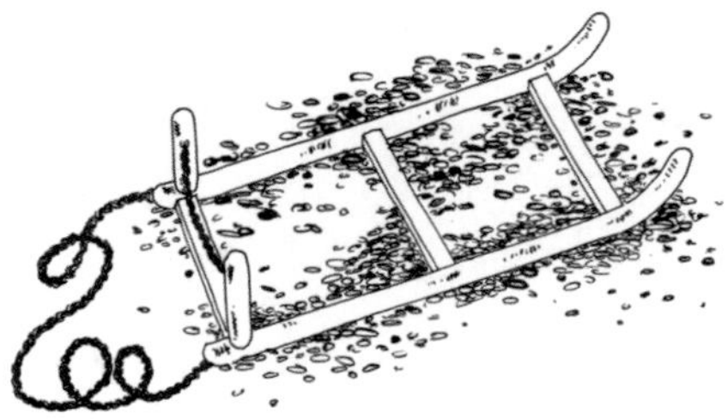

图9-8 拖子

拖子用两根长约1.2米和三根长约0.5米的木料制作成底框,两长木的前端着地,后端微微翘起。前端的两长木上垂直固定70厘米高的木棍,两木棍上端系上麻绳,用于阻挡装载石料的下滑。拖子前端系上环形牵引绳。拖子一般用檀树等硬木制作,有的在底部钉上既轻便又有韧性的杨树木条,以减少与地面的摩擦力。拖子的自重为10千克~15千克,载重量一般为250千克~300千克,最多可承载500千克。开采的石料装上拖子,沿着固定的滑槽沿山坡向下滑行,为减少拖子与地面的摩擦,一般在滑槽里垫上一层麦杆,也有垫牛筋草和杨树条的。操作者肩背牵引绳,操纵拖子向下滑行。拖子下滑速度过快,操作者顶住拖子以减速;拖子下滑速度慢了或是卡住了,用力拉绳,总之要保持拖子的匀速下滑。到达山脚下,卸去装载的石料,将空拖子拉回宕口堆场,重复实施下一轮的装载运输。自出现轨道运输后,拖子仍作为辅助工具使用,直至20世纪60年代末,拖子退出石料的装卸运输。80年代以后,开始出现机械化装卸。90年代开始,祝陵地区的工矿企业相继使用吊车、抓斗、铲车、叉车、手扶拖拉机、翻斗车等装卸运输工具。

三、劳动分配

民国时期,祝陵村从事搬运装卸的主要有拖子运输工、独轮车运输工和码头装卸工。其中有专做搬运装卸的,有运输船户自装自卸的,也有大批季节工,在农闲时间参与运输装卸。雇主(石灰窑老板和石灰、石料经营者)一般有固定的装卸作业队伍，每个码头一般有固定的装卸人员，还有临时雇用和散做的。

在祝陵地区形成搬运装卸行业后，作业人员的劳动分配方式主要采用拆账制，当天做，当天拆，不留积累。还有采用计件制或大包干的，按运输或装卸一车(船)货物计算劳动报酬。1956年成立搬运装卸组织后，拆账制改为分成制，在力资收入中按一定比例(5%～10%)提取积累，作为生产工具购置和维修费用，其余的按工作量计件或作业时间计算分配。其后改提取公共积累为上缴管理费，剩余部分全额分配。20世纪80年代后，村办企业和私营企业自行组织运输装卸队伍，实施机械化作业，装卸工人采用工资制分配形式。

第十章 教 育

民国时期，祝陵地区只有富家子弟能够入私塾读书，大部分村民不识字。民国25年，创办祝陵小学。民国32年，创办善卷中学。同年，又创办善卷乡第四保国民学校。新中国成立后，通过民校、冬学、速成识字等形式，青壮年村民摘掉了文盲帽子。随着祝陵、双桥、合兴、黄墅村相继办学，适龄儿童入学率大幅提高。“大跃进”和“文化大革命”期间，祝陵地区创办善卷农业中学、双祝农业中学。改革开放后，又办起善卷职业学校、善卷成人文化技术学校。2002年11月，无锡市未成年人社会实践基地在祝陵建成启用。2006年，在祝陵村办学48年的善卷中学并入张渚桃溪中学。2016年，祝陵村境内有善卷实验小学、善卷实验幼儿园和江苏省无锡未成年人社会实践基地等教育机构；全村义务教育入学率100%；有在校小学生134人、中学生104人、大学生(包括大专生)37人。祝陵村民中，中学(包括中专)文化程度的占总人口数的64%，小学以下文化程度的占12%，大专以上文化程度的占24%。

第一节 私 塾

民国20年(1931)前，双桥村有私塾3所，塾师为马家骥、余竟成、许鑫珊。抗日战争胜利后，学校一时难以恢复，私塾教育又兴起。祝陵地区当时有私塾2所，塾师为陈谅生、陈益清，在私塾就读的学生有四五十人。另有家塾1所，系张瑞麟家学，塾师只教其子1人。祝陵地区私塾的办学方式较多，有塾师自己家中设塾的，有在学生家中设塾的，有在祠堂、寺庙等场所设塾的，也有几个村联合聘请塾师轮流到村设塾授课的。塾师所教学生最多几十人，少则1人。私塾的教学内容一般为：启蒙儿童先学《三字经》《百家姓》《千字文》《神童诗》《治家格言》等，之后再授四书五经等，并教学生做对子(对联)、做诗文。识字、练字为基本功课。塾师教书的束脩(报酬),根据学生年龄、课程、学生家庭经济而定。民国年间私塾和学校并存。新中国成立后,私塾淘汰。

第二节　幼儿教育

1977年,善卷中心小学附设的学前班改为幼儿园。合兴、黄墅大队创办的幼儿班,附设在就近学校内,隶属所在学校和善卷中心小学领导。在教育上,数学以教学阿拉伯数字和10以内的加减法为主,语文以拼音教学为主,幼儿教学有小学化的倾向。1981年后,开设语言、常识、计算、音乐、美工、体育等课程,课堂教学不断改进,由传授式逐步过渡到游戏式。

图10-1　善卷幼儿园

1977年,善卷幼儿园入学儿童46人,有3间破旧教室,板凳需自带。1983年发展至4个班,有4名教师。1988年,新建幼儿园校舍,建筑面积701平方米,其中教学用房261平方米、生活用房145平方米、活动场地295平方米。1993年,发展至6个班级,入园幼儿209人,教师8名。1995年,发展为7个班,入园幼儿208人,教师12名。2001年9月,幼儿园和实验小学分开。2004年,创建为宜兴市一类幼儿园。2010年8月,幼儿园再次与善卷实验小学合并,又成为小学附属幼儿园。时幼儿园占地面积4185平方米,建筑面积3258平方米,绿化面积735平方米,户外活动面积1956平方米;有班级6个,入园幼儿226人,教职工15人。幼儿园设备设施齐全,每个班配有电脑、空调、电视机、实物投影仪、钢琴;桌面玩具丰富多样,根据幼儿年龄特点,配有适合幼儿的玩具柜、架;设有图书室、多功能活动室、建构室、美劳室4个多用活动室;户外铺设有塑胶场地,有多样户外运动器械。幼儿园小、中、大各班开设语言、数学、科学、美术、音乐等课程。2016年,善卷幼儿园有班级9个,入园幼儿300余人,教职工19人。

善卷幼儿园历任园长为余富仙、蒋慧君、余群芳、潘红霞。另有黄墅村、合兴村幼儿班，幼儿教师分别为蒋丽华、杨小兰。

第三节　小学教育

民国25年（1936），祝陵小学创办，校址设在东岳庙，校长吕铁波。民国26年，因日军入侵停学。民国29年，在闵氏宗祠临时办学一年，负责人张东怀。民国32年，创办善卷乡第四保国民学校，校址在黄墅白庙。民国36年，祝陵小学复办，校址在闵氏宗祠，由校董会负责筹建，校长蒋文林。时设1至4年级，有学生52人，采用复式教学。民国37年，设高小班，校址扩大到鲁氏宗祠。新中国成立后，祝陵小学先后迁至观音堂、东岳庙。1950年升格为完全小学。1958年更名为善卷小学。1969年秋，改六年制为五年一贯制。1970年9月，因双祝农业中学并入，改为附设初中班的七年制戴帽中学，更名为善卷中小学。1975年，改为九年制学校。1979年，建造第一座教学楼，校舍面积达5000平方米。1983年，中小学分离，善卷小学单独建制。1987年，善卷小学升格为中心小学，有班级9个，其中初级5个、高级4个，有学生365人，其中初级198人、高级167人；有教职工26人，其中民办教师6人。1993年，征地2.67万平方米、投资300万元，在国山南麓建造新校舍。1994年9月，新校舍落成，建筑面积8652平方米，有行政楼、综合楼、教学楼、体育馆各1幢。新校教学功能齐全，有科学实验室、语音室、微机室、音乐室、美术室、舞蹈房等12个专用教室，校园内建设园林小区。2003年7月，黄墅小学并入善卷中心小学。2005年4月，善卷中心小学升格为省实验小学，更名为善卷实验小学。2006年12月，被省教育厅、省环境保护厅命名为绿色学校。2016年，有18个教学班，学生

图10-2　祝陵小学旧址—鲁家祠堂(残墙)

600余人，教师46人。历任校长为冯孝军、董顺祥、李玉良、邵荣南、汤开洪、尹荣南、吴荣华、王信培、花海根、蔡杏生、蔡宏生、胡建明、史明华、傅正平、施桃仙、朱福根、赵法明、王新。

图10-3　黄墅小学旧址

黄墅小学，前身为创办于1943年的善卷乡第四保国民学校。1946年，有教职员工3人，设班级2个，其中高级1个、初级1个；有学生96人，其中高级36人、初级60人。1987年升格为完全小学，时有班级6个，其中初级4个、高级2个；学生162人，其中初级90人、高级72人；教职工7人，其中民办教师4人。历任校长：吴焕芝、蒋培芝、余耀剑、胡其生。2003年，黄墅小学撤销，并入善卷小学。

图10-4　合兴小学旧址

合兴小学，创办于1951年，地址在合兴村，校长白青云。1987年为初级小学，有班级1个，学生13人，教职工1人(民办教师)。历任校长：吴逸新、吴凤娣。1991年合兴小学撤销，并入黄墅小学。

图10-5　宜兴市善卷实验小学

第四节　中学教育

一、善卷中学

创办于民国32年(1943)，校址设在蒲墅，时有高中、初中各1班。张渚沦陷后停办。1958年8月，善卷中学在祝陵村恢复办校，为单轨制初级中学，校舍是原善卷小学北端的教室。1963年8月，善卷中学停办。1970年9月，双祝农业中学与善卷小学合并为七年制的善卷中小学，1975年改为九年制学校。1983年，善卷中小学分离，中学单独建制，仍定名为善卷中学。1987年为中心中学，有班级11个，学生519人；有教职工35人，其中专任教师16人、民办教师19人。1988年，有教职工60人，班级发展到12个。1990年，首批通过九年制义务教育验收。1995年，有班级15个（其中职业班3个）、学生563人（其中职业班学生108人）、教职工61人，教师学历达标率为90%。2006年9月，善卷中学并入张渚镇桃溪中学。善卷中学历任校长为汤开洪、吴荣华、蒋锡初、蔡宏生、胡建明、史明华、郭忠俊、王爱华、李建华、范鹏程。

图10-6　宜兴市善卷中学

图10-7　善卷中学体育馆

二、善卷农业中学

创办于1958年，校址设在祝陵村东大集庵内。时有1个班级，学生40多人。教学采用1天上课、1天劳动的隔日制。校长由善卷公社党委书记蒋炳川兼任。1958年下半年扩为2个班，学生70多人。学制改为半日制，即半天上课、半天劳动。学生全部集中住宿、用膳。公社划拨给学校试验田1.67公顷、山地0.53公顷，种植水稻、小麦、山芋、中草药等。1959年，新建校舍10间，发展为3个班级，学生120多人，教师5人。1962年，善卷农业中学停办。

三、双祝农业中学

创办于1965年春，校址设在祝陵小学大门口的两间祠堂屋内。校委会主任、副主任分别由双桥、祝陵两个生产大队的党支部书记兼任，教学负责人何惠宣。时学校有学生20多人。1965年，有班级2个，学生42人，专任教师2人。

1969年增至3个班级,学生150多人,教师4人。学校教学采取闲时多学、忙时少学、阴雨天多学的原则。经费来源为财政补贴一点、施教区大队资助一点、向学生收一点。师生开展勤工俭学,通过种植中草药、樵柴、挖药材、扛石头等方式筹措资金,改善办学条件。1970年,双祝农业中学与善卷小学合并。

第五节　职业教育 成人教育

新中国成立后,祝陵、双桥、黄墅、合兴村普遍开展扫盲教育,村民踊跃参加冬学、民校学习。1951年,冬学班转为民校。1952年冬,各村民校推广"祁建华识字法",掀起扫盲高潮。通过民校、冬学、速成知识班等形式学习,许多村民摘掉了文盲帽子。1958年4月,各生产大队开展"万人教、全民学"和"读百篇、写万字"的突击识字运动,又一次掀起扫盲热潮。80年代起,主要以职业学校、文化技术学校的形式开展成人与职业教育。

一、善卷职业学校

于1980年12月创办,学制3年。首批学员为善卷中学的高一班学生,首个班级是茶林职业班。之后,逐年增加农技、财经、花木园艺、机电、工艺美术等专业。1985年,开山整地近1公顷,作为校内农林茶果的实习基地,开挖0.2公顷的鱼池1个,征用国山大队双桥生产队农田1.2公顷,作为校外小农场基地。1987年,有5个班级,学生183人,专业教师15人。同年,新建教学大楼和学生宿舍楼,设有画室、制图室、图书室、物理、化学、生物实验室各1个,建造50平方米的玻璃暖房1个、大小花圃各1个,开办校办工厂和实习工厂各1个。1988年3月,善卷中学职高班从学校分离,单独组建宜兴市善卷职业学校,开设花木园艺、农技、茶果、畜牧、养殖等以农业为主的专业,面向全市招生。学校有农林茶果实习基地7公顷,在校班级20个,学生800多人,教师60多人。两任校长分别为谢钦强、张德全。1994年,善卷职业学校撤销,并入张渚职业高级中学。

二、善卷成人文化技术学校

创办于1984年9月,主要承担从业人员的职前和岗位培训、回乡初高中毕业生的实用技术培训、青壮年文盲的扫盲扫尾和职工的“双补”（初中文化、高初级技术补课）教育。1990年，有高中班2个，学生79人；企管干部培训班1个，学生80人；党政干部培训班2个，学生980人；其他培训班2个，学生35人；另有短训班32个，学生2985人。1997年，与南京农业大学联合举办经济管理、会计审计专业大专班各1个。至2000年5月，先后开办初中补习班1届、干部高中函授班2期、成人高中和经济管理大专班2届、财会班4期，举办多种类型、多种形式的文化技术培训班和讲座20多期。学校历任校长为胡其生、谢钦强、张德全、谈忠明。2000年6月，善卷成校撤销。

第六节　江苏省无锡未成年人社会实践基地

2001年11月，无锡市、宜兴市政府投资1300万元，在原善卷中小学校址兴建无锡市学生综合社会实践基地。一期工程于2002年11月建成并投入运营。2005年投入5000万元，启动基地二期工程建设。建造文体中心楼3幢、学生宿舍楼3幢，扩建食堂、浴室，配套建设校园景观工程。12月，基地更名为江苏省无锡未成年人社会实践基地。2007年11月，基地与丹麦拜涩克伦市青少年学校结为友好学校。2008年，宜兴市政府投入1300万元，在基地建

图10-8　江苏省无锡未成年人社会实践基地

设宜兴市民兵训练营地暨青少年国防教育基地。基地大本营占地13.34万平方米，建筑总面积3.6万平方米，床位1500多张；另有联动营地8个，占地66.67万平方米。2009年，宜兴市政府在基地建造人民防空科普教育基地和法制教育乐园。每年上半年，基地主要接受无锡市普通高中高二年级学生的社会实践活动；暑期主要承接宜兴市普高、职高高一新生军训活动；下半年主要接受宜兴市普通高中高二年级学生的社会实践活动。至2016年，江苏省无锡未成年人社会实践基地先后接待海内外各类参观考察团360多批(次)，其中新加坡修学考察团100多批(次)。先后获全国未成年人思想道德建设工作先进单位、江苏省精神文明建设工作先进单位、无锡市未成年人思想道德建设十大品牌等荣誉。基地实行主任负责制，历任主任为范鹏程、邵锡昌、查立舫。

第七节　奖学助学

2015年7月，祝陵村实施优秀学生奖励和困难学生补助制度。

优秀学生奖励方案规定，对于户籍属于祝陵村的学生，小学阶段一年级到二年级的品优生、三年级到六年级的三好学生，每学期奖励500元；初中阶段的三好学生每学期奖励800元；高中阶段(包括职高)的三好学生每学期奖励1000元；高考成绩达省控本一线以上的学生一次性奖励3000元。村委会向全村公布优秀学生光荣榜。

2016年，全村优秀学生奖励共88人、6.5万元。其中：善卷小学、张渚小学、桃溪小学、官林小学、宜兴实验小学三好学生、品学兼优学生48名，奖励2.4万元；张渚桃溪中学三好学生14名、奖励1.1万元；张渚高级中学、宜兴第一中学、宜兴丁蜀高级中学三好学生24名，奖励2.4万元；考取澳大利亚莫纳什大学研究生1名、奖励3000元。

特困学生助学补助方案规定，补助对象必须是祝陵村合作经济组织成员的学生、家庭困难列入低保户的学生、家庭出现重大灾难性事故的学生。补助办法为小学至高中阶段(包括职高)每学期补助600元，大学阶段每学期补助1000元。符合补助条件的特困学生向村委会提出申请，经调查核实，将符合条件的学生名单向全村公示，若无异议，则由村委会统一发放补助款。

2016年祝陵村优秀学生奖励情况

表33　　　　　　　　　　　　　　　　　　单位:元

学期	姓名	所在学校	家庭住址	获得奖项	金额
春季学期	洪婧蕊	善卷小学	祝陵村18号	品学兼优	500
	单奕晗	张渚小学	祝陵村111号	品学兼优	500
	陶嘉瑜	善卷小学	祝陵东路86号	品学兼优	500
	贾皓予	善卷小学	羊子岗35号	品学兼优	500
	黄圣渊	善卷小学	黄墅村47号	品学兼优	500
	查思绮	桃溪小学	国山村115号	品学兼优	500
	王俊熙	桃溪小学	涌金南路31号	品学兼优	500
	余雯涵	张渚小学	善卷东路100号	品学兼优	500
	马梓馨	善卷小学	羊子岗58号	三好学生	500
	彭乐言	善卷小学	国山村275号	三好学生	500
	朱卫哲	善卷小学	祝陵村129号	三好学生	500
	梅文艳	善卷小学	黄墅双桥15号	三好学生	500
	霍单宇	善卷小学	善卷东路43-1号	三好学生	500
	高美灵	善卷小学	墅兴双桥76号	三好学生	500
	庄业帆	善卷小学	祝陵村45号	三好学生	500
	芦羽菲	桃溪小学	祝陵村19号	三好学生	500
	邵　壹	桃溪小学	墅兴村97号	三好学生	500
	郑逸祥	官林小学	黄墅村48号	三好学生	500
	王冯伟	和桥小学	祝陵村48号	三好学生	500
	夏思杰	宜兴第二小学	祝陵村184号	三好学生	500
	闵白圣杰	张渚桃溪中学	祝陵西路78号	三好学生	800
	鲁　臻	张渚桃溪中学	祝陵村161号	三好学生	800

续表33　　　　单位：元

学期	姓名	所在学校	家庭住址	获得奖项	金额
春季学期	何晨扬	张渚桃溪中学	祝陵东路43号	三好学生	800
	倪小童	张渚桃溪中学	羊子岗37号	三好学生	800
	吕嘉乐	张渚高级中学	黄墅村43号	三好学生	1000
	朱康颖	张渚高级中学	祝陵村3号	三好学生	1000
	张　亮	张渚高级中学	墅兴村双桥57号	三好学生	1000
	余　轶	张渚高级中学	国山村196号	三好学生	1000
	陈逸芝	张渚高级中学	祝陵东路86号	三好学生	1000
	王　欣	宜兴市和桥高中	祝陵村48号	三好学生	1000
	吕舟茜	宜兴第一中学	祝陵东路29号	三好学生	1000
	李木子	高考理科	祝陵村170号	本一	3000
	李沈洁	高考理科	祝陵村163号	本一	3000
	赵启昊	高考理科	国山西路30号	本一	3000
	庄　雅	南京医科大学	祝陵东路88号	硕士毕业	3000
	殷颖昕	善卷小学一年级	祝陵东路92-1号	品学兼优	500
	陈　锋	苏州科技大学	黄墅村24号	研究生	3000
	冯　雪	丁蜀中等专业学校	黄墅村100号	三好学生	1000
	何雪珂	宜兴中等专业学校	黄墅永兴村11号	三好学生	1000
	何晨扬	张渚桃溪中学	祝陵东路43号	三好学生	800
	倪小童	张渚桃溪中学	羊子岗37号	三好学生	800
	曹　阳	张渚桃溪中学	国山村999号	三好学生	800
	袁　媛	张渚桃溪中学	墅兴村126号	三好学生	800
	赵天宇	张渚桃溪中学	祝陵西路154号	三好学生	800
	宦志鹏	张渚高级中学	祝陵村南山边7-1号	三好学生	2000(春、秋两学期)

续表33 单位:元

学期	姓名	所在学校	家庭住址	获得奖项	金额
秋季学期	余 铁	张渚高级中学	国山196号	三好学生	1000
	陈逸芝	张渚高级中学	祝陵东路86号	三好学生	1000
	王 欣	宜兴市和桥高中	祝陵村48号	三好学生	1000
	祝依婷	宜兴第一中学	祝陵东路61号	三好学生	1000
	蒋思文	宜兴第二中学	国山99号	三好学生	1000
	王卓佳	常熟滨江职业技术学校	祝陵村南山边131号	三好学生	1000
	叶 烨	善卷小学	黄墅永兴5号	三好学生	500
	张 健	善卷小学	黄墅永兴5号	三好学生	500
	庄仡轩	张渚小学	善卷东路56号	品学兼优	500
	单奕晗	张渚小学	祝陵村111号	品学兼优	500
	殷颖昕	善卷小学	祝陵东路92-1号	品学兼优	500
	蒋乐萱	善卷小学	国山105号	品学兼优	500
	余昊轩	善卷小学	国山74号	品学兼优	500
	余镓丞	张渚小学	国山288号	品学兼优	500
	李沐泽	桃溪小学	国山29号	品学兼优	500
	陶嘉瑜	善卷小学	祝陵东路86号	品学兼优	500
	查思绮	桃溪小学	国山村115号	品学兼优	500
	余子軒	太华小学	国山西路21号	三好学生	500
	洪婧蕊	善卷小学	祝陵村18号	三好学生	500
	朱卫哲	善卷小学	祝陵村129号	三好学生	500
	梅文艳	善卷小学	黄墅双桥15号	三好学生	500

续表33 单位:元

学期	姓名	所在学校	家庭住址	获得奖项	金额
秋季学期	高美灵	善卷小学	墅兴村76号	三好学生	500
	芦羽菲	桃溪小学	祝陵村19号	三好学生	500
	夏思杰	宜兴第二小学	祝陵村184号	三好学生	500
	彭乐言	宜兴市城南实验小学	国山村275号	三好学生	500
	王欣瑜	张渚桃溪中学	墅兴村96号	三好学生	800
	闵白圣杰	张渚桃溪中学	祝陵西路78号	三好学生	800

第八节　济困助学

2005年起,江苏兴湖耐火材料厂原厂长丁来娣捐助祝陵小学贫困学生3名,每人每年700元。2007年,丁来娣荣获宜兴市关心下一代先进工作者。至2016年,丁来娣连续12年济困助学,共资助贫困学生36名,助学金额2.5万余元。

在丁来娣的影响下,她的儿媳妇毛中妹(兴湖耐火材料厂副总经理)多年坚持向需要救助的困难学生伸出援助之手。自2005年起,每年向张渚红十字会捐助孤儿与特困生资金2000元。2009年起,通过张渚镇妇联向3名困难初中学生捐助每人每年600元。2015年,毛中妹专程去甘肃省舟曲县博山谷乡欧诺村,结对资助贫困学生余林就读西北师范大学,每年捐助4000元,直至余林大学毕业。至2016年,毛中妹共资助贫困学生70名,捐助资金6万多元。

2016年祝陵村部分在校大学生、研究生统计

表34

名　称	性别	年龄	所在院校	年级
余峥扬	女	22岁	江苏警官学院	大四
吴　战	男	20岁	江苏警官学院	大三
景彦琪	女	20岁	湖北武汉华夏理工大学	大三
宋佳欣	女	23岁	南京审计大学	大四
蒋益谦	男	22岁	湖南大学	大四
谈鹏飞	男	22岁	江苏师范大学	大四
侯剑涛	男	23岁	中央司法警官学院	大四
鲁俊祎	男	21岁	苏州大学文政学院	大三
杨一心	男	24岁	常州工学院	大四
许冰清	男	22岁	南京中医药大学	大三
张剑波	男	24岁	苏州科技大学	大四
潘星驰	男	23岁	江苏理工大学	大四
曹　菲	女	26岁	南京财经大学	研究生
陶星云	女	21岁	福建莆田学院	大二
庄　雅	女	26岁	南京医科大学	研究生
宗　琪	男	23岁	江苏师范大学	大四
李　俊	男	23岁	南京医科大学	大五
古　斌	男	19岁	南京医科大学	大一
余　霞	女	21岁	盐城师范学院	大三

续表34

名　称	性别	年龄	所在院校	年级
陈　鹏	男	22岁	苏州大学	大三
吕　欣	女	20岁	南京审计大学	大二
唐　露	女	21岁	对外经济贸易大学	大三
胡　颖	女	21岁	淮海工学院	大三
陈　斌	男	19岁	苏州经贸技术学院	大一
胡慧婷	女	20岁	江苏师范大学	大二
马岳航	男	21岁	江苏师范大学南京第二学院	大二
程垣桦	女	22岁	盐城工学院	大三
梁子英	女	22岁	淮阴工学院	大三
古玉萍	女	20岁	福建莆田学院	大一

第十一章　医疗卫生

民国时期，祝陵村有5家诊所，其中4家中医外科诊所由张氏四兄弟开设，另有1家西医诊所。当时村民生活贫穷，多数人患病后无钱求医，只能听天由命，也有人相信迷信，求神拜佛。各种传染病、流行病时有发生，其中血吸虫病对村民危害最大。祝陵村是宜兴血吸虫病（俗称臌胀病）流行的重灾区之一。新中国成立初期，宜兴县血吸虫防治站在祝陵设立查病治病防治点。1952年，善卷联合诊所成立，着重抓好血吸虫病防治、卫生防疫、妇幼保健等工作，农忙时组织医务人员下村巡回医疗。1969年，祝陵、双桥、合兴、黄墅4个生产大队成立合作医疗室。1984年，大队合作医疗室改为村卫生室，“赤脚医生”改称保健医生。2000年，各村卫生室整合成社区卫生服务站。2016年，祝陵村有善卷骨科医院、祝陵社区社会卫生服务站、黄宇国内科诊所、夏济春内科诊所和张氏医务室5个医疗单位，为祝陵村民的卫生防疫、疾病医治和妇幼保健提供服务。

第一节　私人诊所

清同治年间，村民张景悦为太平军随军医生，后至蜀山开医馆。其善用中草药、单方、验方，专治疔疮、疖肿、烂腿等疾病，其医术高、收费低深受患者欢迎。张景悦子张茂清承父业，刻苦钻研医术，善治脓毒、瘤疽、疥疮等。后在祝陵开设医室，店中设药铺，精制内服和外用药剂。民国时期，张氏医室日趋兴旺，在宜兴及浙江长兴、安徽广德和江苏溧阳一带颇有名声。民国12年（1923），无锡著名民族工商业者荣德生赠送“百病消除”匾额一块，赞扬其医术高明。张茂清的4个儿子瑞麟、育怀、济怀、东怀均继承医业，同在祝陵开业行医，均挂上“张氏医室”牌号。其治疗瘤疽、疥疮采取内服外敷、切开引流并用，疗效显著，远近闻名。民国34年（1945）初夏，张茂清与其子济怀、东怀曾在浙江长兴温塘为新四军苏浙军区司令员粟裕治病，新四军办事处送“妙手回春”匾额一块。新中国成立后，张瑞麟、张济怀、张东怀进入善卷联合诊所，以传统医技服务大众。1983年，张济怀之子张震垣继承父业，在国山村重新开设张氏诊所，恢复老字号，专治疥疮、瘤疽等。

图11-1　张氏诊所

2002年，黄宇国在祝陵村开办内科诊所。2006年，夏济春在祝陵村开办内科诊所。

链接：张氏医室

张泽民，又名张茂清（1881—1953），于1904年在祝陵村创办张氏医室，以治疗枪伤、骨髓炎、流疽等外科疾病著称。其父张景悦少年时参加太平军，为随军医生，学到不少治疗外伤的医术，后回到蜀山执业行医。20世纪初，张茂清落户祝陵的姐姐家，创建了祝陵张氏医室。张茂清用药严谨，除从药材行进货外，还亲自上山采集，制作精细，货真价实，信誉甚佳，其子张济士（瑞麟）、张育怀、张济怀、张东怀都得到父亲嫡传，并分设张氏医室开业行医。民国年间，在宜兴行医的注册表中，张东怀、张济士、张济怀、张育怀的编号分别为183、184、186和192号。

1923年，储南强邀请荣德生游览善卷洞，荣德生目睹祝陵张氏医室之盛况，便请张茂清看病，因疗效显著，送来“百病消除”匾额，并题写“张氏医室”4字，张茂清和4个儿子的医所均挂上荣德生书写的“张氏医室”牌号。

抗日战争期间，陆军独立33旅驻扎张渚一带，部队给养差，又没有集体洗澡条件，夏天军装无法换洗，士兵普遍患疥疮（俗称脓果癞疥），张茂清自制草药粉剂给患者清洗,一个多月得以痊愈,独立33旅送来“仁义堂”匾额。后来该药称为“一扫光”,畅销沪宁线城市和泰州、兴化等城乡。

1940年,日本侵略军飞机轰炸祝陵,农民刘根娣被弹片炸伤胸部,疮口化脓生蛆,经张茂清取出弹片敷上草药,7天便长出新肌。农民余金元精神失常,割断动脉和食管,经张茂清抢救治愈,被誉为神医。南山一带村民以采石为业,经常发生事故,张氏医室治愈开放性骨折病人不计其数,有的奄奄一息,经救治起死回生。

1945年夏,张茂清应新四军要求,带着济怀、东怀至浙江长兴温塘为粟裕治病,并为新四军战士治疗疥疮。历半月粟裕病体痊愈,新四军温塘办事处送来“妙手回春”匾额。

张瑞麟的儿子张岳中曾任善卷医院院长,卒于20世纪60年代初;张育怀儿子张云齐迁至溧阳,曾任溧阳市中医院副院长,张济怀次子张震垣在祝陵开设张氏诊所。今祝陵张氏医室张月健(张震垣子)成为第四代传人。特色治疗各种化脓性毒疮。

第二节　联合诊所

1952年7月,善卷乡人民政府组织张东怀、张杏津等8名医生自筹资金、自带医疗器械,在祝陵村组建善卷联合诊所。1955年,就医人数逐渐增多,又租用4间民房扩大诊疗场所。1957年3月,诊所医务人员配合国家血吸虫病防治办公室检查组在善卷地区开展血防调查研究。1958年9月,善卷、归径联合诊所合并,更名为善卷卫生院。1959年9月,又分为善卷、归径两家卫生院。1962—1983年,善卷卫生院复称善卷联合诊所。

第三节　卫生院

1983年6月,善卷联合诊所更名为善卷卫生院。由善卷乡政府投资10万元、市卫生局下拨5万元、卫生院自筹3万元,征用国山村2735平方米土地、拆迁民房4间,新建1300多平方米医疗大楼。医院首次分设内科、外科、妇产、放射、检验、口腔、防保、药剂、中医9个科室。2000年,善卷卫生院作为宜兴市卫生系统首个体制改革试点单位，通过公开拍卖，转让给王建云，重组以骨科为特色的善卷卫生院。至2005年，卫生院自筹资金2000多万元，新建病房大楼6500多平方米、防保大楼1500多平方米、职工宿舍1500多平方米，院内绿化面积达70%。2009年，善卷卫生院被评定为一级甲等医院。2012年，被评定为二级骨科医院，更名为宜兴市善卷骨科医院。2015年，投资3000多万元的病房大楼副楼及消毒供应中心启用。2016年，医院有医务人员150名，其中高级职称5名，中级职称29名。全年门诊人数达7万人次，收治住院病人5000多人次。

医院历任负责人为张东怀、周乐成、张杏津、陶木根、史顺潮、周珍妹、徐信奎、孙银根、戴新明、周毓敏、邱祖祥、严裕福、夏前欣、夏济春、王建云。

图11-2　善卷卫生院

图11-3　善卷骨科医院

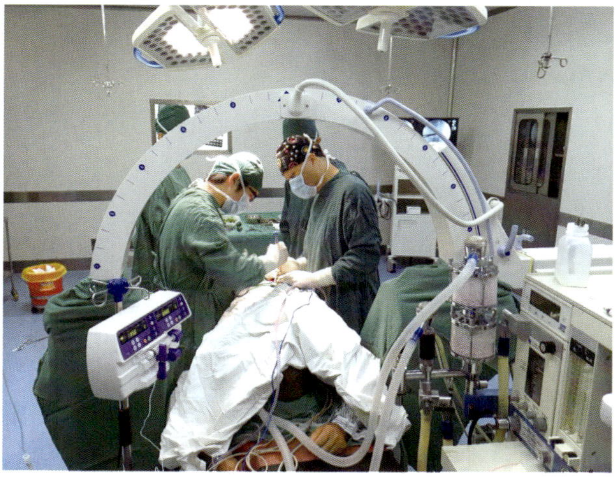

图11-4　善卷骨科医院手术室

第四节 合作医疗

1969年，祝陵、双桥、合兴、黄墅大队创办合作医疗室。社员每人每年筹资2元～3元(生产队公益金中拿出1元～2元，社员自交1元)，在大队合作医疗室看病的社员只交药费，若转院治疗，则实行限额报销。当时，大队合作医疗室用“一根银针一把药草”的方法防病治病。1984年，合作医疗室改称卫生室，赤脚医生改称保健医生。1987年，各村卫生室经过整顿考核，均达到文明卫生标准。至1991年，共培训53名乡村医生、128名村民小组卫生员。2000年，各村卫生室整合进社区卫生服务站。2008年，祝陵村有社区卫生服务站2所，各配备乡村医生2名。2016年，祝陵村有社区卫生服务站1所，配备乡村医生2名。

图11－5 祝陵村社区卫生服务站

1969—2002年乡村医生名录

表35

名　　称	医　　生
祝陵村(大队)卫生室(合作医疗室)	陈孟大、周祥华
双桥(国山)村(大队)卫生室(合作医疗室)	鲁福生、闵双奇、马顺华
合兴村(大队)卫生室(合作医疗室)	龚瑞滨、徐逸良、张盘娣
黄墅村(大队)卫生室(合作医疗室)	吕瑞云、李建明、庞光有、徐勤民、谈菊芳
祝陵社区卫生服务站	黄宇国、谈菊芳
墅兴社区卫生服务站	李建明、汪发娣

第五节　血吸虫病防治

民国时期“宜兴之血吸虫病调查报告”中记述:“祝陵村170户,约700余人,十分之二三为血吸虫病人。”另据1942年8月统计,祝陵村49%的村民患有血吸虫病,因病累计死亡95人。新中国成立后,各级政府对血吸虫病防治工作极为重视。1951年,县血吸虫病防治站在祝陵设立防治点查病治病,利用墙头画、黑板报、图片展览、放幻灯片、文艺演出、上卫生课等形式,大力宣传血吸虫病的危害性和防治的科学知识。同时组织开展群众性血防运动,整治山区环境,开新沟,填旧沟,剥草皮,清理钉螺孳生地,以草药、土埋等方法灭螺。1965年,善卷公社被镇江地区确定为防治血吸虫病试点社。祝陵、双桥、黄墅、合兴大队在查螺、灭螺的同时,加强管水、管粪便工作,开挖水井,建造无害化厕所。1971—1981年,每月组织医务人员对村民逐个实施粪便检查,未发现新增血吸虫病人。1998年、2004年,结合环境改造工程,两次彻查螺点。今祝陵地区流行病史长、流行面积广的血吸虫病得到彻底根治。

第六节　公共卫生

一、环境卫生

新中国成立以前,祝陵地区的环境卫生较差。最突出的是垃圾随处堆,露天粪缸到处有。新中国成立后,环境卫生面貌逐年好转。20世纪60年代,大力开展爱国卫生运动,定期进行检查评比,按检查结果,“最清洁”“清洁”“尚清洁”“不清洁”4个等级的标签贴到每个农户的大门上,以激励形成良好的卫生习惯。1970年以后,随着乡村工业的发展,废渣、废水、粉尘污染日趋严重。1995年起,落实地方政府的政策规定,减少石材开采、加工的比重,发展无污染、轻污染工业项目。2000年以后,祝陵地区所有石材厂自建污水沉淀池;石灰厂废弃传统石灰立窑,引进现代化全封闭、无污染连续窑。同时,抓好污水处理、河道清淤及绿化、亮化工程,环境卫生、村容村貌有了很大改观。

二、排水设施

1990年前，祝陵地区无下水道，采用明沟排水。1990年起，先后在祝陵街区分期铺设地下排水管道，至1999年底，集镇区共建成主下水道1800米、配套的支下水道2200米、雨水口260只。2009年，投资500万元，建设集镇区污水管网，与张渚镇污水处理管道联网。2012年，在村域中心街区铺设双下水道1000多米，实行雨水、污水分路排放。雨水直接排入河道，污水经管网处理后排放。

三、垃圾清理

1998—1999年，建设垃圾中转站1座，配设垃圾箱68只。2006年，完成垃圾清理配套工程。至2016年，在各自然村、点的居民聚居区建造垃圾池30个，设置垃圾桶250只，专配垃圾清理车、拖拉机各1辆。配备专职保洁人员19人。祝陵设保洁区4个、国山设保洁区5个，合兴和黄墅各设保洁区2个，尚德广场和黄墅水坞岕各设保洁区1个。每个保洁区配备1名保洁员，分区包干、责任到人。

四、厕所改造

农户自建新房初期，粪便与污水仍属自由排放，粪缸均未加盖。2006年，

图11-6　公共厕所

村委要求新建住宅及住宅改造必须建有卫生间。2006—2010年，村投资50万元，在村民相对集中地区每30～50户建1个四格式生态型户厕。在黄墅、合兴片区每个自然村各建1个化粪池。水坞岕住户分散，建起3个化粪池。2012年，清理露天粪缸380只。2014年，无害化卫生户厕普及率达95%。2016年，祝陵、国山片区污水管网接入张渚污水管网，合兴、黄墅片区农户的生活污水接入四格式生态型户厕，全村农户的卫生厕所普及率达100%。全村建造标准化公共厕所14个。其中，祝陵、国山、综合市场各2个，合兴、黄墅永兴自然村、黄墅水坞岕自然村、蕴德广场、尚德广场、合兴广场、黄墅广场、车站各1个。公厕外形美观，内部整洁，配备有专职保洁员。

第十二章 旅 游

祝陵地区物华天宝，风物灵秀。不仅有山水秀丽的自然风光，而且有两千多年丰厚的历史人文积淀；不仅有远古时期善卷隐居的溶洞、国家一级文物国山碑、阳羡十景之一的“国山烟寺”，还有美丽动人、脍炙人口的梁祝传说。祝陵自古就是令人神往的旅游胜地。上至帝王总统、宰相首辅，下至墨客骚人、平民布衣，心由所衷，纷至沓来，留下了许多珍贵的石刻题壁、诗词歌赋，为祝陵村增添了许多文化气息，可以说每一块山岩、每一个洞穴、每一处民房、每一座桥梁都孕育着故事。

第一节 善卷洞风景区

善卷洞风景区位于宜兴市西南26千米的祝陵村螺岩山。此山形如太师椅靠背，左青龙、右白虎，两山蜿蜒如座椅扶手，故祝陵村民又称之为座背山。早在1700多年前，就有善卷洞的记载，历代文人墨客在此留下了赞美的诗文。20世纪20年代，邑人储南强倾尽家资，亲自谋划，呕心沥血开发善卷洞。1934年11月11日，善卷洞正式对外开放，因其水洞通舟而跻身于世界三大奇洞之列。新中国成立后，地方政府多次整修改造善卷洞。1981年，县、公社及善卷洞管理处共同协商，划定善卷洞风景区的范围：南至茶叶塘伸向青龙山顶，西至螺岩山边，东至螺湖机耕路外侧40米，西北至螺岩山脚下，总面积0.61平方千米，周围设置保护区。2001年，善卷洞风景区成为国家AAAA级风景区。

一、历史渊源

善卷洞形成于三叠纪时期，在100万年前便基本定型，全洞面积约5000

图 12-1　善卷洞风景区示意图

风景区

歸去路遠來
善權洞在縣西南五十里國山東南一名龍巖周幽
王二十四年洞忽自闢門廣三丈中多奇形恠狀
若出椎琢入者悚惕側足行二十步極夷曠可坐

图12-1　明万历《重修宜兴县志》关于善卷洞的记载

图12-2　龙岩石刻

平方米。相传在4000年前的远古时期，善卷先生避舜禅让潜入此山，以洞为庐，洞因得名。又因洞内曲折如螺，取《诗经》“卷阿”之意，谓之“螺岩”，螺岩山也由此得名。善卷洞还有诸多别称：周朝称为龙岩，三国叫作石室，南梁又称九斗洞，而乡人俗称为仙人洞。南齐永元初（499），避东昏侯萧宝卷讳，改“卷”为“权”，称善权洞。清代复称善卷洞。南梁陶弘景称颂善权洞为“欲界仙都”，唐李蠙赞美其为“万古灵迹”。

善卷寺创建后，善卷洞归属善卷寺，善卷洞与善卷寺互为依存，相互光大。善卷寺凭借善卷洞的瑶宫奇景吸引了许多达官文人到善卷游览、留宿、施舍檀越；善卷洞也依靠善卷寺僧的宣扬而甲誉东南。唐杜甫游善权洞后，咏有“等级云峰峻，宽平洞府开。拂天闻笑语，特地见楼台”诗句。宋蔡肇诗云：“阴风漠漠护崔嵬，激涧修篁翠壑开。何处人天尽回向，于今龙象亦堪哀。常星晓挂层台冷，陨石宵飞夏屋摧。岩户彭铿聊戏击，山中日月有奔雷。”明弘治年间（1488—1505），都穆《善权三洞纪游记》称：“义兴山水甲于东南，而善权乾洞及大小水洞尤号胜绝。”

清乾隆五十八年（1793）正月乙未黎明，小水洞忽倾圮，沙填石压，涌泉堵塞，原来突出如甕的小水洞，仅存峭壁，古人题字，全部湮灭。县令唐仲冕组织人工清理塌方积石，用时两年。清同治元年（1862），善卷寺遭太平军焚毁，善卷洞无人管理，洞体被泥沙淤塞。

历史上善卷洞早就成为旅游胜景，但未经人工开凿，各洞之间均不相通。游览善卷洞，须先至山南善卷寺，由寺僧带领，先看寺后的小水洞（即现在后洞的水洞壑厅），观看泉水从岩龚的底壁下喷涌而出，沿涌金河注入祝陵河；再向东北翻过螺岩山，游览山腰的乾洞（今中洞），观看玉柱、青狮、白象等各种象形钟乳石和能容千人的石厅；然后从乾洞回出来，沿石阶下到谷底，游览大水洞（今下洞和水洞），看泉水自地下涌出，奔腾流向溶洞深处，最后隐入岩下。故在清代以前被称为善卷三洞：乾洞、大水洞和小水洞。洞内高低不平，许多地方被巨石堵塞或被水淹没，不能进入，游人只得望而兴叹。

1921年起，宜兴名士储南强倾尽家资，对善卷、张公两洞进行长达10余年的开发，至1934年11月11日正式向游人开放。通过改造，打通了上、中、下洞和前后水洞，使善卷洞面貌一新，并因其水洞通舟而跻身于世界三大奇洞之列。

1938年，善卷寺被日军烧毁，善卷洞也遭破坏，下洞石壁上弹痕累累。1945年，新四军苏浙军区政治部主任钟期光签发通告，保护善卷、庚桑两洞和储南强财产。1950年，储南强将善卷洞无偿献给国家。

链接：储南强开发善卷洞

图12-3 储南强

宜兴名士储南强久存建设、开发宜兴，把宜兴建成一个大公园的夙愿。他先后考察了太华山、太极洞、铜官山与张公洞、善卷洞，当他游览善卷洞后，即为其圣洁神奇、历史文化底蕴丰厚而折服，当即赋诗一首："太空碧天成，探奇拂曦登。千年藏飞雪，五月随看冰。梦去失仙境，醒来得武陵。夜半钟声近，依稀华藏门。"于是决定开发、整修善卷、张公两洞。

两洞开发始于1921年。当时，储南强还任有公职，不能全力以赴。1925年，50岁的储南强登报申明，脱离仕途，谢绝世事，专致两洞开发。他住在善卷洞中多年，后来又寓居祝陵村玉带桥附近，亲自指挥开发工程，历经14年。1934年，基本完成洞内景观的开发改造，11月11

日正式向社会开放。

溶洞整修耗资18万银元。储南强倾尽家财，节衣缩食，吃的是自己种植的粗粮、蔬菜，睡的是硬板木铺，住宿就在洞中。夏季住下洞水仙龛，冬天睡上洞云雾场。儿媳俞曼华陆续捐助2万多银元，曼华的妹妹俞瑞美也捐助3000银元。无锡荣德生出资购买山场及开发两洞的水泥。

善卷洞的施工，采取“修地补天”的方法。储南强规定：石笋、钟乳、洞壑、岩崖等特有景物，不得随便动一斧一凿，更不能放炮，以防洞身震动，毁坏景观。

善卷洞改造工程巨大，主要有中洞工程、上洞工程、中洞与下洞连通工程、下洞工程、螺湖瀑布工程、水洞通舟工程和后洞景观工程等。

中洞地层凿下3米多，使当门4米高的“玉柱”变成了7米高的山峰；原伏地的青狮白象也变成了雄踞洞中的高大狮象；在两侧开凿两池一泉，使中洞的面积扩大了三分之一。

上洞因被巨石填塞，人不得入，先将巨石凿成小块，用筐运到洞外。历经2年清理，上洞方廓清平坦。又经11年，始凿成盘旋环楼，建成阶梯上下。

中洞与下洞原不相通，从1925年起，中洞自“梯口”向下、下洞由洞腰向上，两面同时开凿，以敲锣辨声，得以对榫衔接。历经10年，方得洞穿，使上、中、下三层一气贯通。

下洞上有飞瀑、下有涌泉，双流合汇，奔腾汹涌。最初建有6座小桥，几度冲毁，10年中反复修改重建方案，最后沿壑谷共筑13道水坝，方使凶猛水势得到缓冲，避免景观冲毁。

下洞口对面有一支清泉，经年潺湲不息。储南强把上游30亩螺湖建成水库，又在下洞口筑起一道10丈高的石堤，堤上开两道1尺多的水槽，于1935年完成“又一天”瀑布景观。

水洞本是一水潭，水与洞顶相连，岩石皆没水中，自潭底到水面深达3米多。1930年，储南强开发水洞。最初数月，工人皆穿着救生衣立于水中，夹水施椎，在岩壁开凿引水槽。3个月后，引水槽凿通，水位下降，露出幽穴，然众人害怕巨蛇水怪盘踞其中，不敢入内。储南强亲自伏于木盆中，秉炬探行，历经三湾，抵达后洞登岸，众人欢呼成功。于是开槽加宽，整理河形，除去突出的岩石和悬挂过低的钟乳，形成南、东、西三河，水流畅通无阻。1934年，一条长120米、最深处4.5米、最宽处6米、曲折三湾的山腹河道终于呈现在世人面前，善卷洞也形成山腹河道通舟的全新景观。

后洞景观工程主要有：出土碧鲜庵碑，建碑亭；在碑亭对面，建碧鲜亭（即蝶亭），刻“碧鲜”字；重建琴剑冢与英台阁；重建华藏门（即古园门），重建善卷寺；摩崖铭刻祝英台造像等（参见本志《梁祝文化》中的《历史遗存》和《名胜古迹》中的《善卷寺》），此工程一直延续到抗日战争胜利后。

1932年，储南强陪同时任江南长途汽车公司董事长、兼管京杭国道建设工程的国民党元老张静江游善卷洞，不失时机地向其提出增修京杭国道善庚支线的建议，得到张的首肯。1934年11月，川善支路通车，善卷洞正式向游人开放。储南强在善卷、张公两洞整修开游典礼上说：“斯二洞，非特不应为私人所有，亦不应为县所有、省所有，直应为国家、世界所有。”储南强的壮举开创了宜兴旅游事业的先河。

图12-4 储南强在善卷洞

图12-5 20世纪30年代的善卷中洞

图12-6 20世纪30年代的善卷洞大门

二、景区管建

1950年，宜兴县人民政府接收善卷洞后，进一步加强管理，扩大建设规模，景区面貌焕然一新。2001年10月，善卷洞风景区被批准为国家AAAA级旅游风景区。2016年，善卷洞风景区开始创建国家AAAAA级风景区。

图12-7　国家AAAA级旅游区铭牌

图12-8　中国旅游文化示范地铭牌

1.景区管理

1950年，储南强把善卷洞无偿献给国家后，宜兴县人民政府委托善卷乡代管，具体仍由时居祝陵的储南强负责。1956年，成立宜兴县善卷洞管理小组，储南强任负责人。1957年，储南强年迈，转由其女储烟水负责。

1965年10月18日，江苏省人民委员会发出《关于印发第一批文物保护单位名单的通知》，将善卷洞列为名胜古迹类一等文物保护单位，明确在国务院未发布保护前，暂由江苏省人民委员会管理，责成所在地人民委员会加以保护。宜兴县人民委员会明确由县文教局管理。

1969年，宜兴县军事管制委员会接管善卷洞，暂停对外开放。1970年底，善卷洞转由宜兴县政府办公室和外事办公室管理，恢复对外开放。1981年，宜兴县园林管理处成立后，善卷洞划归其管理，并划定景区范围，设定保护区。1982年，国务院批准善卷洞风景区为国家重点风景名胜区。1994年4月，善卷洞风景区被中共无锡市委命名为无锡市首批爱国主义教育基地。

1995年，宜兴市旅游发展总公司成立，善卷洞风景区隶属其管理。1996年11月，碧鲜庵碑被批准为宜兴市文物保护单位。1997年，宜兴市旅游园林管理局成立后，善卷洞风景区隶属其管理。2001年10月，善卷洞风景区被批准为国家AAAA级旅游风景区。2002年3月17日，善卷洞风景区经营管理权拍租，由惠志刚承包经营，期限5年。2004年3月，善卷洞风景区批准为江苏省爱国主义教育基地。2007年，善卷洞风景区被评为中国旅游文化示范地。同年，观蝶节被列为为宜兴市第一批非物质文化遗产。2008年，善卷洞风景区由宜兴市旅游局下属的宜兴市阳羡风景区旅游发展公司经营管理。同年，中华民族文化促进会、旅游文化中心，授予善卷洞风景区“全国旅游文化示范地”称号。2014年，善卷洞风景区被评为全国最喜爱的自然风光地。2015年，善卷洞风景区批准为海峡两岸交流基地接待中心。2016年，宜兴市政府决定将善卷洞风景区和龙池山自行车公园连成一线，同创AAAAA景区。同年12月，善卷洞石刻由宜兴市人民政府公布为宜兴市文物保护单位。

2.景区建设

善卷洞开发始于1921年，历时14年（参见本章链接《储南强开发善卷洞》）。

1955年，善卷洞中洞口倒塌，下洞被泥石拥堵。中央人民政府十分重视，国务院总理周恩来指示省、县有关部门拨款对善卷洞进行整修，洞口顶部用水泥封固。1956年春节，善卷乡发动祝陵、双桥、黄墅、合兴等地的青年团员在善卷洞周围植树万株。1957年，添置发电机1台，结束了游洞单纯用火把、蜡烛照明的历史。1963年，翻修景区办公用旧房，并建造接待室2间。1965年，祝陵、国山、黄墅、合兴等村的共青团员在洞四周植树3万株。政府架设高压线路，接入县电网。同年8月，宜兴县人民委员会拨款13万元，修复了被山洪冲毁的下洞迎瀑池与后洞，将瀑口原有的龙漕改为平台，清理搬走堵塞下洞与水洞的泥石，重修了中洞至下洞的石阶平台，并陆续修筑了前后洞的桥梁、扶栏、过道。

1977年，宜兴县革委会成立善卷洞整修小组，江苏省文化厅拨款10万元，对善卷洞进行整修。1978—1980年，建造多功能综合大楼，内设茶室、商店、接待室等，一次能接待游客200人。同时，祝陵、国山、黄墅、合兴等村再次发动共青团员在附近山地进行大面积绿化。1979年，建造前洞牌楼，苏州著名左笔书法家费新我题写“善卷洞”三个大字。

1985年，台湾女商人关丽媛向善卷洞捐赠水底彩色照明设备，溶洞景观在彩灯照耀下，五彩缤纷，如同仙境。同年，建前洞“万古灵迹”巨型石刻，由著名书画家钱松岩书写。

1986年3月20日晚，中洞口山崖塌方，落下1块一吨多重的巨石，宜兴县人民政府筹资52万元，组织力量修缮。经省长顾秀莲批准，省财政增拨30万元加固洞口，增设滚石防护网。该工程于1986年8月16日开工，翌年6月30日竣工。1987年，对后洞口用钢筋水泥加固，并设置防护网。同年，向全国征集名人书法家手迹106幅，其中84幅现存放宜兴市档案馆。1989年，先后建造善卷全身塑像、储南强坐像和徐霞客全身塑像，分别放置于前洞和后洞口。

1991年，宜兴市风景园林管理处筹集资金200万元，复建祝英台读书处、三生堂等古建筑群，善卷洞风景区被列为“宜兴最佳十景”之首。同年，修筑自善卷洞至国山碑山顶的简易公路至“吴自立大石”。1998年，后洞修建索道抵达山顶，建国山碑院。2001年，在山顶上建造圆通阁等景观。

2001—2007年，善卷洞开发以梁祝文化为内涵的文化旅游项目，恢复一年一度的观蝶节，申报“梁祝传说”列入国家级非物质文化遗产，新建梁祝舞

图12-9　索道

台、蝴蝶园，开辟洞前山水景区，修建滑道，设立陶吧。2008年，完成前洞螺湖改造工程，实现常年蓄水。2009年，在圆通阁东150米处重建九斗坛，并改名为拜斗坛，立祠山大帝张渤神像。

2010年，宜兴市政府投资2.5亿元对善卷洞风景区实施整体改造，以古老溶洞为基础、爱情文化为内核，挖掘传统文化与山水资源，突破观光型旅游模式，把善卷洞风景区建成为爱情文化圣地、国内演绎梁祝爱情故事的代表性景区和灵异祥瑞文化名区。入口服务区扩建停车场，扩建洞前广场，新建游客中心等；后洞新建蝶湖（两湖如蝶翅）、连理桥（似蝶身）、蝴蝶馆、梁祝文化博物馆、梁祝演艺燕婉楼等；在善卷山顶，仿建国山碑亭、仿国山碑，同时新建后洞川善路"善卷洞风景区"牌楼和螺岩山庄餐饮中心、涌金街等，善卷洞风景区的旅游环境、旅游容量均得到较大提升。整体改造工程于2012年告竣。

2016年，宜兴市政府决定将善卷洞风景区和龙池山自行车公园连体，同创AAAAA景区，在善卷洞与龙池山之间新建善龙公路，公路侧旁修建并行的休闲绿道以及相关景点。当年下半年完成征地，启动道路建设项目。

三、主要景点

善卷洞风景区主要景观分为溶洞万古灵迹景观、后洞梁祝文化景观、螺岩山洞外景观三个部分

1.溶洞万古灵迹景观

门楼广场　善卷洞洞前广场为地沉式，约1万平方米，能够容纳数万人。

图12-10　20世纪30年代善卷洞门楼

图12-11　2016年善卷洞门楼

广场南靠青龙山、西连螺岩山、北接白虎山、东临善卷村，被青山绿水怀抱。正中矗立着建于1979年的气势恢宏的4柱3枋牌楼，仿宫殿式脊顶，琉璃瓦盖面，金碧辉煌；中枋上镶嵌着书法家费新我左书的“善卷洞”三个茶色陶制大字；楹联“荆溪步步皆胜景，阳羡处处有洞天”，是书法家黄养辉于1986年书写的徐悲鸿句，1988年刻石。牌楼前，宽达16米的彩蝶花坛似蝴蝶展翅，仿佛告诉人们，这里就是梁祝爱情蝴蝶飞起的地方。

“万古灵迹”碑　穿过门楼，是宽阔的百米步道，西南傍青翠螺岩山，东北临幽碧螺湖水，隔湖可见万顷竹林。迎面一方巨碑，碑石为不规则塔形，高5米，上镌“万古灵迹”四字，隶体，扁方不一，呈上下一行竖排，字以红漆勾填，在修篁的映衬下，分外夺目。该石刻由钱松岩于1985年书写、祝陵村民陶小狗从前洞山边取材、张德成设计、马南辉刻石。

图12-12　万古灵迹碑

步道两侧，分立善卷老人石雕和程可达于1985年所书的善卷洞碑记。此处原有明末宰相叶向高咏善卷洞诗碑，云：“方外由来说善卷，栖真今见洞中天。岩悬瀑布皆成雨，石傍丹丘尽作田。震泽波光摇杖底，荆溪峰翠落尊前。山灵莫笑初相识，曾读南华第几篇。”今不存。

砥柱峰　善卷中洞口有一高7米的巨型钟乳石笋迎面耸立，顶天立地，将洞中景观挡住，这就是一石当关的砥柱峰。此石晶莹剔透，已生长3万多年，

图12-13　砥柱峰

古人称之为玉柱。明沈周《玉柱》诗云："石髓不沦玉，崇膏千岁滋。修苞直且耸，未可墨丈期。矗矗讶琪树，旁附绝庶支。擿齿固匪用，岿植将焉施。愿拔障狂澜，俗流无披靡。"玉柱上原有"须弥"神座，储南强开发溶洞之初定名为"小须弥山"，后取"中流砥柱"意，更名砥柱峰，今峰上有"砥柱峰"三字，为储南强晚年手迹。

狮象大场　狮象大场古称乾洞，以洞中干畅而名，今谓中洞，又名狮象大场，史载"周幽王时洞忽自开"即指此洞。该洞宽敞无比，高约10余米，面积约1000平方米，中洞石壁峻峭、巉岩百仞，东南壁石乳似一头矫健的雄狮，鬣毛丝丝，覆盖全身，头眼鼻口、背臀腿尾，栩栩如生，上刻"狮王"两字；西北壁石乳光滑平服，更似大象，头鼻象牙、背腹腿尾，清晰可见，上铭"象王"两字。青

图12-14　狮象大场

狮白象，面朝洞口，仿佛迎接宾客的到来，明朱寔昌“壑转蛟螭暗，崖悬狮象狐”即咏此景。中洞顶部镌“狮象大场”4字，丹阳吕凤子(字凤痴)书于1935年，翌年由宜兴金石家潘稚亮镌。洞内有三叠池、五叠池、九斗洞等，均为万年滴乳而成。2001年，电视剧《风在江湖》曾在此取景拍摄。洞口岩壁原有宋李曾伯题“仙李岩”字，又有古人题壁“伏虎须弥当洞口，青狮白象拥莲台”字，1986年洞口倒塌后湮灭。

“欲界仙都”铭刻 南朝梁天监年间，梁武帝萧衍到善卷山设坛祈雨获甘霖后，陶弘景特地前往善卷洞游览，盛赞善卷洞是“欲界仙都”。明万历四十年(1612)，时任宜兴县令的陈翼飞游览善卷洞后，题写“欲界仙都”四字，刻于中洞往上洞之石壁上，落款“万历壬子秋孟闽中陈翼飞书”，清末湮没。今中洞与上洞之间的隔墙上镌有“欲界仙都”四大字，篆书，字高约86厘米，宽约55厘米，自右至左横排，为宜兴金石家潘稚亮于1936年所镌。

图12-15 欲界仙都铭刻

“百病消除”铭刻 储南强开发善卷洞得到好友、中国工商业巨擘荣德生的鼎力支助，荣德生不仅捐助两洞开发所用的全部水泥，还买下洞外螺岩山地6000亩(400公顷)赠予储南强，使之能放开手脚开发善卷洞。溶洞开发期间，荣德生多次来游，每次来后都觉得身轻体健，心旷神怡。1923年，荣德生到善卷洞游览，题写“百病消除”四字送给颇有名声的祝陵张氏医室。储南强将荣德生题字镌于洞中。“百病消除”铭刻在“文化大革命”中被毁。1986年10月，全国人大常委会副委员长荣毅仁重书父亲所题的“百病消除”四个大字，复铭于原刻石处。父子联袂，遗爱善卷，成为佳话。

图12-16 百病消除铭刻

云雾大场　又称上洞，位于中洞后，比中洞高出10余米，形如螺壳，宽约30米、长约70米、高约20米、面积约2000平方米，规模超过中洞。洞内钟乳洁白如玉，玲珑剔透，终年雾气氤氲，宛若仙境，故名。有万古双梅、倒挂荷花、黑熊爬壁、坐马立羊、乌龙吐水、金鸡独立、蝙蝠展翅、娲王池、盘古池诸景以及沿岩壁环行的栈道“天腰”等，《智取威虎山》《磐石湾》《西游记》《风在江湖》《白发魔女》等电影、电视剧都曾在此取景拍片。洞顶镌“云雾大场”四字，为丹阳吕凤子所书。

图12-17　云雾大场

万古双梅　位于上洞中央，由两支巨大的钟乳和石笋上下对接而成，其围达3米，犹如两株古梅，斑驳嶙峋，枝叶繁茂、相互交错，冠盖整个穹顶。1936年，著名书法家、西泠印社创始人之一王禔题篆书“万古双某”（某，即梅）、“万古寒梅”字，分镌于双梅树干上。1970年拍摄电影《智取威虎山》，此处选为威虎厅场景，剧中座山雕的座椅就在万古双梅下。

图12-18　万古双梅

又一天飞瀑

图 12-19　倒挂荷花

倒挂荷花　位于万古双梅东南，挂于洞顶，生于石隙，洁白如雪，一尘不染。下有水池一方，水清如镜，换一角度看水池，只见洞顶雪莲在水中绽放，满池白荷生机勃勃，若芙蓉出水、玉肌娇艳，游人无不惊叹造化之神异。

一片飞云掩洞门　上洞与中洞之间有一巨石横卧，导致洞外空气与上洞对流不畅，使得上洞冬暖夏凉，气温常年保持在23℃左右。每到冬季，云雾缭绕、景物依稀，如入仙境。

梯级　中洞到下洞，原不相通。储南强历经10年凿出一条105级台阶的通道。从梯口拾级而下，经过4道拱门，可闻下洞飞瀑涌泉，声震幽谷，如风雷滚滚、波涛汹涌、金鼓齐鸣、万马奔腾，故分别命名为风雷门、波涛门、金鼓门、万马门。

又一天飞瀑　下洞从里向外看，峭壁如削、岭树滴翠、白云悠悠，谓之“又一天”。对面是螺湖碧水飞泻的瀑布，只见白练倒悬、银沫飞溅，薄雾氤氲、凉气袭人。2014年，香港电视剧《张保仔》曾在此拍摄。下洞逶迤百余米，梯级口有篆书“又一天”石刻，为潘稚亮1936所刻。“又一天”飞瀑来水以及地下的涌泉，均由右侧水道倾泻，其声轰然回荡，气势磅礴。

图 12-20　通天石松

通天石松　位于下洞东南侧石壁，高数十米，其干苍鳞斑驳，枝叶上下层叠，树冠广大，十分繁茂。树干镌篆书“通天石松”

字，亦为潘稚亮1936年所书刻。是年，时任国民政府主席的林森（字子超）轻车简从来到善卷洞。他对通天石松特别感兴趣，当即挥毫写下“洞府”和“松铭”（俗称“三字经”）。“洞府”二字为楷书，镌于下洞通天石松顶部南侧；“松铭”30字为：“松已奇，树为石；鳞万片，柯千尺；撑洞府，镇蛟宅；娱诗人，忙画客；乾坤魂，宇宙魄。”刻在通天石松主干与“洞府”字之间，隶体，款“丙子虎洞林题”六个小字，今尚存。同年，著名书法家、篆刻家邓散木镌篆书“干霄耸壑”于松铭之上。

水洞 位于下洞之后，是一条古老的地下溪流，民国间储南强凿通始出。水洞始自“壑心”水码头处，流水至此均注入洞中溪河，顿失喧嚣。水码头洞顶布满卵石，是当年海底的积石，可知其洞形成于海，并在海底之下。水洞长120米，深4至6米。由“壑心”登舟，水手朝天撑船，行于洞中，幽深神秘，心随景悬；偶闻滴水叮咚，如琴弦轻拨、珠落玉盘、回响绕梁。1983年与2014年，电视剧《海岛》《张保仔》剧组先后到水洞取景拍摄。

图12-21　善卷水洞

豁然开朗 位于水洞出口处，游客水洞泛舟，经三道折湾，忽见天光清明，顿有“欸乃一声山水绿”、豁然开朗之感。1925年，邓散木题隶书“豁然开朗”，镌于水洞出口登岸处对面石壁；又题隶草“欸乃一声山水绿”，镌于水洞登岸处侧石壁。“豁然开朗”对面，镌有隶书“壑口”字，为宜兴名士沙彦楷1944年所书。水洞出口处乃是一洞厅，名壑厅，厅内刻水洞开凿记并时人评语。古时此厅甚深，状如陶瓮，清乾隆五十八年（1793）坍塌，“所谓穹窿如室者，仅遗峭壁”。

图12-22 豁然开朗

2.后洞梁祝文化景观

善卷后洞原指舍舟登岸后的壑厅，后泛指壑厅及螺岩山南的洞外景观。后洞有许多梁祝古迹遗存，如晋祝英台琴剑冢、以祝英台故宅改建的善卷寺、唐“祝英台读书处”石刻遗址、唐司空李蠙书刻的碧鲜庵碑、留有诸多石刻的飞来石、蝶亭和祝英台造像摩崖石刻等。此外，还有1992年建设的祝英台读书处——碧鲜园、英台阁（以上参见本志《梁祝文化》中的《历史遗存》和《名胜古迹》中的《善卷寺》）以及2010年建设的燕婉楼、蝴蝶馆、梁祝博物馆建筑群。

燕婉楼 即梁祝戏台，位于后洞白虎山之卧龙岗、梁祝博物馆之北，建筑面积约2000平方米，2010年建。东为舞台，中间为看台，南、西、北三侧为包厢兼茶座。每日演出梁祝小戏、曲艺，可供游人憩息。观蝶节期间，是梁祝戏剧节戏剧比赛的分会场。

蝶湖 位于善卷寺广场南100米，建于2010年，由两个相通的三角形湖塘组成，水面约3000平方米，接受水洞来水，经涌金涧排入祝陵河。整个蝶湖呈蝴蝶造型，三角形湖塘为蝴蝶双翅，连接处有连理桥，为蝴蝶身体。桥西北侧原为储南强所建的英台阁旧址，1992年易地重建。桥为3孔拱桥，上有相连的两亭并列，飞檐弯翘极高，寓彩蝶展翅高飞之意。

蝴蝶苑　位于青龙山西麓、蝶湖以东，2010年建，建筑面积约1000平方米。苑内分为化蝶厅、凤蝶厅、观蝶厅3个展馆，展出各类蝴蝶标本1000余件。

图12-23　蝶湖上的连理桥

爱情邮局　爱情邮局在善权寺坊西南侧，2016年5月29日揭牌。门前有古双井，传为梁祝照影之处；井之北植有两株硕大的胡颓子树（人称爱情树），树上挂满了爱情锁和祈福牌；西侧墙上嵌有5块由中国美术工艺大师徐秀棠制作的梁祝邮票图案紫砂浮雕。爱情邮局使用“祝陵”邮戳，除可选购各类爱情邮品邮寄外，还可自己当场设计、制作明信片。游客不仅可以体验千古爱情传奇，还可把爱情的誓盟、爱的情语寄给自己所爱之人。

图12-24　爱情邮局

3.螺岩山洞外景观

国山碑　（见本志《名胜古迹·文物古迹》）

吴自立大石　（见本志《名胜古迹·文物古迹》）

圆通阁　（见本志《名胜古迹·文物古迹》）

拜斗坛　（见本志《名胜古迹·文物古迹》）

中国第一陶吧　位于燕婉楼东30米，建于1978年，初为善卷洞饭店，接待会议、餐饮、宴会。正门

图12-25　中国第一陶吧

上有匾曰"仙都楼",程可达书于1993年。2002年,改为陶吧,供游人参与制陶,徐悲鸿之子徐庆平题"中国第一陶吧"字。2016年,电影《顾景洲》在此拍摄。

仿国山碑院 位于座背山顶、拜斗坛东100米处。因国山碑院离景区较远,山路崎岖,汽车尚不能通达,故于1998年按国山碑院和国山碑原貌仿建。

南口亭 位于白虎山腰大道南侧,储南强开发善卷洞时建,六角形,钢筋水泥结构,可南眺张渚山河景色。1981年,香港电影《少林寺》在此取景拍摄。此亭风化损坏严重,2016年尚存。

华东第一滑道 位于圆通阁东50米,2001年建。由螺岩山顶曲折下滑近300米至碧鲜庵碑亭东北侧,是深受年轻人喜爱的参与性旅游项目。

图12-26 华东第一滑道

四、人文积淀

善卷洞历史悠久,人文积淀丰厚。自晋代开始,历代文人便慕名到此游览,留下诗词、美文、题石。后由于年久风化、崖壁坍塌,古人题石多已湮灭。民国年间,储南强开发善卷洞时,曾请多位名家题词镌刻。现善卷前、后洞尚存题刻近百处,多为1921年后的遗存。2016年12月,宜兴市人民政府批准"善卷洞石刻"(洞内及原善卷寺内唐代至民国的石刻,含碧鲜庵碑)为宜兴市文物保护单位。

1.梁武帝书题"九斗洞"

相传梁天监间,武帝在螺岩山祈雨得应。因该山有九峰,如九个覆斗,便欣然将善卷洞命名为九斗洞,亲自题写"九斗洞"三字,篆书,刻于善卷中洞石壁。今

图12-27 九斗洞

九斗洞三字尚存，据清嘉庆《增修宜兴县旧志》称，右署“下元癸亥”、左署“奉诏樵山”，应是奉皇命所题，具体年代不详，据“下元癸亥”推算，有可能刻于梁武帝大同九年(543)。

2.姚勖邀友题善卷

唐大中四年(850)，时任常州刺史的姚勖会同陆墉、钟离权等十人同游善卷洞，并自右至左竖排题名于中洞石壁(般若池之上、九斗洞之北)，每行一名，篆书，依次为：姚勖、陆墉、李约文、王知退、崔子逸、邵沆翼、余耽、彭水洪、郑瑶、钟离权，后署“大中四年二月六日游”，其中“游”字为大圆形，古篆体。清嘉庆《增修宜兴县旧志》称“姚勖、钟离权等八人大中四年二月四日游，此篆书中多缺文”。题名上方自右至左横排，楷书，又有“唐代十仙题名”字，应是后人所刻。见题名中有钟离权，疑误作“十仙”。1945年出版的《江苏省通志稿》第七卷《唐》载有拓本，拓本高59厘米，宽108厘米。

3.邵贤笑咏唱酬诗

明代祝陵人邵贤，于成化八年高中二甲第一名进士后，与成化五年进士的乡人邵珪(字敬文，人称邵半江)、正德九年进士吴仕(号颐山)同游善卷洞，且有诗词唱酬。邵贤作《游善权》二首：“穿林重扣竹间题，入洞更凭云外梯。白足焚香迎客惯，苍头担酒压眉低。高岩积雪春犹肃，绀殿排空山与齐。此日登临惬清兴，杖藜回首夕阳西。”“十里松涛响入空，禅林深隐翠微中。碧鲜旧宅名犹在，玉柱灵根句亦工。山列九峰千古秀，水分双洞一溪通。三生宰相今何许？抚景长吟思不穷。”

4.徐霞客奉母游善卷

明代旅行家、地理学家徐霞客曾两次到善卷洞。第一次在万历三十五年(1607)，22岁的徐霞客为父守孝3年期满，开始游历四方，其母亲王孺人亲手为他制作了远游冠。这次徐霞客泛舟太湖，游览了善卷洞。第二次在天启四年(1624)，39岁的徐霞客因母亲年事已高，打算暂停出游。已80岁高龄的王孺人提议和儿子、孙子同游善卷洞。徐霞客小心地侍奉着母亲，而母亲却拄着拐杖大踏步走在儿孙前面，意在告诉儿子：我身体好着呢，你可放心远游。

5.朱浩元题记砥柱峰

1925年，留学法国的宜兴人朱浩元到祝陵为南山窑改建机器窑，并为储南强开发两洞提建议。后应简翁之邀，在善卷洞留下题记如下：“既为张公

（洞）题字毕，复陪简翁至此，续题诸胜。两地各有其妙，工程此间甚佳，简翁自此心愿了矣。元亦频年往复，参赞于兹事。今观工竣，宜能惟心贵，当曷胜愉快，行将北迈，脑海中常存此影矣！民国十四年乙丑（1925）秋。朱浩元题记。”该题记镌于善卷中洞砥柱峰的背面，今存。

图12-28　砥柱峰朱浩元题记

6.陆隐陶书“螺岩”字

陆隐陶，宜兴张渚人，仿效陶渊明隐居山洞，对储南强谢绝仕途、一心修洞甚为赞赏，于是帮助储南强开发善卷洞。1930年陆隐陶书“螺岩”二字。其字为篆书，右至左横排，“螺”字高106厘米、宽100厘米，“岩”字高95厘米、宽106厘米，刻于中洞口走道的石壁上，今存。

图12-29　螺岩石刻

7.张静江增建善庚支线

1932年，储南强陪同国民党元老张静江到善卷洞游览。张静江当时还兼任江南汽车公司董事长，兼管京杭国道（南京至杭州）建设工程。储南强当即提出能否在京杭国道上增修川善（川埠至善卷洞）支线和龙庚（由川善线途中的龙头山分叉向南至庚桑洞）支线。1934年，江苏省建设厅拨款修筑京杭国道川埠经芙蓉寺至善卷洞公路，10月竣工，11月通车。

8.蒋介石书题“龙口碧玉”

两洞开发落成后，时任国民政府军事委员会委员长的蒋介石偕夫人宋美龄由张静江陪同，于1935年初游览善卷洞，蒋、宋二人在下洞“瀑亭”长坐，观看洞中瀑布白练倾泻、地下涌泉喷玉溅银，享受着琼瑶仙境的幽静与清凉。蒋回去后差人送来题字三幅：“江苏第一瀑”“江南明珠”“龙口碧玉”供选用，储南强选取“龙口碧玉”条幅。

9.潘稚亮治洞天宝印

1930年至1936年，金石书法家潘稚亮多次赴善卷洞，为洞中27处景点题刻。1936年，储南强以重金购得四颗巨大印材，延请潘稚亮捉刀，刻历代名人对两洞赞语，作为镇洞之宝。其中善卷洞宝两枚：一枚镌“欲界仙都”（南梁陶弘景对善卷洞评语），长方形红晶印材，立马纽，本是元代画家倪瓒（字泰宇）清閟阁藏印，其字为扁方形阴文篆体，上下排列成一行；另一枚刻“万古灵迹”（唐李蠙对善卷洞赞语），四方形苍玉材质，盘螭纽，原为元代宁远将军之章。其字为方形阴文篆书，自上而下、自右至左分两行排列。该两印与张公洞两印合称“洞天四宝”，今存南京博物院。

图12-30　欲界仙都

图12-31　万古灵迹

10.储烟水记题开洞事

储南强女儿储烟水（原名能子，因善卷洞中多水雾，更名烟水）一直跟随父亲身边，初居善卷洞中，后寓祝陵村，并由父亲亲自教导学习书法。自1921—1942年，储烟水先后书有《开山纪念》《上洞开凿记》《下洞梯级开凿记》《下洞开凿记》《水洞码头开凿记》《善卷后洞开凿罊口记》，并题写“善卷洞”石碑和“阿弥陀佛赞”“般若池”“娜嫘仙境”“南埝坡”“华藏门”等。其中《开山纪念》和《开凿记》记录工程开凿情况。储烟水书题的16处景点名，分别镌于相应的景点石上。

图12-32　2014年储烟水百岁华诞

11.钱松岩钟情善卷山

抗日战争期间，宜兴籍著

名书画家钱松岩多次到善卷洞写生，新中国成立后，将善卷洞作为创作基地。1940年至1982年间，他先后创作《螺岩山下善卷洞》《善卷水洞出口处》《国山》《阳羡奇洞》《狮象万年守洞天》《洞天砥柱》《祝英台读书处》等国画作品10余幅，书写“万古灵迹”题字1幅，同时作五言诗一首：“泉伏一舟通，人从九地入。盘旋云海中，出谷行衣湿。”

图12-33　钱松岩《螺岩山下善卷洞》

12.纪念储南强诞辰130周年

2006年8月8日是储南强130周年诞辰，宜兴市旅游园林管理局编印《宜兴旅游事业的开拓者储南强》一书，分开拓两洞、主政南通、亲属缅怀、后人追忆、储南强诗文辑存、储南强先生年表6部分。储南强之孙储传亨（曾任城乡建设环境保护部副部长）参加首发式，并题"梁祝遗事何处寻，溪水常伴读书声"句。

13.地下河国际舢板赛

以洞中地下河通舟著称的中国善卷洞、法国里昂洞和比利时汉人洞，在20世纪30年代被称为世界三大奇洞。2012年10月19日，由宜兴市人民政府主办的"协联杯"中、法、比地下河舢板对抗赛在善卷洞隆重举行。上午11时许，当舢板驶出水洞沿着螺岩河向终点冲刺时，聚集在两岸的近万名观众齐声欢呼，为参赛选手加油助威。比赛结果，中国队、比利时队和法国队分获一、二、三名。赛后，正在无锡参加第十一届金鸡、百花电影节的王诗槐、李小冉、鲍蕾等影视演员作了即兴表演。

图12-34　储南强铜像

14.储南强铜像落成典礼

2015年11月11日，为纪念善卷洞开放旅游81周年，举行储南强铜像落成典礼，同时推出宜兴善德休养祈福之旅线路。这一线路从善卷洞出发，以一日游、两日游的形式，连接市内张渚、西渚、湖㳇等镇10多个景区。

第二节　乡村旅游

一、水库景观

黄墅水库位于祝陵村黄墅片区，是宜兴市仅次于横山水库（云湖）、油车水库（阳羡湖）的第三大水库。水库就山势建设，呈不规则王冠形，东西宽1.5千米、东南到西北长2.5千米，周围有皇历山、尖顶山、浴锅塘山、豆腐山、小雷

图12-35 黄墅水库

图12-36 瑶头岕宕口水库

山等山岭,并有废弃的大型采石宕口——瑶头岕岩口形成的石壁、深潭。一条水库路呈“S”形两度跨库区,沿途不仅可以观赏到山色青葱、湖水凝黛、巉岩陡峭、水雾氤氲,还可远眺竹林茶园溢翠、近观石宕口彩蝶纷飞,似登瑶池琼宫,若临碧海龙潭。周围有孟大饭店、昊远生态园、颐生园生态酒店等农家乐和正在建设的疗养院。黄墅水库接受离墨山和周围诸山的来水,不仅具备蓄水、防洪、灌溉功能,而且水质达到Ⅰ—Ⅱ级标准,主库区有1000余亩养殖水面,仅木瓜坞水库周边的农家乐就有120亩水面,养殖鲫、草、鳊、青等鱼类,可提供垂钓休闲娱乐活动。附近山上还有采摘、制茶等参与性活动项目。

二、农家乐 度假酒店

2016年,集镇区有17家饭店,还有11家农家乐、度假酒店隐藏于山水之间,集餐饮、住宿、垂钓、采摘、休闲为一体,为游客提供舒心的服务。

2016年祝陵村农家乐统计

表36

店 名	店主	位置	规模	说 明
宜南乡韵	赵如洪	国山2组	占地3亩,建筑面积1000平方米	1985年始建,原名鲁虹饭店。2016年改建
孟大饭店	汪孟大	黄墅西下组	占地5亩,建筑面积300平方米	1998年始建,现为综合经营性农家乐
山北饭店	袁清辉	合兴3组	建筑面积1000平方米	2005年始建,2015年转为综合经营性农家乐
东兴饭店	程东兴	黄墅西下组	饭店建筑面积1200平方米	2007年始建,2011年转为观光型农家乐
乡村灶土菜铺	葛茹琴	黄墅水坞组	占地4亩,建筑面积250平方米	原名羊羊土菜馆,2010年建
国山农家乐	徐 飞	国山西麓	建筑面积120平方米	2010年建
颐生园生态度假酒店	周丽婷	合兴西山山北	占地400亩,其中祝陵村135亩,建筑面积6000平方米	2015年始建

续表36

店　名	店主	位置	规模	说　明
双桥农庄	朱洪兵	黄墅双桥1组	占地18亩，建筑面积250平方米	2016年建
云来农庄	许晓芬	黄墅西下组	占地50亩，建筑面积1000平方米	2016年建

1.孟大饭店

位于黄墅片区西下组（木瓜坞水库北、川张公路南侧）。1998年，汪孟大投资5万元建5间茅草屋，设3张餐桌开张营业，现由养子李银明经营。经19年的发展，现占地5亩，有餐厅12间。承包木瓜坞水库水面78亩，养鱼25吨，经营餐饮、垂钓、采摘、种植等项目。2006年至2011年，先后从善卷洞风景区采集银缕梅散落种子长出的幼苗，培育银缕梅30株，现在长势良好，植株最大胸径已达16厘米。2012年，在张渚镇“红岭生态杯”农家乐美食大赛中，孟大饭店获得“农家宴”银奖，其中“红烧土鸡”菜肴获得金奖。

2.山北饭店

位于合兴片区3组（善卷洞东南、川张公路南侧），2005年建。饭店位于东山北麓，取名山北饭店。2015年，老板袁清辉在承包的80亩山林（其中毛竹60亩）中，辟出20亩竹园设置60张烧烤席，可以容纳四五百人同时烧烤，同

图12-37　山北饭店烧烤场

时还开辟露天舞台，安装了投影仪，吸引众多年轻人前来度假、K歌，自娱自乐。山北饭店还提供挖笋、采摘、垂钓、民宿等旅游服务。

图12-38　宜南乡韵主餐厅

3.宜南乡韵

位于国山片区2组（宜广公路与善林公路交界处东北侧），1985年始建，名鲁虹饭店，后一度停业，2016年重建，占地3亩，建筑面积1000平方米，内有客房28间，并有20人大桌包厢和150平方米敞亮大厅，可承接小型会议和宴会。

图12-39　云来农庄

4.云来农庄

位于黄墅片区西下组（小雷山南麓、川张公路北侧），2016年建。农庄占地50亩，建筑面积1000平方米，有餐厅15个、客房12间，可供25人居住和120人用餐。其建筑黛瓦白墙、檐角冲天，有徽派风味，古韵十足，在松柏掩映中十分显眼。

5.昊远生态农业观光园

位于黄墅片区西下组（小雷山木瓜坞、川张公路北侧），2007年由程东兴始建，原名东兴饭店，2011年转型为观光型农家乐。9年间，先后投资2000多万元，改建成现代农业观光园。2016年，承包山林90亩。其中有采摘林30亩，种植梨、樱桃、杨梅、桃、杏等果树，有毛竹林3亩，有水面40亩，养殖鲫、鳊、草、青等垂钓鱼类。建有餐厅1200平方米、客房11间、休闲别墅2幢，经营餐饮、住宿、度假、垂钓、采摘、登山、苗木等。养殖大鲵3000尾。引进珍稀树

图12-40 昊远生态观光园

种银缕梅300株，最大胸径已达30厘米。还栽种野生杜鹃（映山红）600株、羊奶子树（胡颓子）90株、野山楂20株。并利用小雷山的采石宕口，修建高30米、长180米的“U”形“石壁清泉”景观，其池面5亩、水深8米，山有细泉涓涓下，池水清澈可鉴，环境宁静幽远，是临池听泉、品茶论道、垂钓休闲的好去处。

6.颐生园生态度假酒店

位于善卷洞东南（合兴片区西山北麓、孟大饭店之西），占地400亩，其中祝陵村135亩、善卷村265亩。2015年，由福建人周丽婷投资建设。颐生园山庄集山水风光于一体，环境优雅，空气清新，湖光山色相互辉映，亭台楼阁锦

图12-41 颐生园生态度假酒店

上添花。酒店设有客房61间、餐厅2300平方米、地下酒窖1000平方米，可同时接待100人住宿和400人用餐。酒店有生态林218亩、采石宕口形成的湖面5000平方米，具有住宿、餐饮、垂钓、采摘、烧烤、种植、娱乐、休闲、观光以及举办草坪婚礼、露天酒会等乡村旅游、度假功能。200余亩原生态森林中负氧离子浓度达到每立方厘米2000个，是名副其实的天然氧吧。50亩果园种植草莓、杨梅、水蜜桃、葡萄、百合和时令蔬菜，均用无污染的地下泉水浇灌。(2017年投入运营，成为理想的休闲度假胜地)

三、十八相送之路

2016年，市政府按照宜兴市旅游发展规划，在善卷洞与龙池山之间投资新建善龙公路，连通善卷洞风景区和龙池山自行车公园，创建AAAAA级景区。在善龙路西侧并行修建休闲健身绿道以及梁祝传说景点，建成开放式景区“十八相送之路”。其中祝陵村沿线设置4个旅游节点，建设鸳鸯溪、白鹅涧、碧鲜湖、连心岛、鹊桥渡、双照井、蝶栖岕、雀梅岭、自媒亭等景点及休闲区、衔接区，形成以梁祝爱情为主题的旅游景区。

第三节　物产美食

祝陵村物产丰富、美食众多。山林里有野猪、野兔、竹鸡；溪涧中有小鱼、溪蟹、石蛙；树上有板栗、银杏，还有桃、杏、梨、枣、柿、杨梅、樱桃、石榴；地上有竹笋、蕈类、蕨菜、地衣、马兰。正常年景，村民家中常备笋干、咸鱼、咸肉以及腌制的野蒜、雪里蕻，还有放养的鸡、鸭、鹅。好客的村民在不同时令就地取材，便可烹饪一桌美味佳肴。

一、土特名产

1.祝陵酒

祝陵酒历史悠久，闻名遐迩。古时的祝陵酒有两种：一种是白酒，唐代诗人李郢有“祝陵有酒清若空”之句；还有一种称为“红友”，色如琥珀。宋元丰七年(1084)，苏东坡买田黄土村，“地主以酒见饷，谓坡曰：此红友也。”民间传闻，东坡寻酒祝陵，正遇玉带桥重建，遂有舍玉带助建之举。清代，祝陵酒风光不再，著名阳羡词派领袖陈维崧携友游善卷洞因未能品尝祝陵酒而惋惜：“空闻善权钟，不见祝陵酒。”祝陵酒用芝麻花加入酒药丸，酿造工艺独特，口味纯正柔和。1935年，祝陵村民崔隆祺秉承先辈酿造技法，在祝陵河南岸开设酒坊，同时在祝陵河北岸开设崔元兴酒店，南山采石工及石灰窑烧窑师傅是吃酒常客。后由崔隆祺之子崔锡林继承父业开办糟坊，出产烧酒、米酒。尽管祝陵酒的酒曲配方已经失传，酿造工艺大体延续下来。每年腊月，祝陵村民仍有酿米酒习惯，通常以糯米为原料，购买酒曲，自然发酵，酿出的米酒香甜醇美。村民们自酿自饮，春节待客、元宵节做酒酿汤圆、制作冬季进补的米酒银耳、米酒煨蛋，春耕时节用酒糟炖咸鱼、炖咸肉。

2.茶叶

祝陵地区出产的“阳羡紫笋”茶、“离墨红筋”茶分别在唐代和晚清奉为贡茶。新中国成立初期，生产队集体采摘自然生长在高山上的茶叶，制成野生红茶。1959年，黄墅从茶研所引进茶叶培植。1961年，祝陵黄墅创办知青茶场，开始规模化种茶制茶。1969年，建立林业队，在小棚内用斜锅、脚踩制作红茶。1980年开始制作绿茶。1984年，无锡市茶叶研究所和宜兴县林副业局根据阳羡贡茶的历史传承，重新定型工艺，成功研制出“阳羡雪芽”茶。“阳羡雪芽”茶采制过程中，十分重视鲜叶原料，选用良种茶树上的芽包或初展的一

图12-42　善卷春月茶获殊荣

图12-43　善卷春月茶冲泡

芽一叶,以保证茶叶的高品质。20世纪90年代中期,开发出优质名茶“善卷春月”。其制作工艺分杀青、摊凉、理条成形、摊凉回潮、整形干燥、足干提香6个步骤。“善卷春月”茶外型扁平似月,色泽绿润显露,内质香气清高,汤色嫩绿明亮,具有干茶绿、茶汤绿、叶底绿的“三绿”特色。1986年至2016年,祝陵村生产的“阳羡雪芽”“善卷春月”和“竹海金芽”茶在省名优茶、名特茶评比中获得一等奖12次、特等奖7次,中国农业博览会金奖1次。2016年,祝陵村出产“善卷春月”茶1300千克。

祝陵村茶场历年茶叶获奖情况

表37

年份	获奖茶叶（品牌）	奖 项	生产单位
1986	一级炒青	无锡市优质茶	善卷茶林场
1995	阳雪芽羡	省“陆羽杯”名特茶评比一等奖	善卷茶林场
1995	阳雪芽羡	中国农业博览会金奖	善卷茶林场
1998	善卷春月	省“陆羽杯”名特茶评比一等奖	善卷茶林场
2005	善卷春月	“中华杯”全国名优茶评比特等奖	黄墅茶场
2005	善卷春月	“中华杯”全国名优茶评比一等奖	碧绿春茶场
2006	善卷春月	省“陆羽杯”名特茶评比特等奖	黄墅茶场
2006	善卷春月	省“陆羽杯”名特茶评比一等奖	碧绿春茶场
2006	竹海金芽	省“陆羽杯”名特茶评比一等奖	碧绿春茶场
2007	善卷春月	“中华杯”全国名优茶评比特等奖	黄墅茶场
2007	竹海金芽	“中华杯”全国名优茶评比一等奖	碧绿春茶场

续表37

年份	获奖茶叶（品牌）	奖　　项	生产单位
2008	善卷春月	“中华杯”全国名优茶评比特等奖	黄墅茶场
2008	善卷春月	“中华杯”全国名优茶评比特等奖	碧绿春茶场
2008	竹海金芽	省“陆羽杯”名特茶评比一等奖	碧绿春茶场
2008	善卷春月	省“陆羽杯”名特茶评比一等奖	善卷茶林场
2009	善卷春月	“中华杯”全国名优茶评比一等奖	碧绿春茶场
2009	竹海金芽	“中华杯”全国名优茶评比一等奖	碧绿春茶场
2010	善卷春月	省“陆羽杯”名特茶评比特等奖	碧绿春茶场
2010	竹海金芽	省“陆羽杯”名特茶评比优质奖	碧绿春茶场
2014	善卷春月	省“陆羽杯”名特茶评比一等奖	碧海龙潭茶场
2015	善卷春月	“宜兴阳羡茶”名特茶评比一等奖	碧海龙潭茶场
2016	善卷春月	省“陆羽杯”名特茶评比特等奖	碧海龙潭茶场

3.笋干

祝陵村有竹林面积600亩左右。清明前后，雨后春笋争相萌发，村民纷纷上山挖笋。有竹林的村民，鲜笋卖不完便晒成笋干，即把当天挖出的竹笋剥壳，切成两半，放入大锅里煮透，然后切成薄片，抢时间在阳光下曝晒，直至水分收干、颜色由肉白色变成金黄、笋片蜷曲即可收藏。挖笋期，有专业户到农家收购鲜笋晒制笋干，在集市、景区零售。村内及外地饭店、食堂也到祝陵收购笋干。

图12-44　笋干

4.板栗

俗称大栗。祝陵村栽种板栗有上千年历史，现有早熟、中熟、晚熟3类6个品种。除乡民在山坡旱地、住宅周围零星种植外，已有160亩的规模种植园，2016年祝陵村出产优质板栗7400千克。

图12-45　板栗

5.银杏

当地俗称白果。祝陵村的银杏树种植较为分散，山地、村边、堂前、屋后都有种植。20世纪60年代，域内3株千年以上的古银杏树被毁，现存清代种植的银杏树3株。2016年，祝陵村银杏规模种植园面积达120亩，年产银杏6000千克。

图12-46　银杏

二、特色菜肴

1.东坡肉

苏东坡在祝陵买田卜居、捐玉带造桥，当地村民感怀苏东坡，逢年过节都要做一碗东坡肉。东坡肉（又名红烧肉、滚肉）也就成为祝陵地区的特色传统名菜。东坡肉在众多菜系中都有，祝陵人吃的东坡肉，主料选用当地的五花猪肉，采用先煮后蒸的烧制方法制成。成品菜是码得整整齐齐的麻将块儿，色如玛瑙，透明发亮，软而不烂，肥而不腻，是上等的美味佳肴。

图 12-47　东坡肉

图 12-48　腌笃鲜食材

2.腌笃鲜

是祝陵村民传统的农家菜，俗称咸肉煨笋。其烹制方法非常简单，关键在于精选原料。咸肉由当地粗饲料喂养一年左右的肉猪腌制，鲜竹笋选用熟地生长的“黄芽头”笋。先将鲜竹笋放在柴火灶上煮熟，焖在锅里一夜，使其彻底去掉齁辣味。制作时，将咸肉切块，加入熟透的竹笋和本地山泉水以及稍许佐料，放入砂锅中煨制而成。品质高的“腌笃鲜”汤汁如乳，香气四溢，咸肉肥而不腻、透明光亮，笋片鲜嫩柔软，汤汁清香鲜美。腌笃鲜是当地待客之上品，也是宴席中主菜。

图 12-49　腌笃鲜成品菜

3.香椿头炒鸡蛋

初春时分，祝陵村民家前屋后的香椿树枝头开始冒出红色嫩芽，待长至10厘米左右时，连同红色的嫩梗一起采下，这便

图 12-50　香椿炒鸡蛋

是俗称的香椿头。炒前先将香椿头冲洗干净、切细，加入打透的鸡蛋液及盐、料酒，搅拌均匀成糊状。锅内倒入花生油，油温六成热时，倒入香椿蛋液，煎至两面发黄，稍作碎块即成。香椿炒蛋色泽鲜艳、味道独特，已成为当地农家乐的招牌菜之一。

4.野蒜炒鸡蛋

野蒜俗称里蒜、野里蒜、小蒜。农谚称："三月三，穿件单布衫。炒里蒜、拌马兰，吃了上高山。"野蒜炒鸡蛋是立夏前后农家时令菜。摘野蒜一把，洗净切成约2厘米小段；打匀鸡蛋液，下锅煎好盛出；另起油锅，将野蒜炒至略软，倒入煎好的鸡蛋，放少许食盐翻炒，出锅前滴少许香油即成。野蒜炒鸡蛋，蒜香扑鼻，深受食客喜爱。野蒜还可切成蒜花，和入生面糊中，摊成里蒜饼，切块食用。

5.笋尖炒鸡蛋

笋尖炒鸡蛋也是农家时令土菜。笋上端三分处称笋尖，以笋尖焯水、切片煸炒，倒入加了蒜、盐的蛋液，炒至凝固即成。如用煮熟的鲜笋嫩尖入菜，则更佳。

6.雪菜爆竹鸡

竹鸡是生长在竹林或树丛中的野生小型雉鸟，当地山区较多。因保护野生动物，现在大多用饲养的竹鸡。取竹鸡2只洗净，剁成小块；雪菜适量，切成粒状；煸炒竹鸡块、雪菜，加水和调料，烧熟收汁，最后加入葱末即可。此野味鲜嫩无比，是地道的美味佳肴。

7.板栗煨鸡

俗称大栗煨鸡，是当地宴请宾客的主菜之一。板栗和土鸡都是当地土产。取一年生土鸡1只，洗净，剁成块状，焯透；栗子去壳、皮，放入砂锅，加水和佐料，倒入鸡块用旺火烧开，小火煨至酥烂，调味即成。板栗煨鸡上桌后香气扑鼻，汤汁入口鲜美无比。

8.黄墅水库鱼头

黄墅水库水面大、水质好，养殖的鱼类肉质坚紧。选用黄墅水库养殖的三四千克重的活鳙鱼（胖头鱼），剁下鱼头，清理后下

图12-51　黄墅水库鱼头

锅煎黄，放入砂锅，加入烧开的黄墅水库清水，辅以葱结、生姜、料酒，大火煮汤，汤微显白色后，撇去浮沫，加入豆腐、熟笋片以及调料，文火煨制数小时，汤浓后调味即成。黄墅水库鱼头是当地的特色菜肴。

9.蕨菜咸猪肉

春季，祝陵村连绵的山坡上长满野生蕨菜，乡民将未开伞的蕨菜采摘回家，烹饪时令菜蕨菜咸猪肉。烹饪方法是将野生蕨菜去绒毛、老茎，用开水烫一下，然后在凉水中浸泡2小时去掉异味，把蕨菜切成寸段备用；将咸猪肉切片煸熟，留油出锅；入蕨菜、荠苗等煸炒，再将咸猪肉回锅兜匀，盛出装盘即可。除煸炒外，蕨菜凉拌、煮汤均可。

10.猪头糕

将腌制10天左右的猪头焯水，加佐料烧至酥烂，捞起拆骨。趁热将拆下的猪头肉用纱布裹好卷紧（必须皮在外、肉在内），用草绳绕扎、加压，冷却后切片即成。猪头糕咸中透着鲜，嚼着闻到香，是春节宴请时受欢迎的一盘冷菜。

图12-52　猪头糕

11.姜汁雁来蕈

当地农家乐招牌菜之一。雁来蕈与蘑菇同类，是食用菌的一种，被誉为山珍。春秋两季雨后，山坡的树下、草丛中多发此蕈。农历二月春燕营巢时生长的为燕来蕈（又名桃花菌）；农历九月北雁南归时生长的为雁来蕈。寒露时分松花落地时所生的雁来蕈有异香，被视为上品。新鲜的雁来蕈必须摘除根端，在水里反复浸泡、清洗，洗尽蕈伞褶皱中的泥土，然后置于通风处晾干。烧制姜汁雁来蕈，应在热锅中加入一定量的素油，煸炒姜丝，放入洗净的雁来蕈炒至出水，放入酱油、白糖、少许料酒（不要加水），烧沸后撇去浮沫，文火熬至汤汁起腻后，洒上熟芝麻，起锅即成。姜汁雁来蕈是素肴中的珍品，味道奇鲜。

图12-53　姜汁雁来蕈

12.油焖笋

取鲜嫩春笋滚刀切块，锅中放入适量的油和葱花，爆香后放入笋块翻炒，加老抽等佐料，翻炒均匀；放入适量清水，盖上锅盖焖烧，汤汁收浓后出锅即成。

13.地衣炒鸡毛菜

农家时令菜之一。春雨过后，草地里即有地衣（地皮菜）生长。捡得地衣，必须反复淘洗，去除泥土。先炒鸡毛菜，放入干辣椒，再放地衣，快速翻炒，佐料调味，起锅即成。此菜清淡爽口，鲜味十足。地衣还可凉拌，嫩滑爽口，滋味鲜美。

14.祝陵豆腐

民国年间，祝陵老街宗善春做的豆腐远近闻名。祝陵豆腐的原料选用十分讲究，选用的黄豆、绿豆、白豆、豌豆等必须粒粒饱满、无霉变。当地山坡上生长的黄豆为最佳原料。按照卤水豆腐的传统制作方法，每道工序认真把关，祝陵豆腐赢得很好的声誉。祝陵豆腐的系列食品有百叶、油豆腐、素鸡、豆腐干等。现今，宗善春的后人蒋南春传承祝陵豆腐制作技艺，并在祝陵农贸市场设摊经营祝陵豆腐系列食品。

15.红烧葛粉

挖取野生葛根制成淀粉，烧熟成半透明糊块状，冷却后再切成小块红烧即成。还可拌上生粉和蛋清烹炸，现成为当地餐桌上的一道好菜。

图12-54 红烧葛粉

16.蒜蓉南瓜藤

当地家常菜。取南瓜藤尖鲜嫩部分，撕去表层筋丝，掐成寸段，嫩叶撕成小片，入锅急火快炒。待南瓜藤微微塌架，顺着锅沿加一点开水，加蒜蓉等调料，急火翻炒均匀出锅。

17.麻油拌马兰

春季，祝陵村的山坡上、菜地里、田埂上、水沟边，到处都是马兰。麻油拌马兰，不仅鲜嫩爽口，而且有清热解毒的功效。其制作方法简单：马兰焯水控去水分，切细；开洋豆腐干切成细粒，盛入盆中；切细的马兰倒入盆中，加入佐料、滴入麻油（香油）拌匀，装盘。

18.笋黄豆(笋花生)

将黄豆浸胖、鲜笋切成丁,焯水后入锅,加水和佐料烧制,待黄豆烧至酥烂,小火收汁,盛起晾晒。然后第二次回锅烧煮、小火收汁,再次晾晒,干透装盛。笋花生的制作方法与笋黄豆相同。晒干后的笋黄豆、笋花生易于保存,可作茶食,也可作酒席冷盘菜。

图 12-55　笋花生

三、特色小吃

1.乌饭

古称青精饭,用青精树叶(又名南烛叶,俗称乌饭草头)的汁液与糯米浸泡后制成。《本草纲目》称其"久服能轻身明目,黑发驻颜,益气力而延年不衰"。祝陵附近山岭有青精树,每年农历三月开始萌生出淡红色的嫩叶,其汁浓呈黛色,清香无比。传统的乌饭制作,须将采集的乌饭草头洗净晾干后,放入石臼或其他坚固容器里捣碎,将捣碎并加适量明矾的乌饭草头放入锅中温热,再将淘净晾干的糯米放在筲箕里,浸没于汁水中一夜,次日清晨取出染成墨绿之米,加清水些许(以能浸没米为好),按照一般煮饭方法煮熟即可;亦可将染色之米入蒸笼蒸熟。现在的乌饭制作流程有所改变,即将捣出的汁水放入锅中温热,再将淘净晾干的糯米浸泡其中,加盖焖一两个小时即成。因用温水加热,减少了浸泡时

图 12-56　乌饭草头

图 12-57　捣碎乌饭草头

图 12-58　入汁浸泡

图 12-59　煮熟的乌饭

图 12-60　礼品

间。乌米烧(蒸)成的乌饭清香浓郁、乌黑发亮,拌入白糖,或拌入猪油,或拌入蜜桂,吃起来香甜软糯,别有风味。每逢农历三月底,祝陵村民即至山上采摘青精树嫩叶,制作乌饭。到了四月初八这天,家家户户都要吃乌饭,这一民间传统饮食文化流传至今。晒干后的乌米作为旅游土特产品,精美包装后外销。

2.小笼馒头

又称小笼包子,以皮薄卤多为特色。祝陵老街上的小笼馒头,已有上百年的历史。它选用上等面粉,馅心精细考究,用专门的小笼蒸制而成。小笼馒头具有"夹起不破皮,翻身不漏底,一吃满口卤,味鲜不油腻"的特点。

图 12-61 小笼馒头

3.青团子

青团用苎麻嫩叶(俗称绿苎头)制成。苎麻生长在山区、旱地,四季常绿。取苎麻尖端嫩叶,去掉叶脉,入锅煮三四分钟捞出,挤掉水分,拌入生石灰粉,放置一夜即可使用,也可储藏在瓶罐中常年使用。使用时,须先洗掉石灰残渣,将炝制过的绿苎头切成细末,入糯米粉中反复揉匀,捏成面团,包入豆沙、枣泥、芝麻、白糖等馅料,上笼蒸至熟。如能在出笼前涂抹芝麻油,碧翠色的团子油光发亮,更为好看。

图 12-62 青团子

4.铜锅饼

为当地传统食品,历史悠久。制作方法是将少许面浆倒入特制的铜质、有花边的小勺(俗称铜锅),放萝卜丝馅心,考究的还要在面上加一只生虾,再浇上面浆封口,入锅油炸,出锅即成铜锅饼。刚出锅的铜锅饼又香又脆,味道鲜美。

5.玉兰饼

图12-63　玉兰饼

将糯米粉做成饼坯，根据喜好包入各种馅心，一般有豆沙、鲜肉、蜜制玫瑰花、芝麻白糖、菜汁猪油等，用平底锅煎烙成饼。玉兰饼品质以外脆里香、软糯可口为好。祝陵地区村民常用玉兰饼当早餐，与豆浆一起食用。

第四节　旅游服务

一、旅游交通

1934年10月，川埠至善卷洞公路通车。1935年夏初，由于路面多次遭洪水冲袭，交通中断。抗日战争时期，路面、桥梁遭受破坏，直至宜兴解放，川善公路未能全线通车。当时，宜城至祝陵的主要交通工具是轮船。1956年川(埠)张(渚)公路始通客车，祝陵洋桥南设有车站。

1983年，祝陵村成立宜兴市善卷洞旅游公司，为村办集体企业，公司设在丞相潭北的小洋桥北堍，张保荣任经理。公司置有“德胜”“友谊”“牡丹”面包车各1辆，单独组团承接旅游业务。后因业务较少，于1986年停业。

1988年，开通宜城至善卷洞旅游汽车专线和宜城至善卷洞轮船旅游班线，均在祝陵设立停靠站。1999年，市公路客运公司开通旅游二线通达善卷洞、祝陵。善(卷)林(场)公路建成后，善卷洞风景区开辟善卷洞至张公洞、灵谷洞、自行车公园的游览专线，七八个祝陵村民在空闲时间利用私家车接送游客。

2016年，川(埠)分(界岭)公路、宜(兴)广(德)公路和善(卷)林(场)公路客运班车均在祝陵停靠，202路(旅游2线)、228路、345路农村公交车在祝陵村共设置9个站点。

二、餐饮住宿

1957年，国营张渚饭店在善卷洞前洞开设旅游饭店，随后又开办多家餐饮店。1978年，在善卷洞后洞建造善卷洞饭店。1980年，善卷公社在螺岩山庄南建造国山饭店，供应山区时鲜菜品和土特产。两家饭店设有标准客房、普通客房、会议室、娱乐室，可同时供400人开会、住宿。1983年，国山六队在川张公路与善林公路交汇处新建1家饭店，坐南朝北，4开间、两层楼面，一楼经营餐饮，二楼住宿。其位置临近祝陵汽车站，命名为车站饭店。1986年，改由国山村经营，饭店扩大为两进6间，楼下餐饮、楼上住宿。

1989年，祝陵村民祝国祥在川张公路北侧（丞相潭南60米）开设首家个体经营的迎宾饭店，共3间3层，经营餐饮、住宿。其后个体饭店逐渐增多。2016年，祝陵村涌金路、善林路交汇处十字街区有饭店17家。红光园饭店建于1996年，2间3层，一、二层为餐厅，共13桌（其中包厢3个），以秘制鹅块、砂锅鱼头、农家土菜、各种野味为特色；3楼住宿，设床位12张。有滋有味土菜馆2间2层，共12桌（其中包厢6个），以啤酒鸭、砂锅鱼头、广德火锅、各种野味为特色。天添福传家菜为2间2层，共有17桌（其中包厢6个），供应剁椒鱼头、北京烤鸭、红烧猪蹄、山药肉丸等特色菜肴。利源私房菜馆为3间2层，共有12桌（其中包厢3个），供应土鸡、鱼头、乌米饭、笋干烧肉、烩羊肉等特色菜，其中黄墅水库鱼头是招牌菜。2015年开张的金鼎酒店，共4间2层，有餐桌13张（其中包厢4个），其设施考究，服务上乘，菜肴可口，深得游客喜爱。

三、旅游纪念品

1983年，祝陵村在善卷洞后洞公路旁（现后洞停车场）成立宜兴市善卷洞园艺场，属村办企业，从事车辆停放、假山盆景出售等业务，1999年转让给善卷洞管委会。

1985年开始，祝陵村民鲁金松、余晋初到附近山上挖掘树桩，制作盆景出售，主要品种有雀梅、女贞、黄杨、枸骨、六月雪等。村民莫

图12-64　假山制作

景山从事砂积石、太湖石、千层石的盆景制作，1995年成立宜兴市假山盆景有限公司，现分设祝陵、宜兴、上东、上干4个分公司。

2010年善卷洞风景区改造前，后洞出口处涌金桥两侧建有100多米长的涌金街，街上有50多家小商店和摊位，出售以陶瓷为主的旅游纪念品。2010年后，在丞相潭对面建设陶瓷城市场，市场中有陶瓷街、金云紫砂艺术馆、宜兴紫砂陶瓷城、宜兴紫砂城等9家陶瓷专营户，主要经营紫砂（壶、杯、盆、陶宠等）、彩陶、青瓷、均陶、日用陶瓷等产品，兼营山水盆景、树桩盆景及土特产（茶叶、笋干、葛粉、野生葛根、乌米饭、板栗、雁来蕈、百合、草鸡蛋等）。在陶瓷城市场经营的祝陵村民有夏小奇、金云等人，经营规模较大、效益较好。

图12-65　旅游纪念品：钱松岩《洞天砥柱》画扇

第十三章　群众文化

祝陵村历史悠久，文脉厚重，既有流传甚广的各类民间传说、民间歌谣，又有庙会、社戏等民俗活动，还有各类喜闻乐见的民间文体表演。迁徙来的河南籍村民带来了中原文化，让祝陵村的村落文化更加丰富多彩。民国年间，祝陵村有丝弦班、青狮队、十番锣鼓队参加庙会、节庆活动。新中国成立后，村民积极参加社会文化活动，先后组建双祝剧团、双祝文工团、男欢女喜表演队、腰鼓队、祝陵一枝花舞蹈队等，丰富村民业余文化生活。2000年后，在村委办公楼设立文化服务中心，开辟图书阅览、书画习作、戏曲表演、棋牌和乒乓球活动室。先后建设祝陵、国山、合兴、黄墅片区和水坞岕文化广场。男欢女喜表演队、青狮队、十番锣鼓队、腰鼓队、舞蹈队等群众文艺团体参与全市的庆典和重大节庆活动。

第一节　文艺活动

祝陵村的群众文艺活动植根于民众，通过相应的文艺团体把喜好相近的村民组织起来，学习老传统、切磋新技艺，使戏剧、曲艺、民间舞蹈等文艺活动得以传承，并获得新生。进入21世纪，随着广场舞等一批群众文艺的普及和提高，村民的业余文化生活更加丰富多彩。

一、男欢女喜

男欢女喜，俗称调禓亡，是宜兴地区特色鲜明的传统舞蹈，从明初传承至今已有600多年历史，2006年列入江苏省首批非物质文化遗产名录。

男欢女喜为假面双人舞，男、女二角又称“男禓”和“女禓”，故又名“调禓亡”“踩禓亡”。历史上，其表演形式有沿门表演（调门头）、作场表演（调场子）

和随行起舞3种。祝陵地区的庙会、观蝶节巡游和传统节俗中都有男欢女喜的表演。

图13-1 男欢女喜排练

男欢女喜在世代传承中形成上盘、中盘、下盘三种流派，祝陵村的“男欢女喜”属上盘流派。表演时，男、女二角右手各执一把纸折扇，女角左手执一条彩色手帕。音乐伴奏仅有大锣(汉锣)一面，三击四拍不断循环，按照男、女二角舞蹈动作的快慢变化节奏。该舞蹈开头称“钥匙头”(也叫“扯四门”)，接着有“荡湖船”“采桑”“买胭脂”“打店”“点灯”“送茶”“男睏、女睏”“开窗望月”“祈神”“花蝴蝶”10个传统情节。

“文化大革命”期间，男欢女喜被禁演。20世纪80年代，逐渐恢复。2004年后，张渚镇组建男欢女喜特色舞蹈队，相继参加上海世博会、中国农民歌会等重大活动的表演。

2006年，在张渚镇男欢女喜舞蹈队的支持下，成立祝陵村男欢女喜舞蹈队，有成员15人。省级传承人陈红梅、汪国琴实施指导，队员们刻苦学习，定期排练，很快掌握男欢女喜的基本表演技巧。2010年，祝陵村卢苏蓉随同宜兴表演团队参加上海世博会的巡游。2015年，祝陵村男欢女喜舞蹈队在张渚镇18个村(社区)男欢女喜舞蹈比赛中获得第二名。至2016年，祝陵村男欢女喜舞蹈队参加善卷洞风景区观蝶节、大觉寺素食节、张渚镇和祝陵村节庆活动表演达数十次。

二、戏剧

祝陵双祝剧团建于1953年，由储烟水创建并任团长，有演员、琴师等50余人。除演出县委宣传部推荐的剧目外，自排自演锡剧《双推磨》等传统剧目。双祝剧团一度活跃在祝陵、张渚、玉山、上东等地，深受群众欢迎。1956年，储烟水主持善卷洞管理小组工作，双祝剧团停止演出。

祝陵双祝文工团于1956年由李坤荣创办并任团长，三年困难时期停办，1964年恢复活动。1969年，双祝文工团代表善卷公社到驻宜兴部队慰问，演出革命样板戏《红灯记》等，受到部队官兵和当地群众的一致好评。1973年，祝陵双祝文工团由黄伯康任团长，演职人员有40多人。演出剧目除《不忘阶级苦》《双祝是个好地方》等配合形势宣传的小节目外，还有《野鸭舟》《双教子》《中秋之夜》《三思仇》《红灯记》等全本大戏。1980年，祝陵双祝文工团停止演出。

三、丝弦

祝陵丝弦班成立于1940年，由村民宗云玉发起并任队长，陈根林、周尔康任技术指导，先后有队员36人，乐手全是业余音乐爱好者，以老带新、代代传承。乐器有二胡、京胡、板胡、三弦、琵琶、笙、笛、箫、板鼓、小锣、京锣、铃罄等。新中国成立后，还配备了小提琴、大提琴。曲目主要有小开门、大开门、头拨只、长二拨只、花灯、花园、昭君和番、满江红、倒板、盘歌10首，笛子起领头作用，吹奏者演艺较高，演奏整套乐曲约需40分钟。

1、头不只

乙ののの火　の火の上の　上尺工　六五尺尺工六五上　の上の火工上の尺　工尺工尺工六　五工六工尺工六五工六尺工上　の上火の上　上尺上　工六の上の火　の火の火六工六尺　工工六尺工六尺工上乙の　乙の乙の火の上　火の上尺工上工尺工上　上尺上

2、花园

六工六尺工　六尺工上乙の　五六六五工六尺六工　凡工　乙工六尺工尺工乙　工六尺工尺　尺六工尺火の乙の乙の乙　尺乙の乙尺乙の火の火乙の　の乙尺工尺工

乙尺乙の火の火　乙の火工六尺六工　凡工　乙　工六尺工尺尺六工尺火の乙の乙　尺乙の乙尺乙の火の火乙の　の乙尺工尺工乙尺乙の火の火　五六六五工六尺凡工　凡工

3、长二不只

尺工上の　尺工六五六工尺　工六工尺上　火の上　のの火の火工尺工尺工六　五五六工尺上の尺　工尺工尺工六五六工尺工六工尺上　火の上　上の火　の上火の火の工六尺工　工六尺工六尺工上乙の火の　乙の乙の火の上　火の上　尺工上　尺工上工尺工上　上尺上

丝弦工尺谱

每年农历三月十七日大集庵出会，是祝陵丝弦班的重头戏，全体队员要身着青色长褂进行表演。出会前一天，请菩萨出座，丝弦班要在庙门口演奏一天一夜。庙会当日早上，痘官老爷、痘官娘娘出巡，丝弦班要与十番锣鼓队、青狮队等众多方阵出游，从大集庵出发，经黄墅庙、飞里庙，回到大集庵庙，请菩萨入座。每次出会要吹吹打打两天一夜，热闹非凡。1960年，祝陵丝弦班暂停活动，1963年恢复。“文化大革命”开始后，祝陵丝弦班停止活动。

四、花船舞

花船舞，俗称调花船，是由聚居祝陵的河南籍移民在清末从河南带来的一种载歌载舞的民间文艺。

花船也叫龙船，上面装着9朵荷花灯（船头1朵、船尾1朵、船的四角各1朵、船顶1朵、中舱左右各1朵），每只荷花灯都会旋转。晚上，将荷花灯里的蜡烛点亮（后改用电池），朵朵荷花随着船娘调船的节奏旋转，十分夺目。调花船的好坏，全看荷灯旋转的速度，转得越快，说明调得越好。花船舞的道具有花船、牛、犁、锄头、河蚌、荷灯等。

祝陵地区的调花船从每年的大年初一调到二月二龙抬头，几乎跑遍宜兴西南山区的村庄。调花船分为“调门头”和“调场子”，调门头是每到一村，挨家挨户地调，以唱花船（船歌）为主，用河南话演唱，一人主唱，一人搭腔，歌词即兴现编，见到什么唱什么，多为吉利话。唱到哪家，主家要发喜封、香烟等。调场子是在广场上表演，一般是晚饭后开场子，人气很高。调花船至少需要3人同时表演：一个是船娘（一般由男子装扮），站在花船中间“调船”，即双手提着船帮，以各种行船姿势表现卧沙滩、遇风浪、归太平等情节；另一个是撑船人，配合行船做多种撑船动作，并演唱表示祝福、祈求平安的船歌；还有一个是摇船的小丑，主要是搞笑、打浑。晚上开场子，调花船会与调犟牛、荡湖船、鹬蚌相争舞、播种舞、秧歌舞等一起表演，节目丰富多彩。

1944年，祝陵花船舞由黄墅吴相成组建唱门头，后有黄墅冯均义等加入调花船。按调花船规矩，要调就是三年，不能半途而废。1965—1967年连续调三年，1976—1978年又连续调三年。花船由祝陵村张圣余制作，这门手艺现由其子张世良传承，2015年还为张渚镇扎过花船。

五、十番锣鼓

十番锣鼓是农村中较为普及的民间艺术形式之一。据传，南宋时岳家军屯兵宜兴，宜兴十番锣鼓与岳家军的河南十番锣鼓相结合，形成了更有特色的新十番锣鼓，每逢庙会或喜庆活动，都会有十番锣鼓表演。民间演奏十番锣鼓有大锣大鼓、小锣小鼓之分，一般是有大锣大鼓五番、小锣小鼓五番。大锣大鼓用的是低音锣和大堂鼓，大钹加水钗，其音响亮宽厚；小锣小鼓用高音

图13-2 祝陵女子十番锣鼓队

锣和小堂鼓，小钹加小月锣，其音高亢清脆。鼓是十番锣鼓的总指挥，大鼓指挥大五番，小鼓指挥小五番，大五番与小五番相间组合（俗称“雨夹雪”）演奏时，犹如男低音与女高音交替演唱，突出了音色对比和节奏变化。

祝陵村十番锣鼓队初建于民国时期，当时由村民捐资置办锣鼓。新中国成立后，锣鼓由村部统一购置。2006年，祝陵村成立女子十番锣鼓队，由黄伯康执教，他将原来的大五番、小五番改编成大十番、小十番的新十番锣鼓（共20番），番头增加后，通过随机组合，变化灵活。

2016年，祝陵女子十番锣鼓队有队员13名。黄伯康为传承人，刘祥君、庄华秀为队长、副队长。村内节庆活动、欢送新兵、善卷洞风景区大型活动，都有祝陵女子十番锣鼓队的身影。

链接：祝陵村新十番锣鼓鼓谱

长流水开鼓：‖：狂初狂初　狂初狂初｜初初狂初　初初狂初：‖

（反复回复。听鼓指挥，收锣转调，每番结束接转长流水）

头　番：初　狂　初　狂｜初狂初　狂初狂狂｜初狂初初　狂　○｜
狂　○　狂　狂｜赤　狂　初　狂　狂初｜狂　赤　狂初狂初｜
狂　赤　初初狂初｜狂　赤‖

二　番：初　初　狂　狂｜初　初　狂　狂｜初初初　狂狂狂｜
初狂乙狂　狂狂初｜乙狂狂　狂初乙初｜初狂初　乙初初｜
狂初狂　初狂初｜狂初狂狂　初狂初初｜狂　○　狂　○｜
狂　狂　赤狂初｜狂狂初　狂　赤｜狂初狂初　狂　赤｜
初初狂初　狂　赤‖

三　番:初　初　狂　狂|初　初　　狂　狂|初初狂　　初初狂|
初各狂初　狂　〇|狂　〇　　狂　狂|赤狂初　　狂狂初|
狂　赤　狂初狂初|狂　赤　初初狂初|狂　　赤‖

四　番:狂　狂　初　初|狂　狂　　初　初|狂初乙初　初狂初|
乙初初　初狂乙狂|狂初狂　　乙狂狂|初狂初　狂初狂狂|
初狂初初　狂　〇|狂　〇　　狂　狂|赤狂初　　狂狂初|
狂　赤　狂初狂初|狂　赤　初初狂初|狂　　赤‖

五　番:初　初　狂　狂|初　初　　狂　狂|初狂初狂　初狂狂|
狂初狂初　狂初初|狂初初初　狂初初初|狂初乙初　狂　〇|
狂　〇　狂　狂|赤狂初　　狂狂初|狂　赤　狂初狂初|
狂　赤　初初狂初|狂　　赤‖

六　番:初　初　狂　狂|初　初　　狂　狂|初初狂　　初狂初|
初狂乙狂　狂初初|狂初狂初　初初狂初|狂狂初初　狂　〇|
狂　〇　狂　狂|赤狂初　　狂狂初|狂　赤　狂初狂初|
狂　赤　初初狂初|狂　　赤‖

七　番:初　初　狂　狂|初　初　　狂　狂|初狂赤　　狂初初|
狂初狂初　初狂初|初初狂初　狂狂初初|初狂狂初　狂　〇|
狂　〇　狂　狂|赤狂初　　狂狂初|狂　赤　狂初狂初|
狂　赤　初初狂初|狂　　赤‖

八　番:狂　狂　初　初|狂　狂　　初　初|狂初狂　　狂初狂|
狂初初狂　初狂狂|狂初狂赤　狂初初|狂初狂赤　狂初初|
狂初狂初　狂　〇|狂　〇　　狂　狂|赤狂初　　狂狂初|
狂　赤　狂初狂初|狂　赤　初初狂初|狂　　赤‖

九　番:初　初　狂　狂|初　初　　狂　狂|初初狂初　乙初初|
狂初狂初　初狂狂|狂狂初　狂初狂初|初狂初初　狂　〇|
狂　〇　狂　狂|赤狂初　　狂狂初|狂　赤　狂初狂初|
狂　赤　初初狂初|狂　　赤‖

十　番:初　初　狂　狂|初　初　　狂　狂|初初乙初　狂初狂|
狂初乙初　初狂初|初初狂初　初初狂初|初狂狂初　狂　〇|
狂　〇　狂　狂|赤狂初　　狂狂初|狂　赤　狂初狂初|

狂　赤　初初狂初 | 狂　　赤 ‖

（狂：大堂锣；初：大钹；赤：小钹合拢；乙：短暂休止；〇：休止符）

六、青狮舞

青狮舞，俗称调狮子。是祝陵地区传统民间舞蹈。祝陵青狮狮头用木头雕刻，用各色油漆勾画出螺旋形狮毛以及眼睛、鼻子、嘴巴。青狮的嘴巴能够张合，下巴用绣花红布做成狮毛遮挡，狮头上还扎有红花和彩带。公狮和母狮勾画不同，公狮威武，母狮花俏。狮皮用青绿色细麻线和麻丝编成，狮皮下端用数层彩布作为狮毛遮挡。青狮舞一般由两个人披着狮皮同时表演，一人舞狮头，称为“前马”，一人舞狮身，称为“后马”。舞蹈配乐是小锣、小鼓、小镲，狮舞演员随着铿锵有力的锣鼓节奏，通过跳、跃、扑、滚、转、叼等，进行表演，其难度较大的有调三桌半、台角倒立、前马反跳上台等动作。

祝陵青狮队成立于1948年，由蒋金华执教，队员8人。1958年，传承给谈洪元。1965年，传承给王顺林。2002年，由王顺林传承给黄伯康，更名为祝陵梁祝青狮队，至今已传承四代。青狮队成立初期，每年春节挨家挨户表演、拜年，主家会发给红包或礼物。1953年底，祝陵青狮队在表演过程中登上石灰船，船主特意将红包挂在高达8米的桅杆顶上，队长蒋金华用调独人狮子的形式，一手舞狮头，一手攀桅杆，调到桅杆顶上，取下红包，然后腾空扑下，稳稳地落在船上，围观群众为其高难度动作喝彩鼓掌。

2016年，祝陵梁祝青狮队有老中青三代队员18人，由第四代传人、张渚镇青狮协会会长黄伯康兼任队长，张永军任副队长。青狮队的表演主要有二人跟头、鸭子走路、朝天举香、高空扯蓬、拔宝剑、盘台脚、老龙挂水、竖蜻蜓、反走梅花桩、口叼长凳、夫妻美容、恋恋不舍等精彩动作，还能表演“调三桌半”的高难度动作，即用三张八仙桌依次垒起，上面再加一张凳子，两名表演者沿着桌腿一张一张地盘上去，最后在凳子上表演扯蓬、竖蜻蜓等动作。青狮队每年参加宜兴市秋交会、张渚镇闹元宵、善卷洞观蝶节活动，并为祝陵村重大活动表演。

图13-3 祝陵青狮舞表演

七、调犟牛

调犟牛，亦称调春牛，兼有河南风格和本地特色，一般在农历年初至二月二间表演。

图13-4　调犟牛

调犟牛是人与牛的舞蹈，名义上是人调教牛，实际上却是牛调戏人，因为表演的牛是头犟牛，不听指挥。调犟牛由“牧牛”与“犁田”两组情节组成：牛娃牵着牛儿去放牧，犟牛不听话，千方百计戏弄牛娃。掌犁人扛着木犁上场后，牛娃按住犟牛头，套上牛锁头。开始耕田，犟牛赖着不走，掌犁人挥动牛鞭，犟牛狂奔。最后，气喘吁吁的犟牛被掌犁人制服。“犁田”时，犁一段、唱一段，唱词多为祈盼风调雨顺、五谷丰登等。犟牛的牛头，用竹篾编成骨架，先裱上一层纸，再糊上硬纸板，留有耳孔、眼孔和鼻孔，眼睛和耳朵用绳子系在骨架上，鼻孔上系扣牛绳。牛身用布料做成，染成棕黑色，画上牛毛。牛尾巴插入牛身，舞蹈时眼睛、耳朵、尾巴都会动，栩栩如生。调犟牛的配器是锣、鼓、镲，舞蹈的节奏全由锣鼓掌控，锣鼓越快越激烈，人、牛的动作也越大越快。1965—1978年，由村民梁元小演牛尾，冯顺林演牛娃，吴相成演掌犁人，牛头由吴国东、宋正六两人轮换。现祝陵村调犟牛濒临失传。

八、广场舞　腰鼓舞

2004年，祝陵村开始有广场舞活动，在丁来娣等18人的带动下，广场舞逐渐掀起热潮。2006年，祝陵舞蹈队成立，由丁来娣、邵惠琴任队长、副队长，施叶英为老师。2009年，在舞蹈队的基础上成立祝陵腰鼓队，由汪国琴任老师，两支队伍一批队员。祝陵舞蹈队和腰鼓队每年参加善卷洞风景区观蝶节活动，参加镇、村举办的闹元宵、三八节、重阳节等活动。2015年，参加大觉寺

图13-5　广场舞

法治长廊

春节献演。2016年，祝陵舞蹈队和腰鼓队有队员51人，从中抽出20人组成祝陵一枝花舞蹈队，在宜兴电视台承办的“江苏有线杯”宜兴首届“我爱广场舞”大赛中，经过层层选拔，以决赛总分第四的成绩荣获三等奖。

图13-6　祝陵女子腰鼓队

图13-7　祝陵舞蹈队获奖奖杯

祝陵舞蹈队历年获奖情况

表38

年份	比赛名称	演出节目	获奖情况
2004	张渚镇中老年柔力球比赛	柔力球	第二名
2011	张渚镇建党90周年红歌比赛	爱我中华	二等奖
2013	张渚镇庆元旦广场健身舞展演	中国结	二等奖
2014	宜兴市庆祝国庆65周年广场舞比赛	梅竹思春	金奖
2014	无锡市广场舞大赛	梅竹思春	二等奖
2015	张渚镇广场舞大赛	小苹果	二等奖
2015	张渚镇男欢女喜舞蹈比赛	男欢女喜	二等奖
2016	“江苏有线杯”（宜兴）首届电视微视频广场舞大赛	初赛：爱我中华 决赛：中国美	三等奖

第二节 文化设施

民国期间，祝陵的文化设施基本空白。新中国成立后，随着党的宣传工作的深入和农村文化活动的普及，祝陵村的文化设施逐步完善，尤其是演出舞台和文化广场的建设，为村民提供了文体活动和休闲娱乐的场所。

一、演出舞台

民国年间，除船民修建的大王庙戏台(1947年焚毁)外，祝陵没有固定的演出舞台，每当社戏、庙会演出时都是临时搭台。在大王庙对面就曾搭建戏台，请来戏班演戏。新中国成立后，除了请戏班到村里演出外，祝陵村还有自己的文艺演出，为此在祝陵河北岸（川善公路西侧）建了一个戏台，宽约20米、进深约8米。最初用门板等临时搭建，演员由跳板上下。后来改为土台，四周镶以石块。每逢端阳、中秋、庙会、节场演出剧目，由村民自编自导自演。2016年，祝陵村在国山尚德广场建起宽15米、进深7米，面积105平方米的固定舞台，便利大型活动和文艺演出的开展。

二、书店

1992年，善卷书店在祝陵村开办，店址设在原国山大队部，店主是黄墅村民张德诚。主要经营古典文学、武侠小说、科普书籍，兼营租书业务、代客写信等。2001年，因图书滞销，善卷书店歇业。

三、文化广场

2016年，祝陵村有文化广场5个，分布于祝陵、国山、合兴、黄墅4个片区，置有篮球场地、健身器材、演出舞台、老年活动室等文体设施（详见本志《乡村建设》）。

四、文化服务中心

2006年，在村委会办公楼设立文化服务中心，服务内容包括图书阅览、电子书阅览、书画创作、远程教育、综合排练及乒乓球、篮球、棋牌活动等服务。

图13-8　尚德广场舞台

图13-9　黄墅广场健身器材

图书阅览室、电子阅览室和书画创作室设在一楼，每周一至周六开放；乒乓球活动室、远程教育室设在四楼，全年开放；文体活动室设在各文化广场，提供棋牌、篮球、广场舞等活动场地和健身器材，全年开放，免费服务。村委会聘请文体辅导员，优化服务内容。

第三节 庙 会

民国时期,祝陵地区的大集庵、东岳庙、大王庙都举办庙会。大集庵又名痘花庙,在司姑山南,庙会于农历三月十七日举行。东岳庙在痘花庙西一里,正殿祀东岳大帝黄飞虎,偏殿祀蚕花、三官、孟姜,庙会于农历三月廿八日黄飞虎诞辰日举行,届时把黄飞虎、孟姜抬出寺庙巡游,并在庙对面搭台演戏三天。大王庙位于祝陵河北岸、玉带桥西侧,祀河神金龙四大王菩萨,1939年前多次举办庙会。

菩萨出会是庙会重头戏。出会前,先将寺庙打扫、粉刷,再修整菩萨木(泥)身和座驾,换上新衣服,是为开光。预先张贴告示,告知某月某日某神明出巡至某村消灾降福。伴随菩萨出行的有丝弦、十番锣鼓、青狮、调三十六行、调裼亡等表演队伍,以及彩旗、童男童女等方队,盛时有300多人。临近村庄,先放铳三声,通知村民出会队伍到了。队伍排列顺序一般是:牛头马面开道,四人抬着猪头三牲紧跟在后。接着是表演队伍,名头大的(有时聘请外地表演团队,如盾牌队、大刀队、马叉队等)排在前面。当地的丝弦班、青狮队、锣鼓队、调裼亡、调三十六行表演队伍排成一个个方队,边行进边表演。最后面是菩萨老爷出巡队伍,衙役扛着“肃静”“回避”硬牌,鸣锣开道,老爷坐着八人大轿,后面跟着书童、茶童、花童一行。整个出行队伍从庙前广场出发由东面进村,经过玉带桥,往西到洋龙坨,由干茅墩出村,再沿着事先通知的路线走村穿巷,兜一大圈回到寺庙后结束。出会相当于大型的民间文化活动巡演,所到之村,都会受到热情接待,村民们悉数外出,追逐观看,有的会跟着巡游队伍到下一个村。新中国成立初期,祝陵村庙会停办。

第四节 方言土语

祝陵村方言属吴语系中的宜兴方言西乡话,没有翘舌音,不分前鼻音、后鼻音,且存在“四”与“十”、“吴”与“胡”、“朱”与“居”、“王”与“黄”不分等现象。

有些字“有音无字”,本志中用同音字或近音字替代,如:“(地面)不滑”称“ci”,没有恰当的用字,只能用同音字“刺”代替。还有的字,其发音在汉语拼音中找不到准确的注音。如:叫妈妈为“N娘”,“N”为英文读音,以“恩”替代。

土语中有时形容词、象声词夹杂,比较难懂,如:“昨天晚上,天很黑,我摔了一跤,膝盖摔肿了”,祝陵方言为“昨日夜头,赤黑没塔,我叭辣哒一跤,膝头面浪掼出一个紫得罗块”,其中象声词“拔辣哒”读为短促的入声,发音即收。

一、常用方言

祝陵村临近张渚,有些方言发音与张渚相同,如称“闪电”为“哗(入声)线”、“弄堂”为“夹弄”、“前年”为“葛年则”、“街上”为“街浪”、“一会儿”为“一汆汆”、“没有”为“呒没”等等。历史上从河南迁徙到祝陵的村民较多、居住也较为集中,他们在此繁衍生息,形成河南方言群落。占村民总数五分之一的河南籍村民之间交流讲河南话,形成河南话方言岛。河南籍村民与祝陵本地人交流讲宜兴话。

祝陵村常用(特色)方言一百例

表39

类型	普通话	祝陵村方言相近读音	祝陵村河南话相近读音	说　明
称谓	爸爸	大大	大	“大”读“嗒”
	父亲	老则	大	在第三者面前称呼“父亲”为“老则”,如:你家“老则”(“则”是“子”的发音)
	妈妈	N(恩)娘、娘娘	妈	“N”为英文字母N的发音,近“恩”音
	母亲	娘	妈	在第三者面前称呼“母亲”为“娘”,如:你家“娘”
	爷爷、奶奶	爷(哟)、亲娘	爷、奶	
	丈夫、妻子	老倌、老嬷	他爸、他妈	年轻夫妻相互叫名字
	儿子	伢伲	孩	
	女儿	女妮、丫头	姑娘	
	弟弟、妹妹	弟则、妹则	弟弟、妹妹	
	哥哥、姐姐	阿哥、阿姐	哥哥、姐姐	
	叔叔、婶婶	叔叔、婶婶娘	叔叔、婶婶	平辈女性跟随小辈称呼

续表39

类型	普通话	祝陵村方言相近读音	祝陵村河南话相近读音	说　明
称谓	伯伯、婶婶	伯伯、阿姆娘	大爹、大妈	“姆”，抿紧嘴唇，用鼻子发出的音。平辈女性跟随小辈称呼
	大姑、小姑	伯伯	姑	“大”读“渡”；女性跟随小辈称称呼
	姑妈	大伯伯、小伯伯	姑	俗称“女伯伯”
	嫂嫂、弟媳	阿嫂、弟妇	嫂子、婶子	“妇”读“五”
	外公、外婆	舅公、舅婆	姥爷、姥娘	
	舅舅、舅妈	娘舅、舅姆	舅舅、舅妈	
	姨妈、阿姨	姨娘	姨	
	岳父、岳母	丈人、丈姆	老丈人、老丈母娘	“丈”读“昨”；“人”读“宁”
	小孩	小佬	小孩	
	大人	大宁	大人	
	老年人	老娘家	老人家	“家”读宜兴话的“加”
	未成年男子	小倌宁	小伙子	“倌”读“归”
	未成年女子	大小娘、丫头家	大姑娘	“丫”读“哦”
气候时令	太阳	日头	太阳	“日”读“涅”
	月亮	亮月	月亮	
	晴天	晴佬、好天	晴天	
	下雨	落雨	下雨	
	毛毛雨	濛淞雨	下小雨	
	闪电	哗线	扯闪	
	打雷	响阵头	打雷	
	化雪	烊雪	雪化	
	虹	吼	起杠	
	冰凌	凌澤	挂喇叭	“澤”读“独”
	淋雨	沰雨	淋雨	“沰”读“笃”

续表39

类型	普通话	祝陵村方言相近读音	祝陵村河南话相近读音	说 明
气候时令	白天	日勒	白天	“日”读宜兴话的“热”
	晚上	夜(音哟)勒	晚黑	
	傍晚	夜(音哟)快咧	傍晚黑	
	中午	中昼心勒	晌午	
	大后天	慢后朝	大后天	
	天上	天浪	天上	
用品	栈条	窝条	吸串	
	马灯	梳岗灯	马灯	
	陀螺	李逵	打不死、李逵	
	摇篮	箩窠	摇窠子	“窠”读“可”
	工具	家生(音桑)	工具	“家”读“瓜”
动植物	玉米	芦黍	苞谷	
	杉树	杉檀树	杉树	“杉檀”读“散弹”
	三叶草	遍里青	遍里青	
	公牛、母牛	牯则、牸牛	公牛、母牛	
	刺猬	刺女凸圞	刺猬	
	蝉、知了	知摇	鸡笼子	“了”读“撩”
	马铃薯	洋芋头	洋芋头	
常用语	浴室洗澡	拱混堂	洗浴	
	石头剪子布	打打小爱生	石头剪子布	
	仰面跌倒	坐头桩	昂巴翘	
	哪里	落搭	哪哈	
	这里	尬头、尬边	这哈	
	那里	过头、过边	那哈	

续表39

类型	普通话	祝陵村方言相近读音	祝陵村河南话相近读音	说　明
常用语	上面	上头、头顶	高头	
	下面	下底	底下	
	后面	后底	后头	
	叫	欧、茄	喊	“茄”不读“qie”，以“J”为声母，“O”为韵母
	怎样	哪样	搞啥子	“哪”读“落”
	刚才	将眼	才将	“眼”读作宜兴话
	做什么	做店	搞么事	
	不结实	离喵	不牢	
	凑钱聚餐	杠柜、掼锅铲	打拼锅	
	两山峰之间空地	山岕岕	山沟沟	“岕”不读“jie”，以声母“k”加韵母“o”。祝陵村有小娘岕、老鹰岕、桠枝岕、东湖岕、西湖岕、水坞岕、坟山岕、瑶头岕等
	采石宕口	石宕、宕口	石宕	祝陵村有青石宕、白石宕等，统称“石宕”
	忙乱	乱撖罗	瞎忙	
	做事爽快	刹劈	麻利	
	说空话	讲老空、嚼白蛆	劈呱	“白”读“拔”
	没有	呒没	没的	“呒”的读音为双唇抿紧，用鼻子发声
	背部不挺	蠖腰骆背	蠖腰	“蠖”读“呵”
	全部	夯拨郎当	一来头	
	差劲	沓煞	呒缠头	
	无法收拾	呒手撖罗	一副烂摊子	
	做事不计后果	脱天漏底	不依规矩	
	崭新	嚓刮拉新	很新	

续表39

类型	普通话	祝陵村方言相近读音	祝陵村河南话相近读音	说　明
常用语	很黑	黑漆墨塔	赤黑	
	喝醉酒	腻五搭六	喝多了	
	吃饭	吃饭	恰饭	“吃”读“契”,“饭”读“番”
	瞎起劲	干火乱窜	干起劲	
	不爽	涩里涩卡	不在理	
	疯疯癫癫	撒疯撒千	神经兮兮	“撒”读“石”
	很潮湿	托湿潮	糊沓烂	
	灰多、肮脏	灰菩踢塌	糟死了	
	要挟	压死	大话吓死人	“压”读“阿”
	累	吃力巴霍	累死了	
	安稳	安牢本等	安安稳稳	
	天气很冷	滴水滴冻	滴水滴冻	
	红的	红碧里西	红碧里西	
	流血	血碧里拉	血碧里拉	
	很冷	冰冷激骨	冷得不得了	“冷”读“朗”
	刚好	够料恰数、齐巧好	将好	
	神气地指挥	嗨五喝六	神气活现	
	无视规定	天吼箬帽大	无法无天	“箬”读“哟”
	做事认真	把牢十二经	认认真真	“二”读“倪”
	对得准	贴对五洞桥	贴对	五洞桥在祝陵村西2.5千米

注:“祝陵村方言相近读音”和“祝陵村河南话相近读音”中的一些字,有的根据本义字记述,有的是根据发音选取近音字记述,并不作为规范写法。“备注”中的读音,只代表近似的读音,四声并不一定相同

二、常用歇后语

舅家做来的帽子——正好
嘴上搨石灰——白讲(读“杠”)
癞蛤蟆塞床脚——硬撑
石灰船失火——呒救
祝陵人相打——一齐上
嗡鼻头搭份子——好么五份,坏么呒份
蛇吃黄鳝——硬摒
芦菲滚到地浪——差勿多
瘌痢头伢伲——自要好
箍桶匠砌屋——呒间(读“嘎”)架
长凳浪贡鸭子(鸭蛋)——勿牢靠
船到桥洞——自然直
六指头哈巴掌——加二(读“倪”)奉承
瞎子吃馄饨——肚勒有数
火着巴好看——难为主家
烧香看和尚——一事两便当
猢狲栽树——勿死勿歇
灶家菩萨上天——有一说一
小猪吃奶——轧勿上帮
河泥塘勒拨石臼——越陷越深
麻雀掉在烟囱勒——有命呒毛
六月勒格天——说变就变
夜壶掉拉鋬——就好一张咀(读“据”)
松板夹骆驼——两头勿着落
河线(蚯蚓)翻跟头——腰里勿吃硬
鼻头上格肉——拉勿到咀勒
木匠弹线——开一眼闭一眼
叫花子上阶沿——得一步进一步

算盘珠珠——拨一拨，动一动
年初一做羹饭——一呒来头

三、常用谚语

1.气象

日头返照，明朝热到鬼叫。
夏雨隔个村，秋雨隔条绳。
雨天知了叫，晴天马浪(上)到。
春雾雨，夏雾热，秋雾凉风冬雾雪。
小暑头浪一声雷，半月黄梅倒过来。
梅勒西风莳勒雨，莳勒西风顿时雨。
夏至呒云三伏热，重阳呒雨一冬晴。

2.生产

重阳呒老少，霜降一齐倒。
冬天垩遍泥，胜如盖层被。
寸麦怕尺水，尺麦怕寸水。
白露白迷迷，秋分稻秀齐。
小暑勿搁田，秋后勿怪呒没天。
千浇万浇，勿如处暑头浪一浇。
稻上场、麦进仓，芝麻黄豆扛勒肩膀浪。

3.其他

勿怕少年苦，就怕老来穷。
口说如风过，纸笔定山河。
打煞拳教师，淹死水葫芦。
汤落落、水落落，一年三担六。
冬吃萝卜夏吃姜，勦(读“Fiǎo”)请郎中开药方。
鱼有鱼路，虾有虾路，蛤蜊呒脚，划条痕路。

第十四章 民俗风情

在漫长的历史进程中，受经济、社会、文化等诸多因素的影响，祝陵村逐渐形成独特的民俗风情，近代从河南等地迁徙来的村民又将老家的一些风俗带到祝陵，与祝陵风土民情融合在一起。村内在岁时、礼仪、生产、生活等方面既有与祝陵周边地区相同、相似的风俗和习惯，又具有地方特色。新中国成立后，由于受各个历史时期的政治影响，一些不合时宜的风俗逐渐消失。同时，在文化交流中，为适应生活、生产的需要，一些濒临消失的习俗以新的方式复活或演变，一些新的风俗相继产生，形成新老融合，富有特点的民俗风情。

第一节 生产习俗

历史上，祝陵村采石业和石灰业十分发达，明代就有“山人业采石”的记载，近代祝陵“南山灰”享誉大江南北，在长期的生产作业中，祝陵村形成了独特的烧石灰习俗。

一、祭窑

每年春节过后，各石灰窑主自行选定黄道吉日吉时开窑。开年第一窑须进行祭窑。装好窑后，在窑门口搭建草棚，门洞里摆放桌子，上列供品（猪头、雄鸡和鲤鱼三样）和香炉、蜡烛，桌前摆放一只焚烧缸。参加祭窑的有窑老板（合伙人）、大师傅（看火师傅）和工头（带班）等。先由窑老板点燃三把清香许愿，求窑神保佑窑窑烧出好石灰，保佑大家发财、子孙兴旺，然后把香插入香炉、焚烧纸钱，叩拜。接着由大师傅、工头依次烧纸（不添香）叩拜。祭拜结束，立即点火，任其慢火焖烧，以烘干石头中的水分，六七天后方烧大火。祭窑点火后，所有人在一起吃晚饭。此俗民国时期较盛。新中国成立后逐渐淡化，石灰窑更新后，此俗不存。

二、祭山头

采石老板每年要在采石宕口祭山头两次。第一次是正月半后开工的第一天早上，全体工人参加，老板焚香祭拜，请求山神保佑顺利、平安、发财，工人分头燃放爆竹，老板发放红包，象征性地拖一车石料表示开工。第二次在腊月廿三之后、歇年之前的某日下午，全体工人参加。以大石为祭台，上放香炉、猪头三牲，老板（工头）焚三把清香，感谢山神一年来的照应，希望来年更好。然后烧纸、揖拜，全体工人依次揖拜。仪式结束集体用餐，故有“廿三团子廿四饭，长工吃了就滚蛋”的谚语。1966年“文化大革命”开始，此俗不存。

三、祭土地

农历二月初二是土地菩萨生日，农谚称“二月二，饭瓜葫芦同下地”，过后要就动忙了。民国时期，田主会到田头，供上一荤两素、酒水一杯、白饭一碗，点燃香烛、纸马祭土地。求田公田婆保佑四季平安、五谷丰登。请完土地要象征性地“动忙”，即在田头焚烧稻草结，边烧边说：“摊田角，摊田角，白米三石六。”此俗已不存，但仍有少数老年人在这天到土地庙烧香祈福。

第二节　岁时节俗

在祝陵地区，全年的岁时节令活动以春节民俗活动最为隆重与集中，从节前腊月廿四（小年）延伸到元宵节，民间还有“拜年拜到大麦黄”

图14-1　写春联

说法。祝陵是梁祝传说发源地,民间有独特的农历三月廿八观蝶节习俗。改革开放以后,受西方"情人节"的影响,将"七夕"(农历七月初七牛郎织女鹊桥相会之日)逐步演变成中国的情人节。2016年起,张渚地区和善卷洞风景区依托梁祝爱情传说,在"七夕"组织爱情传递活动。

祝陵村岁时节令习俗一览表

表40

民俗活动名称		时间	主要活动内容	传承情况
春节	掸尘	农历腊月逢七,一般不拖至廿七日	掸除屋顶、四壁积尘	家家户户搞卫生
	祭灶	农历腊月廿四日	送灶家菩萨上天	守此俗者极少
	祭祖	农历腊月廿四至三十日,必须在立春前祭完	挂神像、请祖宗入席用餐、向祖宗跪拜、烧纸马。	此俗今更甚,仪式更隆重
	做团子	农历腊月廿七至廿九日	全家参与,邻里相帮	此俗尚存,蒸熟的团子馈赠亲友
	吃馄饨	农历大年三十(除夕)中午	寓意进金元宝,也有说吃了有衣穿	此俗尚存
	洗浴	除夕下午	洗浴	多数老年人遵此俗
	贴春联	除夕下午	贴春联、福字、年画、中堂	家家户户贴春联、福字
	画年	除夕下午、年夜饭前	用石灰水画弓箭,寓意平升三级、辟邪	部分村民守此俗
	年夜饭	除夕傍晚	全家团聚,吃年夜饭	有的在饭店订桌
	封门	除夕年夜饭后	放爆竹后关大门	此俗尚存
	守岁	除夕晚上	往往通宵达旦	看春晚,迎新年
	开门利市	年初一清晨	男主人开门,燃放爆竹	部分村民守此俗
	拜年	年初一上午 农历正月初二至初五	小辈向长辈拜年,走亲访友	此俗尚存。拜年时间宽松,长辈付压岁钱(红包)
	接财神	农历正月初五	清晨放爆竹	商店开门放利市爆竹、烟花

续表40

民俗活动名称	时　　间	主要活动内容	传承情况
元宵节	农历正月十五日	全家吃汤圆，晚上出灯闹元宵	河南籍村民祭祖
土地菩萨生日	农历二月初二日	土地会办酒，祭祀土地神	部分村民祭土地神
祠山会	农历二月初八日	祭拜祠山神、祠山娘娘	少数村民过寄祠山娘娘做儿子
花朝节（百花节）	农历二月十二日	演百花戏，祀痘花娘娘	此俗不存
清明	清明日	清明前祭扫祖墓、飘钱，清明日做羹饭祭祖	扫墓祭祖，十分隆重
上巳节	农历三月初三日	吃青团、登山	仍有吃青团习俗
观蝶节	农历三月廿八日	游洞、观蝶、民俗表演	2003年，恢复一年一度的观蝶节活动
立夏	立夏日	尝三鲜、称重	此俗不存
乌饭节	农历四月初八日	家家户户吃乌饭	此俗仍传承，平时也有乌饭上桌
端午节	农历五月初五日	家家户户吃粽子、咸鸭蛋	此俗盛行
夏至	夏至日	家家户户吃馄饨	此俗仍流行
观音成道日	农历六月十九日	吃馒头	部分村民蒸馒头，馈赠亲友
中元节	农历七月十五日	祭祖、做茄饼、户外烧纸钱、放河灯、寺院拜忏	烧纸祭祖，但不放河灯
中秋节	农历八月十五日	烤韭菜饼、推酥饼、赏月、吃月饼	部分村民烤饼，并送亲友
重阳节	农历九月初九日	吃重阳糕、饮菊花酒、插茱萸、登高	开展敬老活动
十月朝（寒衣节、哭节）	农历十月初一日	上坟、脱孝、祭糍团、烧纸衣	部分村民烧纸、送“寒衣”
冬至	冬至日	祭祖	河南籍村民祭祖
腊八节	农历十二月初八日	家家户户吃腊八粥	此俗尚存，腊八粥已成美食

一、吃腊八粥

农历十二月为腊月，腊月初八吃的菜粥称腊八粥。传说腊月初八是释迦牟尼成道之日，每到这天，善卷寺僧人会熬上一大锅粥供佛，并施舍给周边村民，推广佛道。今祝陵村民熬制腊八粥的食材通常有大米、青菜、蚕豆、赤豆、花生、芋艿、萝卜、山芋、油豆腐、排骨等，往往熬成一大锅，吃上几天，也有送给亲友的。

二、祭灶与接灶

灶家殿设在灶头的壁龛里，内贴灶王爷(灶家菩萨)纸马。历史上祝陵村民祭灶大多在农历腊月廿四，祭灶由家庭主妇操持，灶家殿前点燃香烛，殿内放糖果、面条、素食等，让灶家菩萨甜甜嘴、吃饱肚子，上天多说好话。祭毕将灶家菩萨纸马烧掉，表示灶王爷上天了。灶王爷腊月三十回家，要接灶，须在灶家殿内贴上新请的灶王纸马，接灶仪式与祭灶相同。祭灶、接灶习俗传承至20世纪80年代。柴灶改用煤气灶后，此俗逐渐消失，今仅有少数老人在尚存的老灶头送灶、接灶。

三、祭祖

祝陵村民祭祖，一般会选在每年清明、中元节(农历七月半)、十月朝(农历十月初一)、冬至、年夜(农历腊月廿四至卅日)，一年祭祖两次的居多。祭祖那天，桌上摆三荤三素，一般是整鸡、白肉、红烧鱼、青菜、豆腐和其他一道素菜，并摆置酒盅、碗筷。要邀请三次，一请当方土地，二请屋祖，三请祖宗(也有单请祖宗的)。要等香烛纸马烧完表示祖宗离开才结束。也有村民在结婚前和生儿子后做羹饭祭祖。祝陵村的河南籍村民不祭十月朝，选择在正月半祭祖，甚是隆重，祭祖形式与当地村民祭祖大致相同。做羹饭祭祖宗的习俗一直传承至今。

四、除夕画年

祝陵村的除夕画年，一般在年夜饭前进行。在自家大门口的场地上，用石灰水先画一张弓，弦朝大门弓朝外，弦的中心向外画三支箭，分别对着前方、左前方和右前方，箭端呈戟状，寓意"平升三级"，也有辟邪之意。有的在窗前、厕所门口也画，但弓要小些，只有一支箭。此俗已基本消失，即使有人画年，也出于娱乐。

图14-2 画弓箭

五、除夕封门

吃完年夜饭家人散后，有封门习俗。一般由当家男丁在大门口燃放爆竹，在噼啪声中关上大门。封门后，忌当夜再开。此俗仍存，老人家尤其讲究。

六、拜年

大年初一拜年最为隆重、最为讲究。家长带着小孩、拎着礼包最先到村内长辈家拜年，长辈付给小孩压岁钱。在殷实人家能吃到红枣鸡蛋汤，招待花生、瓜子、炒米糕、芝麻糕、糖果等，还可以抓一把放在口袋里慢慢品尝。正月初二至初五，走平辈或远路亲戚，远路亲戚要留饭。

改革开放后，村委会在春节期间举行团拜会、慰问烈军属、给孤寡老人送温暖。村里的文艺团体也会自编自演节目，调青狮、荡花船、敲锣打鼓、放鞭炮礼花，欢度春节。村民利用春节长假，走亲访友、请客吃饭、逛商场、搓麻将。举家外出观光旅游，逐渐成为新的风情习俗。

七、接财神

传说年初五是五路财神生日。祝陵地区素有接财神习俗。男主人清晨开门放爆竹，到门外路边去请财神，晚上吃面条，庆贺财神生日。今放鞭炮接财神的习俗尚存，商户中更为盛行。

八、元宵送灯

祝陵村河南籍村民有元宵送灯的习俗。元宵节中午，每家每户在家中做羹饭祭祖，夜色降临后上坟送灯。即用4根竹签插在地上，四周粘上色纸，中间点上蜡烛，做成一盏地灯。地灯呈红、绿、黄、白各色，谁家送的灯多，表明谁家子孙兴旺。地灯点亮后在坟前烧香、烧纸、磕头祭拜。此俗尚存，地灯有所改良，即在坟前插两根“节节高”（带有枝丫的小竹竿），“节节高”之间拉上绳子，绳子上悬挂买来的小灯笼。

图14-3　元宵送灯

九、祠山会

传说农历二月初八为祠山神张渤的生日，村民纷纷到祠山庙（殿）祭拜，祈求风调雨顺。祝陵地区还有寄给祠山娘娘做干儿子求得祠山神庇护的习俗。现祭拜祠山神的村民极少。

十、上巳节

农历三月，春暖花开，当地的马兰头、棉茧头、野蒜开始生长。祝陵有民谣：“三月三，穿件单布衫，吃了棉茧头团子上高山。”棉茧头是一种野菜，茎叶绵软柔和，上有绵密白毫，洗净后和入米粉中呈绿色，做成的团子绿糯清香，称为青团。每逢上巳节，祝陵村民有吃青团、登山的习俗。现吃青团习俗尚存。

十一、清明节

祝陵习俗，清明前家家做羹饭，祭扫祖墓。有祠堂的同姓一族16周岁以上的男丁要吃祠堂酒。新中国成立后，祠堂改作他用，吃祠堂酒已不存。而清明上坟扫墓祭祖，一直传承保留。清明节还会组织中小学生祭扫革命烈士墓，进行革命传统教育和爱国主义教育。

十二、观蝶节

观蝶节为祝陵地区独有。此俗源于唐宋，盛于明清，延续至新中国成立初期。2003年恢复，每年农历三月廿八定为观蝶节（见本志《梁祝文化·观蝶节》）。

图14-4 观蝶节活动：龙灯青狮

图14-5 观蝶节活动：调花船

图14-6 观蝶节活动：男欢女喜舞

十三、四月初八吃乌饭

农历四月初八吃乌饭源于目连救母的传说。祝陵村民上山采摘青精树嫩叶(俗称“乌饭草头”),制作的乌饭又香又糯。四月初八吃乌饭习俗传承至今。乌饭已成为祝陵地区农家乐一大特色。(见本志《旅游·物产美食》)

十四、端午节

农历五月初五端午节,祝陵村有家家门前挂菖蒲、艾叶,中堂挂钟馗像的传统。菖蒲象征钟馗的宝剑,可驱邪;艾叶味浓,能驱虫。村民吃粽子,饮茱萸酒、雄黄酒,孩童用五彩线编织的网袋装上熟鸡蛋、咸鸭蛋,挂在颈脖上,俗传可避灾除病、保佑安康。现今端午节挂菖蒲、艾叶、吃粽子的习俗尚存,不再挂钟馗像,也不饮茱萸酒、雄黄酒。

十五、六月十九吃馒头

农历六月十九日传为观音成道之日,祝陵村民吃素馒头纪念观音菩萨。今六月十九日吃馒头习俗尚存,做馒头(多为肉馒头)馈赠亲友仍然流行。

第三节　婚嫁习俗

旧时,男女婚姻遵循“父母之命、媒妁之言”,还有许多繁琐习俗。新中国成立后,实行男女平等、婚姻自由,旧的婚嫁习俗逐步破除。新的婚嫁习俗因人因地有所不同,有时往往与旧俗交叉、混杂进行。

祝陵村婚嫁习俗礼仪一览表

表41

习俗名称	旧　　俗	新　　俗	说　明
说亲	男女双方事先不认识,由媒婆说合	自由恋爱,请长者或领导做现成媒人	

续表41

习俗名称		旧　　俗	新　　俗	说　明
合八字		请算命先生推算男女双方的“八字”是否犯“冲”、属相是否犯“冲”	看属相是否犯“冲”，或忽视合“八字”	“八字”即出生年、月、日、时辰的天干地支
订婚		男方准备彩礼，由媒人送达女家。女家接受彩礼后，回送允帖	男方准备彩礼，由媒人送达女家。男女双方择日到民政部门进行婚姻登记	通常会办订婚酒
送日帖		男方择定结婚日期后，由媒人将“日帖”送达女家	结婚日期由男女双方商定，日帖形式尚存。有的简化为通过媒人告知	日贴有统一格式
待媒		结婚喜期前一天，男方办酒宴请媒人	此俗尚存，也有送媒人小礼物的	
大婚仪式	送妆	女方送嫁妆，大婚迎娶时送达	陪嫁增多，婚前送达，安放到位	新俗逐渐由男女双方协商，共同购置
	迎娶(迎亲)	花轿迎娶，船只迎娶	多用轿车迎娶，组成迎娶车队	
	婚宴	邀请亲朋好友，在男方家中举行	邀请亲朋好友、单位同事，在酒店举行，由婚庆公司操办	
	回门	三朝回门，新娘由新郎陪同回娘家，带上礼包，拜见女方长辈	基本与旧俗相同	也有当日回门、船头上回门的(适用船只迎娶)

一、迎娶

祝陵旧俗，大婚之日，男方由新郎、新郎的叔伯兄弟等组成迎亲队伍，上午出发到新娘家中迎亲，必须赶到新郎家中吃午饭。到达女方家后，男方付抱舅钱，由阿舅(新娘的兄弟)抱新娘上轿。女方由阿舅、新娘女伴组成送亲队伍，连同陪嫁一起到男家。到达男家时，新娘暂不下轿，送亲人先在新郎家隔壁喝茶，待男家把嫁妆摆放到位，新娘下轿。进入男家大门后，新郎、新娘须行奠雁礼。意为鸿雁配对后形影不离，一方去世，另一方不再另配。奠雁礼用家鹅代替鸿雁，新人须对“鸿雁”拜叩，立誓相守。奠雁礼毕，方可拜堂、入洞房。今奠雁礼俗不存。新中国成立后，迎亲交通工具从农船、挂桨机船、手扶拖拉机发展到汽车，现组成轿车队。“抱舅钱”仍要付。婚礼一般由婚庆公司操办，在酒店举办婚宴，十分隆重。

二、回门

一般三朝回门，新郎须带礼品，女方长辈给新郎见面钱。祝陵习俗，新婚首月新房中不能空人，故回门当天，新郎、新娘吃过点心后必须赶回男家住夜。此俗尚存。

第四节　丧葬习俗

封建时代丧葬旧俗程序繁缛，迷信色彩较重。新中国成立后，提倡移风易俗，改革殡葬制度，为民间“慎终追远、哀死思亲”的传统习俗注入了新的观念。

祝陵村丧葬习俗一览表

表42

习俗名称	旧　俗	新　俗	说　明
送终	死后请“主重”为死者穿上棉衣、棉裤等寿衣，用丝帛或黄裱纸盖脸，用两端系有铜钱的丝线压住。亲属昼夜陪伴并焚烧纸钱，床前地上点“长明灯”	此俗尚存	“主重”是从事殓葬的人，俗称“四个头”（4个抬棺材的人）
报丧	上门告知逝者过辈时间、入殓与下葬时间，或电报通知	一般用电话或微信通知	俗称“报死信”
入殓	入殓前须“买水”“净身”，主重为死者穿戴，棺内放衣、被，用砖头垫脚。入棺立灵位，给吊唁者发白布一块，亲属环睹遗容。用秤砣钉盖，子孙寝卧棺旁	不用棺材无须入殓，吊唁完毕由“主重”送死者去火葬场	

续表42

习俗名称	旧　俗	新　俗	说　明
戴孝	上孝时，按平辈、小辈、孙辈、曾孙辈分别穿斩衰、齐衰、大功、小功、缌麻五种粗糙程度不同的丧服，戴白、红、黄、绿色帽子，受孝人要脚踏梯子受戴	平辈手臂佩黑纱，子女辈白衣白帽，孙辈钉麻布	“文化大革命”中被视为“四旧”，改为胸佩白花、手臂带黑纱
吊唁（吊孝）	接到报丧的亲友穿素装到死者家中吊孝，送“白份子”，主家将孝布或黑纱掷地授予，并回赠毛巾等	此俗尚存	
出殡	发丧时鼓乐齐奏，先祭奠、后举棺，吹鼓手开路，长子捧遗像，大女婿捧灵牌，灵柩居中，后随女眷。门口点火堆，门前撒石灰线两条直至大路，抬棺材出村土葬	此俗尚存，但改为火化。有的由殡仪馆派车接送，在殡仪馆举行遗体告别仪式	丧家须停柩（尸）3天，孝子在灵柩边守孝
落葬	先请风水先生择地、定向、择时下葬。墓坑须暖坑、分金，孝子带头填土。至次年清明做坟头、立碑	葬于公墓，暖坑、分金习俗尚存	落葬回来，丧家办“利市酒”，俗称吃“豆腐饭”
做七	死后每七天，都要“做七”，为死者焚烧纸钱、锡箔。“五七”时，由女儿出钱办酒，为死者烧焚锡箔、纸屋等	此俗尚存	传说人死后在九泉要过五关，每七天过一关，要为死者送买路钱
脱孝	孝子三年后脱孝，孙辈一年后脱孝。服孝期间，春节大门贴绿纸春联，穿白鞋。“五七”后整容，女子去头绵，戴白花或系白头绳	一般“五七”后脱孝	

一、净身更衣

由主重陪同孝子到最近的河边或井中取水，取水前须先向河神烧纸，俗称“买水”。提水一桶回来烧温，由孝子为死者沐浴、洗脸、梳头（虚拟演示三下即可）。穿衣、戴帽、穿鞋均由主重完成，寿衣须单数，一般5件或7件，不超过13件。富家着绸，贫家着布，不可着缎，因“缎子”谐音“断子”。寿衣主要为中式棉袄、棉裤、棉袍，只缝系带，不钉纽扣，男蓝女红。寿鞋须用布鞋，不纳底。寿衣原先由女儿亲手缝制，20世纪90年代以后多从专用商店购买，并在生前早作准备。

二、吃豆腐饭

吊唁者送丧份后，由主家宴请吊唁者，菜肴以素菜、豆腐为主，俗称“吃豆腐饭”。子孙众多的长寿老人亡故，吊唁者和乡邻在豆腐饭后都会讨一只碗带回去，以借“长寿之福”。此俗尚存。进入21世纪后大多数在饭店办，素菜尤其是豆腐不能少。

第五节　其他习俗

一、砌屋上梁

图14-7　抛梁

民间造屋开工前须根据主家选定的地方，请风水先生看风水、定门向、择吉日。开工前办开工酒，请“作头”赴宴。破土前在新屋地基的大门内焚香、烧纸，向四方土地揖拜。在埋好墙基、立好庭柱、上好桁条，只剩脊梁未落时，选定日子落榫上梁。落榫时梁上挂“姜太公在此百无禁忌”横幅，由大师傅端着装有红绿布、万年青、柏树枝、天竺、糖果、爆竹和两封喜封的方盘，登上屋脊，将红绿布嵌在屋脊榫缝中，准备落榫。这时有人将装有5个大馒头以及若干“糕粽团圆”的箩筐送上。大师傅落榫后，把万年青、柏树枝、天竺以及一个喜封抛给主家（另一个喜封自留），主家夫妻手捏被单四角在下面接住。这时，在大师傅指挥下抛梁，即按照东南西北中的顺序把一个大馒头和一些“糕粽团圆”抛下，众人在下面接福。在整个登高、落榫、接宝、抛梁过程中，大师傅一直在说着不同的吉语，祈福吉祥。进入21世纪，造房一般在砌好墙头、浇好楼板、房屋封顶后进行抛梁。仪式仍存，吉祥话则与时俱进。

二、张节

逢春节、端午节、中秋节，晚辈都要准备时令礼品到父母、岳父母、舅父母、寄父母家中问候，俗称“张节”。长辈则要设宴接待，称作“留饭”。进入21世纪张节之俗日趋淡薄，一般是以钱代礼，在春节、中秋节前孝敬一下（岳）父母、（外）祖父母。

三、做满月

旧时家中添丁后，须染红鸡蛋向亲家报信。娘家要准备一鸡一鸭以及“箩窠”（摇篮）、坐车、凉席、蚊帐、毛衫、尿布等用品送到女儿家，谓之“解箩窠”。“解箩窠”的时间男长女短，生女12天解，不送箩窠，只送站车；生男要满月才解。进入21世纪后不用尿布，送尿不湿，其他用品少而精，日趋高档。

满月剃头是婴儿出生后的重要一环。女婴20天后即可剃头，男婴须满月或双满月方能剃头。婴儿剃头须避开正月和腊月，以免成为“蒸笼头”“瘌痢头”。进入21世纪后一般在婴儿出生100天左右剃头。

满月宴一般在婴儿满月或双满月时，由男家宴请媒人、“送汤”亲友和“解箩窠”的娘家人，向亲友赠送红蛋、糕、粽、团子等，寓意“高中团圆”。满月当日由母亲抱着婴儿跟大家见面，接受亲友们的祝福。现满月酒基本上在酒店举办。

四、送份子

亲友间为婚丧喜庆赠送礼物或礼金俗称“送份子”。原先婚庆送床单、被面、热水瓶、面盆等生活用品；生孩子送红糖、鸡蛋、猪肚肺、老母鸡等，也有送婴儿衣衫、挂件的，俗称“送汤”；祝寿送寿面、寿糕、寿酒、服饰、珍玩、寿幛、寿联等；砌屋、乔迁送生活必需品、糕粽团圆等；亲友丧事送锡箔、纸钱、挽幛等“白份子”，俗称“吊丧”。进入21世纪后以赠送现金为主。

五、过寄

旧时有生肖相克之说，为保子女无恙，须请“寄媒”选取生肖相宜的妇女作为寄娘，择日行过寄礼。父母带过寄的孩子到寄娘家去拜会，随挑篮担一副，内装寄父母的衣服、帽子、袜子、鞋子、糕粽团圆、面条、水果以及6包点心。寄娘家招待吃饭，写好寄单“承礼过寄何所祝，富且贵兮寿且福，更姓取名某某某，百年长享千钟禄”给寄子女带回，贴于中堂，回礼篮担不空，有小孩衣帽鞋、糕粽团圆等。现在少有过寄，形式也简化了。

六、祭蛮家

蛮家俗称“蛮家菩萨”，为人头蛇身，藏身于堆稻处。清吴骞曾记载祭祀蛮家菩萨习俗。每年年底，祝陵人要请来蛮家菩萨纸马，做羹饭时在堆稻的窝条前置“兀凳”（50厘米见方、50厘米高的凳子，又称春凳），凳子上供香烛、熟鸡蛋和一碗水，祷告后将纸钱和纸马烧掉。传说蛮家会吃老鼠，祭拜后稻囤里的稻不仅不会少，还会涨出来。平时家中有人生病，俗称“被蛮家菩萨寻着了”，也会请蛮家。祭蛮家切忌用生鸡蛋，据说蛮家菩萨吃了生蛋会拉肚子，家人的病就不会好了。今少数老年村民遵此俗。

七、寄观音

为保佑子女百病消除、健康成长，在孩子两三岁的时候“寄”给庙里的观音菩萨（也有寄给祠山娘娘的）。寄庙时要送供品、取字号、写寄单、行跪拜礼。寄庙后，每年二月十九观音生日、六月十九观音成道日、九月十九观音出家日以及春节前均须带着香烛和水果、馒头等素食到庙里去祭拜观音。孩子长到十三四岁时，又须到庙里赎身，否则不能娶妻或出嫁。赎身时要带水果、馒头、干果等素食，到观音庙烧香，要请佛头念经，要放鞭炮，以示脱离佛门还俗。此俗今尚存。

八、禁忌习俗

大年夜封门后忌开启；忌年夜饭全部吃光；忌早睡；忌熄灯灭烛；蒸团子忌裂开。

年初一忌打破碗，若犯忌则要说“岁岁平安”；忌扫地倒垃圾出门；忌说“病”“穷”“死”之类不吉利的话。

插秧时忌将秧把掷在插秧人身上；车水计数忌数“四”；扁担和铁制农具

忌妇女跨坐。

砌屋忌前大后小;大门忌对路头巷口;忌东面人家的房屋高度超过自家。

忌听到猫头鹰叫;开门忌听到乌鸦叫。

早晨出门忌遇见戴孝寡妇;出门忌七、归家忌八。

人死在外面,忌抬进家门;主家给的孝布、黑纱、毛巾等忌用手接。

忌产妇进入住房;忌女人打男人巴掌。

新中国成立后,歧视妇女的禁忌习俗已不存。对于犯忌,较真的越来越少。

第十五章　村民生活

在漫长的自然经济占主导地位的历史时期,逢一般年景,大多祝陵村民生活尚能维持。新中国成立后,农业生产得到较快发展,从而保障了村民的基本生活。改革开放后,祝陵村全面推行农村经济体制改革,乡村工业迅速崛起,多种经营全面发展,涌现出众多的私营工矿企业和个体商户。市场活跃,物质丰富,村民生活水平有了极大提高。乡村旅游的兴起,带动村民收入的提高。进入21世纪,村民的各项社会保障逐步完善。祝陵村全面实施农民养老金制度,男满60周岁、女满55周岁的村民按月领取养老金,70周岁以上的村民还可按年领取尊老金,确保村民生活安居乐业,幸福美满。

第一节　收入分配

民国时期,祝陵地区少数富户有的出租土地,有的建窑烧制石灰,有的开设店铺,生活较为优裕。多数农民及窑工收入微薄,生活贫困,如遇上天灾、兵祸、匪患则雪上加霜。新中国成立后,实行土地改革,贫苦农民分得土地,生活逐步安定。农业合作化后,通过兴修水利、平整土地,农作物单位面积产量提高,村民分配逐步增加。1957年,村民人均口粮213.5千克,人均收入44.36元。翌年,实行人民公社化,生产队办起公共食堂,1959年初食堂限量供应粮食。“三年困难时期”的1960年,成年人口粮每天250克,未成年人150克,食油每人每月100克~125克。1961年下半年,农村贯彻中共中央《农村人民公社工作条例修正草案》精神,允许社员在自留地上种植作物,粮食供给逐步好转。1964年,农业生产全面恢复,人均年收入达125元。1976年起,国山大队创办全公社第一家队办企业国山建材厂,开始走上以工养农之路。改革开放后,加速发展农村经济。1981年,祝陵、国山、黄墅、合兴四个大队全面实行家庭联产承包责任制，激发了农民的生产积极性，粮食作物连年丰收。20世纪80年代，祝陵、国山、黄墅、合兴4个村积极创办非农业经营实体，农村经济逐渐由以农业为主向农工商并举发展，农民的收入结构呈多元化，部分农民逐渐富裕起来。1997年，政府把人均年收入不足800元的农户纳入最低生活保障范围。2004年，中央和地方政府出台一系列利农惠农政策，取消农业税，对农民种粮实行直接补贴和良种补贴等。2016年，祝陵村农民人均纯收入27030元，企业职工人均收入47630元。

2016年底，全村有固定电话450部、移动电话（手机）2834部，有家用彩电2028台、冰箱1374台、洗衣机1144台、空调1935台、电脑644台；有家用电动车1179辆、摩托车181辆、私人轿车536辆（其中国山片区177辆、祝陵片区144辆、合兴片区127辆、黄墅片区88辆）。全村近4%的家庭住上别墅，95%的家庭使用太阳能，85%的家庭使用液化气。

第二节　社会保障

一、企业职工基本养老保险

1992年，祝陵地区部分企业职工参加劳动保险统筹，开始纳入独立于企业单位以外的社会保障机制。2001年，各类企业单位相继扩大养老保险范围。2016年，全村有1300余名企业职工参加基本养老保险。

二、企业职工医疗保险

2008年起，企业职工基本医疗保险设立个人账户。2010年8月，市政府出台《宜兴市企业职工基本医疗保险暂行规定》，祝陵村各类企业的职工踊跃参保。2016年，全村参保人数为1200人，占企业职工总数的90%左右。

三、农民基本养老保险

2005年10月1日起，祝陵村全面实行农民基本养老保险制度。基本养老保险费由市财政、镇财政、村集体经济组织和个人共同负担。2016年，全村有2300人参加农民基本养老保险。

四、老年农民养老金

2005年起，祝陵村男满60周岁、女满55周岁的老年农民按月领取养老金31元。2007年、2008年、2009年、2010年，先后提高至每人每月35元、45元、55元和68元。2016年，全村有1145名老年农民按月领取养老金。

五、学生大病住院医疗保险

2007年9月1日起，《宜兴市中小学生大病住院医疗保险暂行办法》实施，学生大病住院定点就医，属地管理。2009年起，医保基金全年最高支付限额由10万元提高到15万元。翌年，又提高到18万元。2016年，全村238名中小学生纳入大病住院医疗保险。

第三节　精神文明

一、创建江苏省生态村

2011年，祝陵村以改善人居环境和持续防治环境污染为重点，提出“倡导绿色文明、遵守环境法规、净化山水天地、创建生态家园”为奋斗目标，创建江苏省生态村。村建立创建领导小组，设立创建工作办公室，组建清洁组、绿化组、能源组、工程组、安保组等5个业务组，按职责分项，齐抓共管、联创共建。在村域环境综合治理中，设立垃圾箱210只，平均每6户村民配设1只。在改水改厕中，新建标准化公厕3座，彻底清除露天粪缸。全村2250亩水田的秸秆全部还田。清理河塘涧沟，聘请4名管护人员，实行长效管理。村委会与12家骨干企业签订环保责任书，实施排污目标管理。大力整治乱搭乱建、乱堆乱放、乱涂乱画等违章行为和不良风气。将善林公路域内段、南环路两侧环境整治和村

图15-1　村干部参加铲雪

域污水网管铺设作为重点，加快乡村道路硬化、绿化和亮化建设步伐，加大文化体育设施投入，创建省级三星康居村。与此同时，通过宣传教育，转变村民生活观念，改变不良生活习惯，改善村民生活质量。

在2011—2012年优化生态环境的建设中，祝陵村累计投入1565万元。其中垃圾清管20万元、河道清淤和林道绿化50万元、建造老年活动室和健身广场20万元、国山桥整体改造30万元、改水改厕50万元、村道绿化和亮化工程40万元、铺设污水处理管网500万元、涌金路、善卷路路面黑色化改造300万元、建设黄墅、国山、合兴片区文化广场150万元、建设黄墅水坞岕和永兴组三星级康居房250万元、清理黄墅村河塘15万元、整治涌金南路、善卷东路两侧环境140万元，实施江苏省生态村创建工程，使祝陵村的山更青、水更秀、地更绿、环境更美，2013年，祝陵村荣获江苏省生态村称号。

二、文明家庭评选表彰

为深化家庭文明道德建设，促进社会文明和谐，自2009年开始，祝陵村党总支、村委会组织开展"文明家庭"评选表彰活动。一年一度的评选公开、公平、公正，各村民小组对照五好文明标准，填写推荐表(其主要事迹介绍不少于500字)。为增加透明度，对入选名单实行公示。由村党总支、村委会主要领导参加的评选领导小组采用票决制确定文明家庭名单。2016年度，评选出丁爱芳、吴建伟、蒋泉芝、陈梅芳、陈玉萍、谈菊芳6户五好文明家庭标兵，以及44户五好文明家庭。在全村一年一度的总结表彰大会上，村领导宣读表彰"文明家庭"的决定，颁发荣誉证书。在村部张贴光荣榜，在入选家庭大门上悬挂"五好文明家庭标兵""五好文明家庭"光荣牌。

五好文明家庭评选条件：

爱国守法，明礼诚信好。(爱党爱国、遵纪守法；诚实守信，廉洁奉公；移风易俗、拒绝邪教)

夫妻和睦，孝老爱亲好。(男女平等、相互尊重；敬老爱幼、孝悌礼让；包容分享、代际和谐)

学习进取，科学教子好。(注重学习，奋发向上；敢于创新，争先创优；科学家教、以德育人)

邻里融洽，友爱互助好。(互敬互信、守望相助；出入相友、有难相帮；和气

融洽、相容相让)

低碳生活,热心公益好。(讲究卫生、美化家园;节能减排、保护环境;热心公益、回报社会)

三、“好媳妇”“好婆婆”评选活动

2011年开始,祝陵村开展评选“好媳妇”“好婆婆”活动。活动设立专门的领导班子,由村妇联组织评选。通过宣传、倡议,按照自报、评比、公示的程序,评出身边的“好媳妇”和“好婆婆”。运用大会表彰、出光荣榜、颁荣誉证和适当奖励的方法,达到引导效仿的目的,以形成家庭和睦、邻里团结的良好风气。

“好媳妇”的评选条件主要是尊老爱幼、夫妻和睦、勤俭持家、邻里团结、遵纪守法等方面,关键是处理好婆媳关系,强调“两个看待”:儿媳将婆婆当妈妈看待,公婆家和娘家同等看待。“好婆婆”的评选标准相对宽松些,具体是不守旧、不霸道、不偏心、不提过高要求、不说难听的话、不管儿子媳妇的闲事等,以上标准只要做到三条就可以参评。着重强调婆婆将儿媳当女儿看待。2016年,全村评出的“好媳妇”为丁爱芳、谈菊芳、张静、冯招娣、崔秀君、曹洪君,“好婆婆”为蒋泉芝、鲁杏君、丁来娣、陈金娣、袁腊三、陈梅芳。

链接:好媳妇卢玲娣

卢玲娣,祝陵合兴4组村民,1989年从玉山村嫁到合兴村。20多年间,伺候瘫痪的公婆,孝行乡里,成为众口皆碑的好媳妇。

1995年,卢玲娣婆婆得了糖尿病并发症,瘫痪在床,生活不能自理。卢玲娣不嫌累不嫌脏,十年如一日服侍婆婆起居,为婆婆端茶送水、擦洗身体、倒屎倒尿,陪伴老人走过最后的日子。她婆婆性情刚强,一辈子从未在人前服输掉泪,婆婆临终前拉着卢玲娣的手,泪水在眼眶里打转,说:我

图15-2 好婆婆奖牌

瘫痪在床，拖累你20年，妈这辈子有你这样的好媳妇值了。婆婆去世时，身上没有一点褥疮，房间里没有一点垃圾。婆婆刚去世，公公又瘫痪，卢玲娣毫无怨言地承担起照料公公的责任，在卢玲娣的悉心照料下，公公病情一度好转，直至2016年安然去世。

卢玲娣把孝敬公婆作为当媳妇的基本准则，她说：孝顺孝顺，照顾好长辈叫孝，不让老人生气、担心叫顺。她丈夫常年在外打工，根本顾不上家，家务活、农活、教育子女的重任都搁在她一人肩上。她坚信没有过不去的难关。在卢玲娣的影响下，女儿经常帮助妈妈干活、一起照料爷爷。

卢玲娣家庭和睦、邻里和谐、孝行乡里、持家有道，成为村民心中的榜样。卢玲娣先后评为陶都好人、宜兴市十大孝星，2012年被评为无锡好人。

四、尊老助老

自1997年起，国山村开始用该村积累对70周岁以上的村民按年度发放尊老金。标准为：70—89周岁120元，90周岁以上180元。2001年祝陵村与国山村合并后继续发放，标准提高为：70—89周岁180元，90周岁以上360元。2004年12月祝陵村与墅兴村合并成立祝陵村后，自2005年起尊老金发放标准调整为：70—89周岁360元，90周岁以上500元。2013年起逐年调整（标准见下表），2016年向458人发放尊老金57.72万元。

图15-3　走访百岁老人

图15-4　慰问困难群众

2013—2016年祝陵村尊老金发放标准

表43 单位:元/人

年份	70—79周岁	80—89周岁	90—98周岁	99周岁以上	说　明
2013	600	600	1200	1200	2017年分为4个档次,标准调整为:70—79周岁1200元;80—89周岁1800元;90—98周岁3000元;99周岁以上9600元
2014	800	800	1500	5000	
2015	1000	1000	2000	6000	
2016	1200	1200	2400	7200	

五、村民文明公约

制定《祝陵村民文明公约》是祝陵村精神文明建设的一件大事。2014年初,祝陵村党总支通过组织党员干部培训、村民代表座谈、入户宣传对话等形式,深入了解祝陵村民现实的文明举止和自律意识,对照社会主义核心价值观和《宜兴市民文明公约》,于2016年6月制定《祝陵村民文明公约》,使之成为全体村民统一认同遵守的道德准则和行为规范。

祝陵村民文明公约

祝陵村,是宝地,民风淳,人心齐;
新农村,多亮丽,本公约,要谨记。
爱国家,爱集体,跟党走,志不移;
讲和谐,乐奉献,谋发展,创业绩。
勤读书,多学习,重科学,守法律;
立新风,树正气,除积弊,禁恶习。
搞建筑,经审批,遵规划,莫犯纪;
公益事,要积极,乐助人,不贪利。
好青年,服兵役,戍边疆,保社稷;
倡晚婚,讲优育,重家教,成大器。
嫁闺女,娶儿媳,破旧俗,立新意;
办丧事,要简约,倡火化,省土地。

扶老幼，尊伦理，献爱心，尽孝义；
睦邻里，重情义，互帮助，如兄弟。
讲文明，行礼仪，宽他人，严自己；
倒垃圾，不随意，美环境，齐努力。
搞铺张，不允许，尚勤俭，勿浪费；
守规矩，明是非，反腐败，倡廉洁。
此公约，大家立，同遵守，都受益；
双文明，不分离，争贡献，共激励。

图15-5　无锡好人宣传牌

图15-6　村民公约

图15-7　村风宣导

六、族规家训

祝陵村诸大姓都有建祠堂、修家谱的传统，也有维护守法的族规，内容不外乎孝父母、亲兄弟、敬长辈、教子孙、厚亲友、赈孤寡、勤劳作、务节俭、守法度等方面。现今，旧的族规、家训已由乡规民约、管理制度、文明公约、村民精神所代替。

祝陵村的宗族家谱，“文化大革命”中被视为“四旧”，基本化为灰烬。现仅见的《谈氏家谱》，其卷末记有谈氏祖训22条，择其要记录之。

1.垂裕后昆，先积德。积德以贻子孙，则有书能读、有金能享，方能世世繁昌。

2.积德事,勿以为小而不为,以小为大,则日积日崇;有力者则宜修有力之德,如施衣、施药、施棺、修学、建祠等事,亦当量力黾勉为之。

3.凡事须留有余不尽之地,不可做绝。

4.修身齐家,首先孝悌。父虽不慈子不可以不孝,况父未必不慈;兄虽不友弟不可以不恭,况兄未必不友。

5.正家在辨内外。凡我子孙须知三尺童子非奉呼唤不许擅入中门,三姑六婆不许擅入阃内,帷幄不修、闺门不整往往由此,并入庙烧香、观灯阅戏、为夫子者尤宜禁绝。

6.正家首先择配。凡子女婚嫁不必仰攀势要,不可妄配于匪人,务择门户相当清白人家,不可贪财慕势,或子女不相称,致终身抱恨为累。

7.治平之道首先睦族。凡我子孙,切莫以小怨生隙。九族既睦自然外侮不至。

8.睦族首先礼让,不可以少凌长、以卑犯尊、以贫妒富,更不可倚长凌幼、倚尊凌卑、倚强欺弱、恃富欺贫。

9.士庶人家别无忠敬其君处,早完国课。

10.丕振家声,首先读书。

11.凡子孙年至六岁送入小馆发蒙习礼,至十二、十三岁,观资质志趣,量后能有成,当勉力延师教诲;若资质志趣不像读书之人,则教务农生理,毋得纵其旷荡、习为不善致玷祖宗。

12.凡居家食用,须量入为出,去奢从俭,常存赢余以备不虞,不任情浪费,自取窘穷。古人云:常将有日思无日,莫待无时念有时。当三复斯言。

13.取予必须清白,此做人第一立定脚跟处。

14.各房住宅宜择仁里,则薰其厚道而善良。

15.婚祭丧葬宜悉遵文公家礼,家贫乏力者不可缺大节。

16.停柩经年不葬,律杖八十。

17.风水为先儒所不废,但当修德以遇于自然。

18.凡叔侄兄弟会席,必须拱立以俟尊长坐定,然后卑幼向前告坐,侄谒于叔,弟谒于兄,礼所当行,不可失节。

19.寡妇孀女不能矢节者服阕后听其转适,如察其坚志守节本分,宜加意抚绥、留心培植,有孤子宜扶持调护。

20.严继嗣条已见例言中,犹有未尽者如长房无子立次房长子,次房无子立长房次子,必须同父兄弟以及同祖兄弟,推而至于疏远自有定序,不容紊乱。

21.各房子孙辈如有纵妻凶泼得罪尊长者,并作非为玷辱祖先者,族长集众先行戒责,如仍肆刁顽出言无状,鸣官革逐。

22.严驭家仆,勿纵放家人作不法事,勿倚家仆为爪牙,勿主母暴虐鞭扑婢女。

第十六章　人　物

祝陵村历史悠久，人杰地灵，名人辈出，如明成化八年进士邵贤、清末革命团体光复会敢死队员赵赞臣、革命烈士唐振农等。祝陵村风景优美、山清水秀，又有善卷寺和善卷洞之胜，吸引不少文人墨客、雅士名流到此寓居和游览观光，如唐节度使李蠙、宋文学家苏轼、明江南巡抚周忱、清阳羡词派领袖陈维崧等，留下许多佳话和墨宝，更有从祝陵村走出去的众多知名乡贤，在相关领域作出积极贡献。

第一节　人物传略

一、邵贤

图16-1　传胪匾额

邵贤（约1450—1510），字用之。明宜兴祝陵人。年幼时聪敏颖悟，才思敏捷，过目成诵，日记数千言。曾与好友芮几(字惟瞻，宜兴人，进士，官刑科)游校时暗中摸碑，然后抄录出来，比试各自的智力。成化四年(1468)中举，成化八年（1472）进士，赴京廷试考策论，文词明白流畅，原拟评为一甲第一（状元），后因有考官认为其对策观点过于直白，遂屈居为二甲第一（即第四名传胪）。邵贤初授兵部武库主事，后调至文选清吏司，掌考文职官员的品级及其选补升调之事。后出任涪州（今四川涪陵）知府，掌一府之政。因政绩卓著，先后升迁云南佥事，转任山东提刑按察副使，负责管理省一级监察、司法。他两度掌握文职官员选铨大权，都能任人唯贤、秉公办事。邵贤还为家乡百姓办了许多好事，如出资开挖疏浚祝陵河，使之便于水利和航行，此河至今造福当地。

明弘治九年（1496），邵贤致仕还乡，在宜兴城东周孝侯祠（今周王庙）“崇丘茂林、深池广陂”之处，“面丘作堂，环以楼阁”，建造了娱晚堂（亦称东丘娱晚堂），作为告老还乡的官员们聚会游乐燕飨之所。当时宜兴城里集聚了诸如翰林学士吴经、工部侍郎沈晖、归州知府胡琏等12位致仕还乡的官员，他们常在娱晚堂一起读书弈棋、品茗小酌、赋诗酬唱、休闲垂钓。成化进士、明代名臣、文学家、吴县人王鏊到宜兴，见此雅集，大为感慨，曾写下《东丘会老记》赞叹：“一乡之中，登仕版者几人？仕而保终吉以归者几人？归而康寿且同志合义者又几人？故曰难。诸老生同乡，仕同朝，归同荣又同志也。”而邵贤不仅构室作堂提供场所，还因他能“尊让洁敬而接乡人之道”，即依靠自身的人格魅力团结诸老，成此盛举。

邵贤诗文俱佳，时人评价其“文名冠一时”，可惜其诗大多散佚。《游善权》为其歌咏家乡的诗：“十里松涛响若空，禅林深锁翠微中。碧鲜旧宅名犹在，玉柱灵根句亦工。山列九峰千古秀，水分双涧一溪通。三生宰相今何许？抚景长吟思不穷。”在任山东提督学政期间，邵贤曾多次游览山东烟台牟平县道教圣地昆嵛山烟霞洞，至今洞中石壁上还刻有他写的《游烟霞洞二首》，今选其一：“溟渤西来泰岳东，姑余千仞碧重重。山开肇自鸿蒙判，奇秀元从造化钟。殿拱七真灵赫赫，泉分九沼玉溶溶。台明望海舒眸远，岭号长松积翠浓。”其诗明白流畅，十分质朴。另据山东《宁海州志》载：乳山市玉虚观内两山墙各有诗碑一块，西壁为明代提督学政邵贤诗碑，东壁为和邵贤诗石刻。

邵贤辞世后，入祀宜兴文庙乡贤祠，又在宜兴城厢周王庙东为其修建文铨坊。祝陵善卷寺中建六贤祠，他是入祀的六位贤臣之一。归葬于家乡祝陵合兴村牌楼下邵家坟山，建有名应胪传坊。“文化大革命”中，坊、墓均被拆毁。

二、赵赞臣

赵赞臣（1889—?），出生于宜兴张渚祝陵村，幼年迁居浙江余杭县。清光绪二十年（1894）入西湖私塾，二十三年入杭州蕙兰学堂。三十四年考入浙江武备学堂，翌年结业，参加浙江光复会平阳党，编入光复会敢死队，参与焚毁浙江巡抚衙门的战斗，猛攻驻杭旗营，击溃清军，为光复杭州立下战功。后任国民革命军第26军杭州游击副司令、江苏省水陆公安教导团特务大队长等职。抗日战争时，赵赞臣任郎(溪)广(德)宜(兴)溧(水)高(淳)5县办事处主任。民国28年(1939)夏，负责抢运沿海食盐送往后方各省。1955—1958年，赵赞臣任台湾省警官学校讲师。退休后任台南县永康乡永康生产消费合作社评议主席。他还担任台北宜兴同乡会名誉理事。有生之年，念念不忘出生地宜兴祝陵。撰有《养生之道》《现代消防》等著作。

三、唐振农

唐振农(1923—1952)，又名光已。祖籍湖南，祖父带领一家逃荒讨饭到祝陵善卷山，他出生在祝陵黄墅水坞岕。1943年，唐振农加入民兵组织，任龙池区民兵中队长，1944年任善卷乡农抗会会长，组织农民减租减息，发展民兵组织，积极参加抗日游击斗争，曾率领民兵一夜之间剪掉祝陵南山桥到张渚野鸡山的日军电话线，使其通讯瘫痪。同年，加入中国共产党。经唐振农介绍在祝陵地区发展中共党员6人。

1945年9月，唐振农奉命随新四军北撤，先后被选送至华中野战军随军学校——华中雪枫大学、华东野战军军政大学学习。1947年起，任华东野战军六纵十八师五十二团一营一连副指导员、二连政治指导员，转战山东、安徽、江苏，参加淮海战役、渡江战役等多次战役，先后3次负伤，在孟良崮战役中荣获三等功。在山东作战时感染黑热病，住院3个月，病未痊愈便要求重返部队，又一次在战斗中负伤，到华东军区医院治疗，伤势稍有好转，留任军区卫生部直属疗养队政治指导员。

1949年10月，唐振农因病转业，任宜兴县人民医院第一任军代表。1950年起调任县民政科、人事科副科长等职，并当选为宜兴县第三、四届各界人民代表会议代表。他勤政廉洁、认真负责，经常带病工作至深夜。1952年12月，因旧病复发，抢救无效病故，年仅30岁。1953年，唐振农被追认为革命烈士，江苏省民政厅授予其家属革命牺牲军人家属光荣纪念证。

第二节　人物名录

祝陵村革命烈士

表44

姓　名	性别	出生年份	出生地	入伍年份	工作单位及职务	牺牲时间、地点
彭代义	男	1900年	祝陵村黄墅	1946年	乡农会长	1947年9月在南坝石灰窑被捕牺牲
凌爱大	男	1910年	祝陵村黄墅	—	民工	1944年9月在茶亭岭战斗中牺牲
唐振农	男	1923年	祝陵村黄墅	1944年	宜兴县人民政府民政科副科长	1952年12月病故
史春林	男	1924年	祝陵村黄墅	1945年	新四军战士	1945年北撤渡江时失踪

祝陵村革命功臣

表45

姓名	性别	出生年份	所在地	所在单位	荣誉称号	立功时间
安明玉	男	1965年	祝陵村国山	陆军1军1师1团8连	三等功	1984年11月

祝陵村国家部委级、省级先进个人

表46

姓名	性别	出生年份	所在地	授奖年份	授奖单位	荣誉称号
丁顺法	男	1946年	祝陵村黄墅	1995年	司法部	全国基层民事调解先进个人
马玉芝	女	1948年	祝陵村祝陵	1991年	省政府	江苏省先进工作者
余庆初	男	1958年	祝陵村国山	2002年	农业部	全国农牧渔业“丰收杯”二等奖
梁红娣	女	1965年	祝陵村祝陵	2006年	国家计划生育委员会	全国计划生育系统技术服务先进工作者

祝陵村省厅(局)级先进个人

表47

姓名	性别	出生年份	工作单位	授奖年份	授奖单位	荣誉称号
孙小根	男	1946年	祝陵村合兴	1971年	省邮电局	江苏省广播线路维修先进工作者
冯仕明	男	1953年	祝陵村黄墅	1978年	省公安厅	江苏省治安保卫积极分子
徐水荣	男	1941年	祝陵村合兴	1979年	省邮电局	江苏省广播系统先进个人

祝陵村无锡市劳动模范、先进生产(工作)者

表48

姓名	性别	出生年份	工作单位	授奖年份	授奖单位	荣誉称号
费炳华	男	1943	祝陵黄墅	1984年 1985年	无锡市政府	无锡市先进工作者 无锡市劳动模范
鲁新生	男	1953	祝陵村国山	1986年	无锡市政府	无锡市劳动模范
余盘初	男	1951年	祝陵村国山	1987年	无锡市政府	无锡市先进生产者
庞小川	男	1952年	祝陵村合兴	1989–1990年	无锡市政府	无锡市劳动模范
丁来娣	女	1947年	祝陵村国山	1991–1993年	无锡市政府	无锡市劳动模范
余庆初	男	1958年	祝陵村国山	1995年	无锡市政府	无锡市先进工作者
宋建明	男	1965年	祝陵村合兴	1997–1999年	无锡市政府	无锡市劳动模范
赵如法	男	1963年	祝陵村国山	2003–2005年	无锡市政府	无锡市劳动模范

祝陵村在外知名人物选录

表49

姓名	性别	出生年份	原籍	工作单位、(原)职务、职称
徐信培	男	1935年	祝陵村合兴	新疆克拉玛依油田科长
马伯文	男	1936年	祝陵村国山	盐城市发电厂副总工程师
鲁雪芬	女	1937年	祝陵村国山	甘肃省平凉市红光电子管厂工程师
曹世龙	男	1941年	祝陵村国山	上海市肿瘤医院院长、上海第一医科大学校长
吕竹南	男	1942年	祝陵村祝陵	宜兴建材化工厂高级工程师
余梅英	女	1943年	祝陵村国山	山东省淄博市齐鲁石化分厂厂长、高级工程师
戴林元	男	1945年	祝陵村国山	福州市教育局科教研究所所长
邵介新	男	1949年	祝陵村合兴	华润电力公司南京热电厂政工师
龚小东	男	1954年	祝陵村合兴	芙蓉茶场(部队副团级干部转业)
陈顺仙	女	1955年	祝陵村黄墅	宜兴市卫生防疫站主任医师
陈建明	男	1956年	祝陵村祝陵	加拿大温哥华电讯公司高级工程师
马南辉	男	1956年	祝陵村祝陵	中国中原书画研究院高级书画师
吴再明	男	1959年	祝陵村合兴	宜兴市官林中学一级教师
杨锁根	男	1960年	祝陵村黄墅	宜兴市人民检察院(部队团级干部转业)
黄敬军	男	1961年	祝陵村国山	江苏国土资源厅国土资源规划研究中心副主任、高级工程师

续表49

姓名	性别	出生年份	原籍	工作单位、(原)职务、职称
吴　伟	女	1961年	祝陵村国山	杭州电子工业学院教授、研究生导师
徐旭峰	男	1962年	祝陵村国山	江苏师范大学数学与统计学院工会主席、副教授
陈建林	男	1962年	祝陵村祝陵	南京大学环境工程学院副教授
李国锋	男	1967年	祝陵村国山	江苏科技大学资产经营公司总经理
郭海军	男	1967年	祝陵村黄墅	宜兴市公安局(部队营级干部转业)
吴　进	男	1968年	祝陵村国山	贵州省水城矿务局工程师
郁洪青	男	1968年	祝陵村祝陵	南京十四研究所财务总监
高小良	男	1972年	祝陵村国山	中青旅海天数码科技有限公司总经理
金卫兵	男	1972年	祝陵村国山	中交公路规划设计院江苏分院高级工程师
张焕新	男	1974年	祝陵村国山	中广核工程有限公司设计院仪控所高级工程师
朱克明	男	1980年	祝陵村合兴	江苏大学油菜基因工程研究员
余　磊	男	1987年	祝陵村国山	南京理工大学副教授、博士后
刘　耀	男	1987年	祝陵村合兴	南京理工大学讲师

第三节　名人履痕

一、孙权(182—252)

图16-2　孙权

字仲谋，吴大帝，吴郡富春(今浙江富阳)人。15岁任阳羡(今宜兴)长。其父孙坚，相传曾在与祝陵离墨山相对的烟山山麓水涯处垂钓，今留有孙坚钓矶古迹。孙权的母亲吴国太曾在祝陵善卷山手植银杏，死后葬太华紫云山。孙权之子孙皓曾在祝陵离墨山立国山碑，并将离墨山改名国山。

二、周处(242—297)

图16-3　周处

字子隐，晋代义兴国山(今宜兴张渚)人。吴时为东观左丞，晋时任新平太守、御史中丞、建威将军，赠平西将军、清流亭侯。年少时力气过人、性情蛮横，后改过自新，为民“除三害”(斩蛟、射虎、自新)，被誉为“阳羡第一人物”，著有《默语》《风土记》等。

周处多次到祝陵，留有许多传说和遗迹。周处非常孝顺，母亲有病，精心服侍，并筑台祷告。除在芳桥甘草墩筑台外，又在祝陵国山山麓筑拜斗台，每夕拜斗感天，为母祈寿。在离墨山下，有一巨石，面光而微洼，相传周处曾磨刀于此，称磨刀坞，与芳桥阳山试剑石并称。周处为国捐躯后，在周王庙侧建有剑甲冢，世称周孝公墓(俗称周墓墩)。相传，周处小儿子周札奉母命，在离墨山南建有周孝侯袍笏墓。

三、陈庆之(484—539)

字子云，义兴国山(今宜兴张渚)人。出身寒门，“本非将种，又非豪家”，

图 16-4　陈庆之

但终成梁武帝时大将。陈庆之足智多谋，英勇善战，以少胜多，屡建战功。他家在上东（今善卷村）与祝陵村相邻，年少时身体瘦弱，力不能开弓，常至祝陵与小伙伴一起弈棋玩耍，强身健体，修文习武，终成大器。毛泽东阅读《南书·陈庆之传》，大为赞赏，写下“再读此传，为之神往”的批语。

四、陆羽（约733—804）

字鸿渐，复州竟陵（今湖北天门）人，中国茶学创立者，世人尊为”茶神”“茶圣”。他生性淡泊，清高雅逸，一生以跋山涉水、考察茶事为乐。

他多次到宜兴产茶山区考察，走遍祝陵的善卷山、离墨山，实地考察、深入调查，并将考察所见写入其茶学巨著《茶经》中。在《茶经·八之出》中有“常州义兴县，生君山悬脚岭北峰下……生圈岭善权寺、石亭山……”，后陆羽推荐阳羡紫笋茶作贡茶，赞为“芳香冠世，可贡上方”。贡茶包括产于祝陵的“离墨佳茗”。

图 16-5　陆羽

五、李蠙（？—约879）

字懿川，原名虬，因梦虱改名，祖籍陇西，唐宗室后裔。唐大和年间（827—835）寓居善卷寺，在祝英台读书处借榻读书，历时六七年，考中进士。历官户部郎中、侍郎，吏部尚书及节度使等职。武宗会昌年间（841—846）灭佛，善权寺院废祀，寺院归钟离简私人坟地。懿宗咸通八年（867），官至昭仪军节度使的李蠙，奏请皇上以自己俸禄赎回，重建善权寺院、山房，历时10年，耗资巨大。寺院建成后赋《题善权寺石壁》诗，表达了“从此便归林薮去，更将余俸买南山”的心愿。他还亲笔题写碧鲜

图 16-6　李蠙

庵古碑,至今矗立于善卷后洞口祝英台读书处。

李嫔还捐赠玉带,在祝陵河上建胜义桥,以方便香客进善权寺和百姓的出行,世称玉带桥。又广植松柏,建成从祝陵到善权寺的长松大道;还在国山下置田300余亩,建玉带山庄。

李嫔晚年归老宜兴,居善卷寺,卒后葬于祝陵村青龙山下,明代后期墓被毁。

六、苏轼(1037—1101)

字子瞻,号东坡居士,四川眉山人。北宋杰出文学家、书画家。他一生足迹遍布祖国名山大川,他与宜兴关系密切,与祝陵也有一段不解之缘。

图16-7　苏轼

宋熙宁六年(1073),苏轼在杭州通判任上,受命赴润州(今镇江)等地赈灾,公事完毕,径直到宜兴,以践当年琼林宴上与宜兴籍同科进士蒋之奇的"鸡黍之约"。第二年,他又来到宜兴,在单锡陪伴下,先登龙池山,因前人有"祝陵有酒清若空"的诗句,专程到"此处善酿"的祝陵品祝陵酒。途经祝陵河时,因河上桥梁损毁,只能摆渡过河,为此,他将皇帝赐予的玉带捐助造桥。为纪念苏轼善举,乡民称该桥为玉带桥。苏轼见祝陵溪山秀美,民风淳厚,决意在此买田置业,于是托单锡在祝陵黄土村(今黄墅村)买了一份田产。这份田产约有百亩,多为山林。事成后"地主以酒见饷,谓坡曰'此乃红友也'"。

宋元丰八年(1085),苏轼再次到祝陵善卷山,凭吊国山碑,写下了《念奴娇·国山碑怀古》。

苏轼视宜兴为第二故乡,在祝陵买田置业、捐带造桥留下千古佳话。

七、李纲(1083—1140)

字伯纪,号梁溪先生,原籍福建邵武,祖上迁居无锡。宋政和二年(1112)进士。南宋建炎元年(1127),拜为宰相。

李纲未及第时,修读于祝陵善卷寺,其间饱览群书、潜心苦读;后登进士,累官至殿中侍御史，以论水灾言辞激切被谪官，复回宜兴闲居。建炎元年拜相后，见善卷寺被改为道教崇道观，奏请宋高宗下诏恢复广教禅院，并写下《留题善权》诗。后李纲被削职为民，寓居祝陵。见善卷寺院破旧，出资绘金身、修佛殿，使善卷古刹重现辉煌。

祝陵村有一大水潭，相传是李纲寓居祝陵的汲水之处，人称丞相潭。

图16-8　李纲

八、薛季宣(1134—1173)

字士龙，号艮斋，宋浙江永嘉人。初从理学家袁溉学，召为大理寺主簿，官至大理正，任湖州、常州知府，学者称艮斋先生。著有《书古文训义》《浪语集》《诗性情说》等。他曾游祝陵善卷洞，并对祝陵的梁祝传说颇感兴趣，其《游祝陵善权洞》诗云："万古英台面，云泉响佩环。练衣归洞府，香雨落人间。蝶舞凝山魂，花开想玉颜。几如禅观适，游鲔戏澄湾"。在诗中最早提到"化蝶"。

图16-9　薛季宣

九、李曾伯(1198—1268)

字长孺，号可斋，覃怀(今河南沁阳)人。赐同进士出身，官至资政殿学士，以文臣主军而闻名。

李曾伯出仕前，曾葬先人于阳羡，寓居善卷寺。宋宝祐四年(1256)，李曾伯奏请将善卷广教禅院作为"本家功德寺院"，宋理宗准奏并赐匾额"报忠寺"，又赐款项，由李曾伯对善卷寺进行全面拓修。李曾伯亲书《善权禅堂记》，勒石以铭。晚年李曾伯寓居善权寺，卒后葬于善卷后洞白虎山南麓(今天王殿处)。后人称"三李"即李蠙、李纲、

图16-10　李曾伯

李曾伯为“一姓转世”“三生轮回”，在善卷寺建三生堂祭祀。

十、周忱（1381—1453）

图 16-11　周忱

字恂如，号双崖，江西吉水人。明代前期名臣，以善理财知名。永乐二年（1404）进士，历官刑部员外郎、工部右侍郎、工部尚书等。谥号文襄，著有《双崖集》。

正统年间，周忱巡抚江南到宜兴，总督粮税，他体恤民情，减轻重赋。适毗陵（即常州）大旱，即召县令等到祝陵善卷寺龙堂设坛祈雨，不久果然天降甘霖，遍及整个毗陵。后在善卷寺住持赞暄和乡绅陈舆动议下，在善卷山筑亭纪念，取苏东坡“喜雨”之义，名曰喜雨亭，周忱仰慕前贤三李在善权寺借榻读书，写下七律《李相书堂》。

明宣德后，善卷寺缺住持，致殿宇失修。正统元年（1436），万寿寺宗恺到善卷寺任住持后尽力修葺，几年后殿宇颇见完善。周忱闻善卷寺外角殿因财力不足，无法继续修整，于是命住持宗恺募捐化缘，修葺间周忱亲自坐镇督促，历时一年完毕。整修后的善卷寺焕然一新，金碧辉煌。一代名士黄宗羲作《重修善权佛殿记》，褒扬周忱修殿功绩。

十一、沈周（1427—1509）

图 16-12　沈周

字启南，号石田，又号白石翁、玉田生、有竹居主人等，明代长洲(今苏州)人。工诗词书画，与唐寅、文徵明、仇英并称“吴门四大家”。他爱阳羡山水，与宜兴名士吴经、吴纶交往密切，常到宜兴游山玩水，品茗唱酬。

沈周多次到善卷洞、善卷寺游览，还应善卷寺住持方策之邀，为“山之二十四奇丽”即24处奇异风景作画赋诗。方策将其诗画收入《善权寺古今文录》。这二十四奇景是：乾洞、大水洞、小水洞、玉柱、丹灶、仙人田、米堆、盐堆、孙氏封禅碑、九斗坛、碧鲜庵、唐殿、雷篆、仙李岩、偃柏、玉带桥、唐李丞相墓、三生堂、胜义堂、龙岩亭、圆通阁、深居、涌金亭、喜雨亭，其《碧鲜庵》诗云："李相读书处，犹疑白石房。但无坡老记，名藉碧鲜长。"

十二、王鏊(1450—1524)

字济之，号守溪，晚号拙叟，人称震泽先生，明代吴县洞庭东山(今苏州市吴中区东山镇)人。明成化进士，官至户部尚书、文渊阁大学士(宰相)。

图 16-13　王鏊

王鏊与宜兴吴仕、邵贤等许多文士有交往，经常到宜兴游览风景名胜，对善卷灵迹、善卷古刹更是推崇备至，留下许多诗词美文。如《送策文立住善权寺》中"平生阳羡梦峻峭，欲访坡翁惜未能"，表达自己欲效苏东坡卜居阳羡的心愿。成化年间，善卷寺住持方策汇集编成《善权寺古今文录》请王鏊作序。王鏊在序中称"江南多名刹，而善权号最胜"。王鏊还应祝陵邵贤之邀，在宜城东丘娱晚堂会见12位致仕还乡的宜兴籍官员，写下《东丘会老记》。

十三、杨一清(1454—1530)

字应宁，号邃庵，别号石淙，明镇江府丹徒(今镇江市丹徒区)人，祖籍云南。明成化八年(1472)进士。历经成化、弘治、正德、嘉靖四朝，为官50余年，官至内阁首辅，"出将入相，文德武功"，才华堪与唐代名相姚崇相媲美。

图 16-14　杨一清

嘉靖元年(1522)秋，杨一清到宜兴游张公、善卷二洞，本拟轻舟简从微服而行，谁知从张公洞出来，便有宜兴县丞周贤等率兵丁恭候。遂同至祝陵善卷寺，由善卷寺住持陪同游善卷洞之乾洞、大小水洞，见识奇异石柱(石笋)以及石碓、石床、石羊、石马等，赞叹为“奇形怪状，天然精巧”。其《游善权洞诗》云：“停杯迟山月，蹑屐破林苔。歌吹绿云上，茶烟引鹤来。”描述了游洞时举杯邀月、欢歌引鹤的情景。其后，他又写《游宜兴二洞记》，详细记述此次神奇有趣的旅行，被收录在《荆溪外纪》。

十四、文徵明（1470—1559）

初名璧，字徵明，更字征仲，号衡山，私谥贞献先生，明代长洲(今苏州)人。文徵明善书画，与沈周、仇英、唐寅称“吴中四大家”。著有《甫田集》。

图 16-15　文徵明

文徵明与善卷寺住持方策交谊甚笃，方策曾多次邀约文徵明游善卷，文徵明也应方策之请为其所辑《善权寺古今文录》作序。文中称江南宜兴“多古刹名迹，善权寺其一也”，又说“山水之在天下，大抵以文胜”，说明了方策“乃取金石之存者，合近时名贤篇咏，辑为古今文录”的缘由和重要性。序中还提到好友沈周为善卷山二十四奇景绘画赋诗一事。作序后，文徵明又多次到善卷寺、善卷山，游览观景。

十五、吴仕（1481—1545）

字克学，号颐山，明代宜兴宜城人。正德九年(1514)进士，初为户部主事，官至四川布政司参政。著有《颐山诗稿》。

图 16-16　吴仕

吴仕对家乡山水情有独钟。他升任四川参政不久，因愤严嵩当道，托病隐居。还乡后，更似闲云野鹤，雅志山水。祝陵邵贤热情邀请吴仕到祝陵、善卷游览。吴仕有一首七律《游善权》：“离墨西来气郁葱，金堂突兀起云中。巉岩尚有风雷迹，刻画谁知造化工。人境鬼区元不远，碧天沧海宛相通。何时更结长生侣，谩向仙源一细穷。”此诗与邵贤诗同题同韵，显然是两人游洞后唱和之作。吴仕晚年与邵贤同在东丘娱晚堂相叙，品茗小酌，赋诗《饮娱晚堂》记述此事。

十六、释方策（生卒年不详）

一作方册，字文立，明弘治年间（1488—1505）任善权寺住持，兼管善卷洞。其间，他邀多位文人名流到善卷寺、善卷洞游览，吟诗作赋，并留下墨宝。他接受吴门都穆的建议，历经5年，编校辑成《善权寺古今文录》，书中记录了汉唐以来保留的碑刻及文人题咏，计分汉碑、唐碑、宋碑、明碑、唐宋元诗、明诗和杂录等10卷，并请武英殿大学士王鏊和书画家文徵明作序。他还将都穆《善权记》刻碑立于寺，请著名书画家沈周为善卷二十四奇景绘画、作诗，一并编入《善权寺古今文录》。

图16-17　释方策

十七、唐顺之（1507—1560）

字应德，号荆川先生，明代武进（今常州市武进区）人。嘉靖八年（1529）会试第一，誉称嘉靖八才子之一，与归有光、王慎中合称“嘉靖三大家”。任右佥都御史。嘉靖十四年由翰林院编修罢归，便到宜兴寓居。4年后重新起用，又因谏触上怒，削籍归，遂隐居茗岭龙池山。

图16-18　唐顺之

龙池山离祝陵不远，唐顺之多次到善卷洞游览，留下诗篇《暮春游阳羡二首》，其中一首描写的是游洞后到祝陵村的情景：“洞口石纵横，流泉复有声。柴门何处入，鸡犬自相迎。灵草知昏晓，时禽识雨晴。非因罢官久，谁得此间行。”

十八、王稚登（1535—1612）

字伯谷，别号半偈长者、长生馆生等，明代江阴人，移居苏州。明嘉靖末入太学，万历时召修国史，未赴，以布衣终。他博学多才，名满吴会。

他多次游览宜兴，到过祝陵善卷，留下多首诗作。如《宜兴杂诗》之三《泊舟善权寺》："月下柳参差，泉声寺外池。春雷听欲误，夜雪望还疑。载酒容舟浅，流花出洞迟。清冷堪洗耳，尚于避尧时"。王稚登著有《荆溪疏》，记录了他在宜兴的所见所闻。如记述祝陵："西汍五十里至祝陵，祝英台葬地。"又记善卷寺："善卷寺去祝陵一里，长松夹道，今渐少。亭跨涧曰'涌金'，入寺门有阁曰'圆通'，古碑离立阁下。唐殿制作甚古……"

图 16-19 王稚登

十九、董其昌（1555—1636）

字玄宰，号思自、香光居士，明代华亭（今上海松江）人。万历十六年（1588）进士，官至礼部尚书。他精于书法、擅画山水，著有《容台集》等。董其昌曾寓居宜兴，遍游阳羡山水，至祝陵善卷，写下《游善权洞》（四首），诗中赞美善卷洞"神功开混沌，水府亘氤氲""地轴连离墨，仙宫閟蕊珠""石径幽无际，金堂永不扃""溅雪看庐阜，随花得武陵"。

图 16-20 董其昌

二十、陈维崧（1625—1682）

字其年，号迦陵，宜兴高塍亳村人。幼时天资聪慧、过目成诵。初为诸生，后举博学鸿词、授翰林院检讨。他是清初阳羡词派领袖，其词效法苏轼、辛弃疾，雄浑奔放，填词多达1800余首。他的骈文秀丽无比，时人称其为清代骈文开山；他的诗词雄丽跌宕，后又变为沉郁凝重。著有《陈迦陵文集》《湖海楼诗集》《迦陵词》等。

图 16-21 陈维崧

作为宜兴人，他的诗词经常描绘歌咏家乡的山水风物。据《亳村陈氏家谱》，其先祖在祝陵国山，故其曾有诗云："我家旧住国山下，谷雨已过芽茶新。一壶满贮碧山岕，摩挲便觉胜饮醇。"诗中表达对祝陵国山和所产碧山岕茶的赞美。他常常呼朋唤友、甚至专门买了小舟，方便来往祝陵、游览善卷的友人，并写下众多诗词，如《善权洞洞仙歌》《双溪竹枝词十首》《由祝陵至善权寺》《碧鲜庵》《浣溪沙·春日同史云臣远公买舟游小泊祝陵纪事》《倾杯乐·善权寺火》等。

二十一、吴骞（1733—1813）

字槎客，号兔床，浙江海宁人。清乾隆间贡生。擅绘事、工训诂，有印癖，笃嗜典籍，尤喜搜罗金石文玩，酷爱紫砂壶，所著《阳羡名陶录》是一部重要的紫砂历史典籍。

图 16-22 吴骞

因先世有别业在张渚，故长期寓居于此，也常到祝陵善卷等地游览考察，写下大量诗文，汇编成《桃溪客语》。如《祝陵以英台得名》中引宋咸淳《毗陵志》和《善权寺志》论述祝英台其人其事，提出"墓或逾制，故称曰陵"的观点。其《拜经楼诗集》中有多首咏祝陵和善卷寺（洞）的诗。如《祝陵》《晚至善权寺》《偕燕亭、春浦游善卷三洞、观国山碑新建石亭、寻吴自立大石》等。他发挥其工于训诂的特长，几次登离墨山实地考察国山碑，拓下碑文，仔细考证，将释文点校计593字，于乾隆五十一年（1786）写成《国山碑考》。并绘有《国山图》，一一标明张渚镇、双桥、桃溪、善卷寺、董山、封禅碑、吴自立大石、碧鲜庵、仙李岩、善卷山、乾洞、大水洞和祝陵，加上他在《桃溪客语》的有关记载，成为研究国山碑的珍贵历史资料。

二十二、唐仲冕（1753—1827）

字六枳，号陶山，湖南善化（今长沙）人。清乾隆进士，累官至陕西布政使。他在任荆溪县令期间，"有惠政，尤善修治古迹，接贤礼士"。他对国山碑的考证和保护做重大贡献。

乾隆五十九年(1794)夏天,他见国山碑“以雨淋日炙千五百余年之久,四周裂纹如龟兆矣”。倡议为碑作亭,并“首捐薄俸,一时好古者争助之,鸠工伐石,匝月而成”,他为保护国山碑带头捐资建了一座石亭,使国山碑免受风吹日晒。事后他题写《国山碑石亭碑记》。唐仲冕通过实地挖掘,证明了国山碑下并无“银龙铜马”等宝物,从而灭绝了不法之徒为偷盗挖宝不惜损坏国山碑的念头。善卷洞后洞,曾因洪水而坍塌,乱石阻塞,唐仲冕组织人力清理,保护此名胜。

图16-23 唐仲冕

唐仲冕还留下不少吟咏祝陵善卷、梁祝故事的诗篇。如《留别荆溪士民六首》,其中有“赤乌碑断裁云补,碧鲜诗成倩鹤吟”句。

二十三、吴昌硕(1844—1927)

原名俊卿,又字仓石,号缶庐,浙江安吉人。著名艺术大师,书画、金石俱精,推为海上画派领军人物。吴昌硕多次到宜兴游善卷洞、考国山碑。在其《宜兴道中》就有“古篆开吴碣”诗句,说的就是孙吴时立的国山碑,还说“愧心游潦草,雠病谢跻攀”,意思是说,因身体不好,未能深入考证,非常遗憾。

图16-24 吴昌硕

二十四、黄炎培(1878—1965)

号楚南,字任之,笔名抱一,江苏川沙县(今属上海市)人,著名教育家、社会活动家。中华职业教育社创始人,创建中国民主建国会并担任第一任主委,曾任政务院副总理兼轻工业部部长、全国人大常委会副委员长、全国政协副主席等职。

黄炎培与储南强是南菁书院同窗学友,志趣相投,交谊深厚。1934年善卷、张公两洞开放时,

图16-25 黄炎培

储南强诚邀黄炎培出席开幕典礼。1957年，黄炎培专程到祝陵拜访借居于此的储南强，两人促膝长谈，相聚甚欢。储南强自感身体不适，将后事托付黄炎培。1959年，储南强卒于祝陵寓所，葬善卷后洞。3年后，储妻徐氏卒，与储南强合葬。黄炎培按照储南强遗愿将墓碑正对储南强出生地张渚。亲自设计墓葬图寄来，储南强后人按图构筑墓穴。黄炎培作《老友储铸农先生永别追怀成三绝》怀念好友，诗中“一筇二洞乐婆娑”，赞储公修葺开发善卷、张公二洞，倾尽家资，无怨无悔，乐此不疲。

二十五、周瘦鹃（1895—1968）

字祖福，苏州人。中国现代著名作家、鸳鸯蝴蝶派小说代表作家、翻译家，《申报》副刊主笔，以著、译、编驰名文坛，又以善种花木盆景著称。20世纪50年代曾到祝陵参观碧鲜庵等梁祝遗存，写下《咏宜兴祝英台二首》：“英台遗迹认依稀，莫管他人说是非。难得情痴痴到死，化为蝴蝶也双飞。”“碧鲜庵里诗书堂，佳话争传祝与梁。遮莫相思红泪落，年年岩壁发秋棠。”1961年，周瘦鹃、程小青、范烟桥、蒋吟秋等“苏州四老”同游善卷洞，并以“一片飞云掩洞门”为题，四老作辘轳诗。周瘦鹃还为善卷、张公二洞写了游记《双洞天下第一奇》。

图16-26　周瘦鹃

二十六、林散之（1898—1990）

原名以霖，字散之，号三痴、散耳、左耳、聋叟、江上老人，祖籍安徽和县，生于江苏江浦（今南京市浦口区）。诗人、著名书画家，尤擅草书，1962年当选为南京市文联副主席，1978年当选为全国政协委员、任南京书画院院长。林散之常到宜兴，多次游善卷洞，写有《由宜兴张渚赴善卷洞》等诗作。林散之对祝陵村情有独钟，在《别张

图16-27　林散之

渚》中有"春辞张渚雨，人恋祝陵花"之句。另有《祝陵八首》，深情歌颂梁祝爱情传说，诗中有"六代悠悠史，来寻祝九娘""仍是读书处，依稀碧鲜在""歌残黄竹泪，声断白衣哀""鸳鸯新旧冢，蝴蝶古今花""那堪相思子，凄绝吐红芽"等句，提及英台读书处、碧鲜庵碑、英台竹、化蝶等，足见其爱意之切。

二十七、钱松岩（1899—1985）

江苏宜兴人。著名画家，新金陵画派代表人物。曾任江苏省美术家协会主席、江苏国画院院长。作为宜兴人，钱松岩热爱家乡，赞美阳羡山水。他寄情祝陵的灵山秀水，多次到祝陵。20世纪60年代，他与紫砂名艺人朱可心一起游览善卷洞，先后创作《善卷洞》《祝英台读书处》等多幅国画。1985年，钱松岩为善卷洞题写"万古灵迹"四字隶书，制碑镌刻，立于前洞广场。

图16-28　钱松岩

二十八、朱可心（1904—1986）

原名凯长，江苏宜兴人。著名紫砂艺人，擅制紫砂花器。1956年被江苏省人民政府任命为技术辅导。1932年创作"云龙鼎""竹节鼎"紫砂壶，参加1933年美国芝加哥世界博览会，获特级优奖。他与储南强交谊甚厚，曾应邀到祝陵储南强寓所作客，储南强书赠"书传阳羡名陶录，人在豳风稼穑图"对联一副。20世纪60年代，朱可心陪同著名国画家钱松岩游善卷洞，并从梁祝化蝶中激发灵感，创作"翠蝶"壶。

图16-29　朱可心

二十九、钟期光（1909—1991）

湖南省平江县人。1926年加入中国共产党，1927年参加红军，历任红五军政治部秘书长、红十六师政治部主任、新四军一师政治部主任、华东军政大学副政委、军事科学院副政委，上将军衔。

1945年，日本宣布无条件投降不久的一天，时任新四军苏浙军区政治部主任的钟期光率部进驻祝陵村。他拜访借居祝陵的“两洞山人”储南强，聆听储南强讲述整修两洞的艰难经过。储南强告知，日军曾砍伐景区的古树用以筑碉堡，也有村民在景区乱砍乱伐，钟期光为储南强倾尽家财、呕心沥血开发两洞的精神所感动，特签发《新四军苏浙军区政治部通告》，明令新四军部队根据民主政府的法令政策，切实保护宜兴善卷、庚桑两洞文化古迹，并对储南强及其家属的生命财产予以保护。此《通告》用毛笔书写5张，由钟期光签署后，分别张贴于善卷洞前、后洞及祝陵街茶馆门口，其中一张送交储南强保存。由钟期光签署的《新四军苏浙军区政治部通告》于1993年被列为国家一级文物。

图16-30 钟期光

新中国成立后，钟期光陪同多位元帅、将军到善卷洞视察、游览。

三十、邓拓（1912—1966）

原名子健，笔名左海，福建福州人。当代杰出新闻工作者、政论家、历史学家、诗人和杂文家。1936年，邓拓加入左翼社会科学家联盟，并加入中国共产党。历任人民日报社社长兼总编辑、中共北京市委书记处书记等职。著有《燕山夜话》《三家村札记》等。1960年，邓拓到祝陵游善卷洞，赋诗《游宜兴善卷洞》，参观碧鲜庵碑和祝英台琴剑冢后，思绪万千，作七绝《题祝英台琴剑冢》：“普天儿女哭英台，泪尽相思百代哀。琴剑沉埋心不死，千年封建化尘埃。”

图16-31 邓拓

三十一、尹瘦石（1919—1998）

江苏宜兴人，著名书画家，曾任北京画院副院长，北京市文联副主席，中国文联执行副主席，全国政协第八、九届委员会委员。他多次应邀回宜兴参加重要活动，多次游览、参观善卷洞。1986年，善卷中洞岩壁上古人题写的对联因洞口坍塌而湮灭，应善卷洞管理方之邀，尹瘦石以遒劲有力的行书重题“伏虎须弥当洞口，青狮白象拥莲台”对联，款署“丙寅秋尹瘦石”。

图16-32　尹瘦石

三十二、吴冠中（1919—2010）

江苏宜兴人。当代著名画家、油画家、美术教育家。1936年考入杭州国立艺专，1946年公费留学法国学习美术。1950年学成回国，先后在中央美院、清华大学等院校任教。1994年当选为全国政协常委。他情系桑梓，先后6次回乡写生。吴冠中在初中时就到祝陵善卷洞游玩，他在《归乡记》中有详细记述：“老师领着我们几百个学生，点燃了数十支火把，爬进那乌黑乌黑的深洞，不辨东西南北和上下左右，那是宇宙空间吧！”“它的水洞倒确是最具特色的，坐着小船在弯弯曲曲的地下河中漂游，那不是但丁之舟吗？”在他众多以家乡为题材的作品中，就有水墨画《溶洞》《张公洞》等杰作。

图16-33　吴冠中

编　后　记

为真实记述祝陵村深厚的历史文化，记住乡愁、传承文明，为新农村建设提供借鉴，2016年5月，祝陵村党总支、村委会进行了专门研究，决定编纂《祝陵村志》。鉴此，成立了党总支书记赵如法、村委会主任芮国平领衔的祝陵村志编纂委员会，聘请宜兴市史志办公室编辑陈有富、华夏梁祝研究会副秘书长路晓农分任主编、副主编，另配备5名学有专长的同志组成祝陵村志编纂组。2016年6月正式启动《祝陵村志》编纂工作。12月，按照市文广新局村史村志编写领导小组的要求，完成12万字的《祝陵村志》初稿。

2017年初，祝陵村党总支、村委会提出“编纂祝陵村志要全面记述祝陵村发展历史”的要求，我们充实编纂力量，调整篇目结构，广泛征集资料，按传统

祝陵村志编纂组全体成员　左起：谈燕、任润之、路晓农、陈有富、陈茆生、余中明、刘全忠

志书体例投入《祝陵村志》编纂工作。我们高标准地确立了工作目标：在体例把握上，讲究规范严整；在地域特色上，注重亮点纷呈；在史料运用上，做到翔实贴切；在语言文字上，力求平实流畅。同时有相当数量的图照和表格分布各篇，古今兼顾，相得益彰。

在志书编写中，我们基本做到横不缺要项、纵不断主线，全面梳理和记述祝陵村从历史开端到2016年自然、经济、文化、生态和社会等方面的历史与现状。同时突出地方特色，以浓墨重彩勾勒祝陵村梁祝文化的丰富负载和感人魅力。

经过6次修改编纂纲目、4次修改重点章节，于2018年8月完成《祝陵村志》初稿。在提交宜兴市史志办公室、宜兴市文化广电新闻出版局、张渚镇人民政府审稿的同时，约请3名省内修志专家予以审读，特邀宜兴市史志办公室副主任耿海华审稿。我们按照审稿（读）意见逐条梳理，认真修改，于2018年11月形成终稿。《祝陵村志》约40万字，随文插图292帧，有表格49张。

《祝陵村志》编纂工作能够顺利、高效、优质推进，得益于宜兴市文广新局的精心组织，得益于宜兴市史志办公室的大力支持，离不开张渚镇党委、政府的高度重视，离不开祝陵村党总支、村委会的全力投入，也凝聚着所有承编人员孜孜不倦的辛勤付出。

在本志的编纂过程中得到祝陵村民和各界热心人士的积极配合和帮助。祝陵村的4位老干部鲁志元、鲁顺招、龚瑞滨、古向阳不仅提供了翔实的资料，而且主动担任问卷调查、上门采访的向导。本邑摄影、文史爱好者任润之、陈寿春、严刚、蒋正、周梦江、杨晓方、陈晓斌、汤家骏，以及善卷洞风景区管委会、宜兴市文管办、宜兴电视台为本志提供弥作珍贵的图文资料，在此，一并表示感谢！

村志编纂是一种新的尝试，对于我们承编人员来说，更是一次难得的学习机会，我们也尽了最大的努力。但是，《祝陵村志》的编纂还不完美，在篇目设置、资料运用、记述方法、行文规范、编辑校对等方面存在诸多不足，恳请读者对志书中疏漏、谬误之处给予谅解、不吝指正！

编　者

2018年11月